公路工程施工技术与风险管理研究

孟令亮　著

群言出版社
QUNYAN PRESS
·北京·

图书在版编目（CIP）数据

公路工程施工技术与风险管理研究 / 孟令亮著．--
北京 ： 群言出版社，2023.12
ISBN 978-7-5193-0913-8

Ⅰ．①公… Ⅱ．①孟… Ⅲ．①道路施工－工程技术－
研究②道路施工－风险管理－研究 Ⅳ．①U415

中国国家版本馆CIP数据核字（2023）第254119号

责任编辑：周连杰
封面设计：知更壹点

出版发行：群言出版社
地　　址：北京市东城区东厂胡同北巷1号（100006）
网　　址：www.qypublish.com（官网书城）
电子信箱：qunyancbs@126.com
联系电话：010-65267783　65263836
法律顾问：北京法政安邦律师事务所
经　　销：全国新华书店

印　　刷：三河市腾飞印务有限公司
版　　次：2023年12月第1版
印　　次：2023年12月第1次印刷
开　　本：710mm×1000mm　1/16
印　　张：15.25
字　　数：305千字
书　　号：ISBN 978-7-5193-0913-8
定　　价：48.00元

作者简介

孟令亮，男，汉族，1981年8月出生，中共党员，山东济宁人，工程师，本科学历，土木工程专业。从事工程建设及养护管理工作20年，有丰富的工程施工及养护管理工作经验。曾获得"济宁市交通运输系列先进个人""济宁市公路事业发展中心嘉奖""济宁市交通运输局嘉奖"等荣誉。拥有实用新型专利2项，在国家级期刊发表论文多篇。

前　言

随着时代的发展与社会的变化，现今公路工程建设日益完善，在公路建设过程中安全管理与风险控制是贯穿整个环节的重要工作。由于公路工程的工程量较大，容易受到多种因素的影响。通过加强安全管理和风险控制，能够进一步提高施工质量，保障公路工程顺利完工。本书分析探讨公路工程施工中的安全管理与风险控制对策，为行业人员提供参考。

公路工程作为交通运输的重要组成部分，不仅关系到人民群众的日常出行，同时也关系到国家经济的发展和战略安全。公路建设的规模不断扩大，技术难度也不断升级，施工过程中需要高效的管理和技术支持。因此，公路工程施工技术与风险管理研究具有重要的现实意义和深远的发展前景。

本书共七章。第一章为公路与公路工程施工概述，包括公路的分级和分类、公路的组成、我国公路的发展现状、公路工程施工的特征和项目及我国公路工程施工技术的发展。第二章为路基施工技术，先对路基施工进行概述，重点讲述其中的主要机械和几种特殊的路基施工技术。第三章为路面施工技术，主要包括路面基层（底基层）、沥青路面、水泥混凝土路面施工技术等。第四章为桥梁上部结构施工技术，主要对桥梁上部结构的有关施工技术进行介绍，并对其适用范围、优缺点及注意事项进行分析和研究。第五章为桥梁下部结构施工技术，主要对基础和承台施工技术进行了论述。第六章为高速公路隧道施工监测技术应用，主要从监测数据处理与分析、监测信息反馈及预警技术、工程实例分析三方面进行论述。第七章为公路施工安全与风险管理，主要对高速公路工程项目在施工过程中存在的主要风险进行分析，并针对性地提出防范对策，以促进公路交通事业的可持续发展。

尽管作者在撰写本书过程中付出了辛苦和努力，但由于水平和能力有限，书中难免有疏漏之处，恳请广大读者惠予斧正。

孟令亮

2023 年 9 月

目　　录

第一章　公路与公路工程施工概述

公路是城市和乡村不可或缺的基础设施之一，公路的行政分级和技术分级是公路建设和管理的重要指标。

第一节　公路的分级和分类

一、公路分级

交通运输部颁布的《公路工程技术标准》（JTG B01—2014），将公路根据功能和适应的交通量分为五个等级，即高速公路、一级公路、二级公路、三级公路、四级公路。

（一）高速公路

专供汽车分向、分车道行驶，并应全部控制出入的多车道公路。

四车道高速公路应能适应将各种汽车折合成小客车的年平均日交通量为25 000 ～ 55 000 辆。

六车道高速公路应能适应将各种汽车折合成小客车的年平均日交通量为45 000 ～ 80 000 辆。

八车道高速公路应能适应将各种汽车折合成小客车的年平均日交通量为60 000 ～ 100 000 辆。

（二）一级公路

供汽车分向、分车道行驶，并可根据需要控制出入的多车道公路。

四车道一级公路应能适应将各种汽车折合成小客车的年平均日交通量为15 000 ～ 30 000 辆。

六车道一级公路应能适应将各种汽车折合成小客车的年平均日交通量为25 000 ～ 55 000 辆。

（三）二级公路

供汽车行驶的双车道公路。二级公路应能适应将各种汽车折合成小客车的年平均日交通量为 5 000 ～ 15 000 辆。

（四）三级公路

主要供汽车行驶的双车道公路。三级公路应能适应将各种车辆折合成小客车的年平均日交通量为 2 000 ～ 6 000 辆。

（五）四级公路

主要供汽车行驶的双车道或单车道公路。双车道四级公路应能适应将各种车辆折合成小客车的年平均日交通量为 2000 辆以下。单车道四级公路应能适应将各种车辆折合成小客车的年平均日交通量为 400 辆以下。

二、公路分类

公路按其在公路网的地位与作用分为以下五类。

（一）国道

在国家公路网中，具有全国性政治、经济、国防意义，并经确定为国家干线的公路。

（二）省道

在省公路网中，具有全省性政治、经济、国防意义，并经确定为省级干线的公路。

（三）县道

具有全县性政治、经济意义，并经确定为县级的公路。

（四）乡道

主要为乡村生产、生活服务，并经确定为乡级的公路。

（五）专用公路

专为企业或其他单位提供运输服务的道路，如专供或主要供工矿、林区、油田、农场、军事要地等与外部连接的公路。

第二节　公路的组成

一、路基

路基是按照道路的平面位置、纵面线形和一定的技术要求修筑的作为路面基础的岩土构造物。路基是路面的基础，又是公路的重要组成部分。按路基横断面形状的不同，路基通常可分为路堤、路堑和半填半挖路基三种形式。

二、路面

路面是在路基之上用各种筑路材料铺筑的供汽车行驶的层状构造物，其作用是保证汽车能全天候地在道路上安全、迅速、舒适、经济地运行。路面结构一般由面层、基层、底基层与垫层组成。

面层是直接承受车轮荷载反复作用和自然因素长期影响的结构层。路面按面层所用材料的不同，可分为柔性路面、刚性路面和半刚性路面三种。作为柔性路面的典型代表，沥青路面可由 1～3 层组成。三层式沥青路面的表面层应根据使用要求设置抗滑、耐磨、密实稳定的沥青层，中面层、下面层应根据公路等级、沥青层厚度、气候条件等选择适当的沥青结构层。

基层是设置在面层之下，并与面层一起将车轮荷载的反复作用传递到底基层、垫层、土基，起主要承重作用的层次。基层可分为柔性基层（沥青稳定碎石、沥青贯入碎石、级配碎石、级配砾石等）、半刚性基层（水泥稳定土或粒料、石灰或粉煤灰稳定土或粒料等）、刚性基层（碾压式水泥混凝土、贫混凝土等）、混合式基层（上部使用柔性基层、下部使用半刚性基层）等。对于高速公路、一级公路，应采用水泥稳定粒料、石灰粉煤灰（二灰）稳定粒料、沥青混合料以及级配碎砾石等材料铺筑。高速公路、一级公路的底基层和二级及二级以下公路基层和底基层，除上述类型材料外，也可采用水泥稳定土、石灰稳定土、石灰粉煤灰稳定土、石灰工业废渣、填隙碎石等或其他适宜的当地材料铺筑。垫层是设置在底基层与土基之间的结构层，起排水、隔水、防冻、防污等作用。各级公路当需要设置垫层时，一般可采用水稳性好的粗粒料或各种稳定性材料铺筑。

三、桥梁、涵洞

桥梁是为道路跨越河流、山谷或人工障碍物而建造的构造物；涵洞是为宣泄地面水流而设置的横穿公路的小型排水构造物。工程上习惯将桥梁和涵洞统称为桥涵。

（一）按桥梁总长和跨径的不同分类

桥涵按桥梁总长和跨径的不同分类，可分为特大桥、大桥、中桥、小桥和涵洞。交通运输部颁布的《公路桥涵设计通用规范》（JTG D60—2015）给出了桥涵的分类。

（二）按受力体系分类

桥梁结构按受力体系分类，可分为梁式桥、拱式桥、刚架桥、吊桥四种基本体系，其中梁式桥以受弯为主，拱式桥以受压为主，吊桥以受拉为主。另外，由上述四大基本体系的相互组合，又派生出在受力上具有组合特征的组合体系桥型，如目前在我国广为流行的斜拉桥等。

四、隧道

隧道是为公路从地层内部或水下通过而修建的构造物。当公路需要翻越高山或穿过深水层时，为了改善平纵线形和缩短路线长度，经过技术、经济比选，可选用隧道方式。

五、排水及防护设施

排水设施是为了排除地面水及地下水而设置的排水构造物。除桥涵外，还包括由边沟、截水沟、急流槽、盲沟、渗井和渡槽等路基排水构造物和路面排水构造物组成的道路排水系统。

防护设施是为了加固路基边坡、确保路基稳定的构造物，如在路基边坡修建的填石边坡、砌石边坡、挡土墙、护脚和护面墙等构造物。

六、交通工程设施

交通工程设施是针对高等级公路行车速度快、通过能力大、交通事故少、服务水平高的特点设置的，它包括安全设施、管理设施、服务设施、收费设施、供电设施、环保设施等。

（一）安全设施

安全设施是整个交通工程系统最基本的部分，主要有标志（如警告标志、限制标志、指示标志等）、标线、视线诱导标、护栏、隔离栅、防眩设施和照明设施等。

（二）管理设施

管理设施主要包括控制设施、监视设施、通信设施、数据采集与处理设施。

（三）服务设施

服务设施主要包括服务区、加油站、公共汽车停靠站等。

（四）收费设施

收费设施主要包括收费站等。

（五）供电设施

供电设施是为了使整个交通工程系统正常运行而设置的配套设施。

（六）环保设施

环保设施主要是指为减少公路交通环境污染而设计的声屏障、减噪路面、绿化工程及公路景观（自然景观及人文景观）。

第三节　我国公路的发展现状

公路是供汽车和行人等通行的工程设施。公路工程则是以公路为对象而进行的规划、设计、施工、养护与管理工作的全过程及其工程实体的总称。

1886 年，德国的卡尔·奔驰（Karl Benz）和戈特利布·戴姆勒（Gottlieb Daimler）在同一年先后制造出世界上第一辆三轮和四轮汽车，他俩成为公认的现代汽车发明者。从 1886 年汽车出现到第一次世界大战结束，是公路发展的早期阶段。这一时期，汽车数量不多，多数公路由原来的马车道改造而成。

1920—1945 年是公路发展的中期阶段，这一时期公路运输建设进一步展开，公路的修建标准逐步成型，欧美各国已初步形成了国家的公路干线网，畜力车相继被淘汰。在这一阶段，公路发展历史上发生了两件大事：一是高速公路的出现；二是一门新型的学科——交通工程的产生。这两件事把公路的发展推向了现代公路的新阶段。

1945 年至今是公路的飞速发展阶段，这一阶段公路的发展速度很快，特别是 20 世纪 70 年代以来，国外公路运输进入大发展时期，发达国家的公路网体系（包括高速公路网骨架）已基本建成。

20 世纪初汽车进入我国，通行汽车的公路开始发展起来。但在当时，我国处于半殖民地半封建社会，由于复杂的社会环境，加上经济因素、政治因素等多方面的影响，公路建设缓慢，到 1949 年全国通行的公路约为 8.07 万 km，且大多位于东南沿海地区。中华人民共和国成立后，公路建设速度很快，相应的建造技术也大幅度提高。特别是改革开放后的 40 多年来，公路建设迅速发展，公路通车里程由 1978 年底的 88 万 km 猛增到 2022 年末的 528.07 万 km。其中，高速公路达 16.91 万 km，里程规模居世界第一。我国公路建设虽然取得重大成就，但仍不能满足国民经济发展的需要和人民对美好生活的向往，因此还需要持续不断地增加公路的建设里程及提高建设标准。

为此，国家加大了对公路的投资建设力度并编制了《国家公路网规划（2013—2030 年）》（以下简称"2013 版《规划》"），明确提出到 2030 年国家公路网总规模达到 40.1 万 km，形成布局合理、功能完善、覆盖广泛、安全可靠的国家干线公路网络，实现首都辐射省会、省际多路连通，地市高速通达、县县国道覆盖。1 000 km 以内的省会之间可当日到达，东中部地区省会到地市可当日往返、西部地区省会到地市可当日到达；区域中心城市、重要经济区、城市群内外交通联系紧密，形成多中心放射的路网格局；有效连接国家陆路门户城市和重要边境口岸，形成重要国际运输通道，与东北亚、中亚、南亚、东南亚的联系更加便捷。2022 年 7 月，国家发展改革委和交通运输部对国家公路网络布局进行了优化完善，并正式公布了新版的《国家公路网规划》（以下简称"新《规划》"），新《规划》明确提出国家公路网到 2035 年的布局方案：总规模约为 46.1 万 km，其中国家高速公路网约为 16.2 万 km（含远景展望线约 0.8 万 km），普通国道网约为 29.9 万 km。

一、高速公路

2013 版《规划》明确提出，我国高速公路网由 7 条首都放射线、11 条北南纵线、18 条东西横线，以及地区环线、并行线、联络线等组成。截至 2021 年底，我国高速公路网已建成 12.4 万 km，基本覆盖地级行政中心。新《规划》明确提出，我国将按照"保持总体稳定、实现有效连接、强化通道能力、提升路网效率"的思路，补充完善国家高速公路网。保持国家高速公路网络布局和框架总体稳定，优化部分路线走向，避让生态保护区域和环境敏感区域；补充连接城区人口 10 万以上市县、重要陆路边境口岸；以国家综合立体交通网"6 轴 7 廊 8 通道"主骨架为重点，强化城市群及重点城市间的通道能力；补强城市群内部城际通道、临边快速通道，增设都市圈环线，增加提高路网效率和韧性的部分路线。

二、普通国道

2013 版《规划》明确提出，我国普通国道网由 12 条首都放射线、47 条北南纵线、60 条东西横线和 81 条联络线组成。截至 2021 年底，我国普通国道网通车里程达 25.8 万 km，基本覆盖县级及以上行政区和常年开通的边境口岸。新《规划》明确提出，我国将按照"主体稳定、局部优化，补充完善、增强韧性"的思路，优化完善普通国道网。以既有普通国道网为主体，优化路线走向，强化顺直连接、改善城市过境线路、避让生态保护区域和环境敏感区域；补充连接县级节点、陆路边境口岸、重要景区和交通枢纽等，补强地市间通道、沿边沿海公路及并行线；增加提高路网效率和韧性的部分路线。

三、农村公路

截至 2020 年底，除少数不具备条件的乡镇、建制村外，我国农村全部实现通硬化路。"十三五"期间，我国新增 3.3 万个建制村通硬化路，改造约 25 万km 窄路基或窄路面路段，对约 65 万 km 存在安全隐患的路段增设安全防护设施，改造约 3.6 万座农村公路危桥，有序推进较大人口规模的撤并建制村通硬化路 13.5 万 km。

第四节　公路工程施工的特征和项目

一、公路工程施工特征

（一）施工周期长

公路工程具有施工周期长的特点。公路工程通常线路较长，占地面积广，并且随着我国城市化进程不断推进，跨省高速公路工程项目也极为常见，而由于线路较长，对施工时间有着根本上的要求，这会导致施工周期大大延长。同时，公路施工的地理环境难以控制，很多情况下，施工都面临着极为复杂的地理环境，而这也使得施工周期更加具有不确定性。

（二）施工需要较高的协调性

公路工程施工需要较高的协调性。公路工程施工包含了多道工序，而施工是一项整体性工程，必须要在各个部门、不同施工工艺的共同配合下才能顺利展开。

因此，公路工程施工要求项目的设计单位、承建单位、施工单位以及政府等多个部门必须协调配合，并且要按照合同规定按期交工。

（三）受客观因素影响较高

公路工程施工基本上都是露天作业，因此必然会受到客观环境的影响。第一，地理环境因素将对施工产生影响，包括当地的地理位置、地形环境、土质与土壤环境等。很多情况下，施工前期的勘测工作很难全面了解当地的实际情况，这也会加大施工难度。第二，泥石流、地震、塌方、暴雨等自然灾害也会给公路工程施工造成不良影响。

二、公路工程施工项目

（一）路基工程施工项目

路基工程主要包括路基（路床）本身及有关的土（石）方、沿线的涵洞、挡土墙、路肩、边坡、排水管线等施工项目。

（二）路面工程施工项目

路面工程主要包括功能层、基层、面层、路缘石及路肩等施工项目。

（三）桥梁工程施工项目

桥梁工程主要包括基础、承台、桥墩、桥台、桥跨结构、防排水设施、灯光照明设施及桥台锥坡等施工项目。

（四）隧道工程施工项目

隧道工程主要包括明洞开挖、明洞浇筑、明洞回填、暗洞开挖、初期支护、二次衬砌等施工项目。

（五）交通安全设施工程施工项目

交通安全设施工程主要包括交通标志、交通标线、护栏、轮廓标、防眩设施等施工项目。

第五节 我国公路工程施工技术的发展

一、路基路面工程施工技术的发展

随着汽车工业和交通运输的发展，现代化公路的路基路面工程逐步形成了新的学科分支。我国广大的路基路面工程科技工作者，在路基路面工程建设和科学研究中，取得了许多突破性的成果。

（一）路基强度与稳定性

我国路基路面工程科技工作者根据不同类别土的特性，采取了粒料加固、石灰加固、水泥加固、专用固化剂加固等一系列行之有效的技术措施。在多年冻土地区、膨胀土地区、沙漠地区、黄土地区、盐渍土地区等特殊地区，我国路基路面工程科技工作者通过研究采用各种有效技术修建公路路基，取得了十分宝贵的经验。

（二）高路堤修筑技术与支挡结构

为了提高路堤路基的稳定性，我国路基路面工程科技工作者研究提出的技术措施包括减轻路堤自重，采用轻质粉煤灰或轻质塑料块修筑路基；修筑轻型路基支挡结构，特别是加筋土挡墙的研究和工程建设在我国取得了许多成果，如条带加筋、网格加筋、土工织物加筋等均取得了良好效果。

（三）软土地基稳定技术

在软土地基上修筑路基路面，天然地面的自然平衡状态将发生改变，在很长时间内路基将处于不稳定状态。为此，我国路基路面工程科技工作者广泛开展了软土的调查与判别方法研究，提出了改变软土性质的技术措施，如砂井或塑料排水板排水固结法、沙层排水加载预压法、无机结合料深层加固法、真空预压法、薄壁管桩法等。在力学分析研究方面，我国路基路面工程科技工作者通过现场跟踪观测与建立预测分析模型预估与控制软土地基加固后的工后沉降，从而提高路基的稳定性。

（四）岩石路基爆破技术

利用爆破技术开山筑路在我国有悠久的历史。近年来，我国山区筑路工程技术有了新的发展，创造了系统的大爆破技术，每次总装炸药量多达数十吨，一次爆破可清除岩石数十万立方米。大爆破技术以现代爆破理论为基础，事先需要进行周密的勘测与调查。经过精心设计的大爆破不仅能降低造价、缩短工期，而且能够使爆破后形成的坡面状况十分接近路基横断面设计要求。

（五）沥青路面

20 世纪 60 年代初，随着我国石油资源的大规模开发，我国拉开了使用国产沥青筑路的序幕。早期的沥青路面主要采用薄层表面处治层，以改善行车条件。20 世纪 70 年代末，我国在公路工程中逐步采用以沥青贯入式路面为主的沥青路面承重结构。20 世纪 80 年代末，我国开始兴建高速公路，沥青路面成为主要的路面形式。尤其是经过 30 多年的集中攻关，对无机结合料稳定类基层（也称半刚性基层）沥青路面进行了系统的研究，形成了我国沥青路面的主要结构及我国半刚性基层沥青路面设计、施工及管理成套技术，包括沥青原材料的生产工艺、装备，沥青材料的技术指标与标准、试验设备及方法，沥青混合料的技术指标与标准，沥青混合料设计技术，沥青混合料性能检测设备及方法，沥青路面现代化施工技术等。我国也对粒料类基层和沥青结合料类基层（也称柔性基层）、水泥混凝土类基层（也称刚性基层）沥青路面的设计与使用性能进行了研究，逐步形成了适合我国特点的沥青路面结构与材料设计方法。

（六）水泥混凝土路面

20 世纪 70 年代中期，我国公路交通运输发展速度加快，为提高部分干线公路、城市道路及厂矿道路承重能力，我国在公路工程中相继采用了水泥混凝土路面结构。随后，针对水泥混凝土路面存在的各种问题，我国路基路面工程科技工作者开展了系统而具有相当规模的科学研究，从而在我国形成了修筑水泥混凝土路面的成套技术，包括水泥的性能、指标、标准以及生产工艺，水泥混凝土路面结构性能与设计方法，接缝构造、工作原理以及接缝设计方法，水泥混凝土路面小规模施工和大规模现代化施工成套装备及施工方法等。20 世纪 80 年代中期，东南大学负责在江苏盐城修筑了我国第一条连续配筋水泥混凝土路面；20 世纪 90 年代中期，我国又在江苏镇江修筑了更大规模的连续配筋水泥混凝土路面；2001 年，我国在南京修筑了连续配筋水泥混凝土＋沥青混凝土复合式路面结构，首次进行了长久性沥青路面的尝试，为我国连续配筋混凝土路面的使用奠定了一定的基础。对钢纤维混凝土路面、碾压混凝土路面、复合结构混凝土路面等新型路面结构，我国路基路面工程科技工作者亦开展了系统研究，并取得一批实用性研究成果。

（七）绿色道路路面建设技术

绿色交通是 21 世纪资源节约型交通建设的主题。近年来，我国路基路面工程科技工作者围绕温拌技术，开展了温拌沥青路面设计与施工技术、温拌橡胶沥青的设计与施工技术等一系列技术的应用研究，以减少热拌沥青混凝土施工过程中对能源的消耗；围绕再生技术，进行了沥青路面厂拌热再生和厂拌冷再生技术、沥青路面就地热再生技术和就地冷再生技术、全厚式再生技术等一系列再生技术的应用研究；结合水泥混凝土路面旧路改造，进行了水泥混凝土路面就地碎石化技术和水泥混凝土路面材料再生利用技术等一系列技术的应用研究，形成了成套的绿色路面建养技术。

二、桥梁工程施工技术的发展

下面主要从中小跨径桥梁施工技术、大跨径桥梁施工技术和隧道工程施工技术三个方面来介绍桥梁工程施工技术的发展。

（一）中小跨径桥梁施工技术的发展

我国目前已经全面掌握了中小跨径钢筋混凝土桥梁和预应力钢筋混凝土桥梁施工技术。中小跨径桥梁施工技术从设计与施工相互独立的状态，已经逐渐发展成把设计和施工紧密结合起来，进行标准化设计和施工，采用工厂化加工制作和现场大型机械化施工，全过程标准化施工，精细化管理、自动化监测的系统化施工技术，这种施工技术在我国公路桥梁工程建设中已得到了广泛使用。

东海大桥是我国第一座真正意义上的跨海大桥，其非通航孔桥跨均采用上述施工方法。桩基采用大口径 PHC 桩（预应力高强混凝土管桩）和钢管桩，工厂制造、接长，现场整体起吊插打；承台采用混凝土预制套箱，整体安装后浇筑封底混凝土，再分批次浇筑承台混凝土；墩身采用预制吊装方案，现浇湿接头；梁部则根据该地区海况，选择了 60 m 和 70 m 两种跨度箱梁，两种箱梁均为工厂预制，大型浮吊整孔安装，采用预制安装的方法，该桥仅花了 3 年时间就完成了施工。

杭州湾跨海大桥全长 36 km，水文气象条件非常复杂，施工非常困难。其 50 m 和 70 m 跨径连续梁也是采用工厂化整孔预制、现场大型机械化整孔吊装施工技术。这种针对中小跨径桥梁的整孔预制吊装、运架一体化的工艺体现了现代桥梁施工机械大型化的发展趋势。东海大桥、杭州湾跨海大桥等超长跨海工程创造性地引入了近万根钢管桩、钻孔灌注桩的群桩基础精准定位、快速施打、预制装配等新技术。

（二）大跨径桥梁施工技术的发展

大跨径桥梁通常是指跨越能力在百米及以上的拱桥、斜拉桥及悬索桥。进入21世纪以后，我国大跨径桥梁施工技术已经逐渐成熟化和创新化，目前我国已全面掌握了大型深水群桩基础施工技术，千米级斜拉桥（塔、索、梁）制造、安装和控制技术，大跨钢箱梁建造技术，超长缆索制造技术，混凝土高塔、长大深埋沉管隧道、离岸厚软基桥隧转换人工岛及海上长联桥梁施工技术。

2008年建成的苏通大桥是我国自主设计和建造的世界首座突破千米跨径的斜拉桥，主跨跨径为1 088 m，在施工技术方面攻克了深水急流中施工平台搭设及群桩基础施工（131根、直径2.8 m、桩长120 m）和高塔（300.4 m）、长索（577 m）、大跨结构施工控制等十余项世界级关键技术难题，解决了千米级斜拉桥几何非线性及与施工控制对接技术难题，研发了具有自主知识产权的桥梁结构静动力空间分析软件，为设计及施工控制提供了关键技术手段。在建设苏通大桥的过程中，我国在国际上首次创建了深水、急流、潮汐河段条件下大型群桩基础全钢护筒施工控制技术，将倾斜度由传统的1/100提高到1/200，研发了多点同步控制整体下沉和定位施工控制技术，实现了世界上最大钢吊箱整体下沉，将定位精度由传统的50 mm提高到20 mm，突破了大型钢吊箱的规模和重量制约。同时，我国在国际上首次系统地提出了千米级斜拉桥施工全过程自适应几何控制方法并建立了制造安装一体化控制系统，创建了索塔、斜拉索、钢箱梁数字化制造安装控制关键技术。技术应用实现了高塔倾斜度从1/3 000提高到1/42 000、长索制作精度从1/5 000提高到1/20 000、主梁标高误差小于等于$L/4\,000$（L为塔全高）、桥轴线误差小于等于$L/45\,000$，攻克了千米级斜拉桥施工控制技术难题。

2012年建成通车的泰州大桥为世界上首座跨径突破千米的三塔连跨悬索桥，实现了巨型深水沉井基础施工，研发了世界首创的"沉井钢锚墩＋锚系"半刚性定位系统，增强了沉井在施工过程中的操控性，能有效抑制沉井摆动，保证定位精确度，增强了对水文、气象等环境因素的适应性，攻克了钢塔用150 mm高强度厚承压板焊接质量及变形控制难题，创下了我国桥梁建设史上熔透焊缝对接厚度之最，掌握了三塔悬索桥上部结构施工关键技术，形成了猫道、主缆、钢箱梁施工成套技术，研发了紧缆机、缠丝机、主缆除湿系统等关键设备。2018年建成通车的港珠澳大桥，围绕跨海集群工程建设关键技术，成功掌握了外海厚软基大回淤超长沉管隧道施工关键技术、外海厚软基桥隧转换人工岛施工关键技术、海上装配式桥梁施工关键技术、跨海集群工程混凝土结构 120 年使用寿命保障关键技术及安全环保关键技术等。

在其他桥梁的建设中，施工技术也各有突破，在长江边透水的软弱深厚覆盖层中，润扬长江公路大桥成功地实现了敞开式锚碇深基坑开挖的矩形地下连续墙工法和排桩冻结工法的技术突破；阳逻长江大桥、黄埔大桥发展了圆形地下连续墙施工工艺；南京长江四桥发展了双环形地下连续墙施工工艺。继江阴长江大桥陆域沉放巨型深沉井（平面尺寸 70 m × 59 m、深 58 m）之后，泰州大桥创造了沉入 19 m 水深和 55 m 覆盖层的沉井工法新纪录。

（三）隧道工程施工技术的发展

近年来，我国隧道及地下工程得到了前所未有的迅速发展。据统计，截至 2021 年底，我国公路隧道有 23 268 座，总长 24 698.9 km；近两年新增运营公路隧道 1 952 座（2 699.6 km），先后建成了沪蓉高速公路华蓥山隧道（4.706 km）、二广高速公路雁门关隧道（5.235 km）、福银高速公路羊蕊林隧道（5.580 km）、沪渝高速公路方斗山隧道（7.605 km）和秦岭终南山公路隧道（18.02 km）等，掌握了特长山岭隧道建设技术、软岩隧道大变形控制技术、高瓦斯隧道建设技术、岩爆隧道建设技术、大断面矩形顶管及矩形盾构设计与应用技术，在隧道机械化施工等方面取得了进一步突破。

1. 地质勘测技术的发展

近年来，我国的地质勘测技术水平不断提高。随着复杂地质条件下大埋深和长洞线隧道工程的不断增多，工程勘察综合利用了遥测遥感、多点高频物探、地理信息系统（GIS）、全球定位系统（GPS）等技术，不仅提高了勘测效率，也大幅提高了控制精度等级。施工技术方面引入了建筑信息模型（BIM）技术，建立了 3D 数字化模型，把施工中所需物料的信息纳入模型中，对施工中的难点、重点进行模拟演示，严格把控物料的输入与输出。

2. 开挖和支护技术的发展

我国在公路隧道开挖和支护流水线作业领域，先后自主研发了挖装机、液压凿岩设备、自动机械化混凝土喷射设备、拱架安装机、模板台车和移动栈桥等一系列施工设备，极大地提高了工作效率。在过去，盾构机、全断面掘进机（TBM）均依赖国外引进，但近年来经过科研施工人员不断地摸索研究，终于制造出了具有中国自主知识产权的盾构机和全断面掘进机，且在国内及国际市场上得到了广泛的推广与应用。此外，我国科研施工人员通过大量工程实践，汲取经验，不断创新、改进和完善装备技术，攻克了全断面掘进机在软弱地层掘进脱困与沉降控制核心技术，从而形成了具有中国特色的超浅埋、大宽度、小净距矩形顶管与盾构技术，创造了多项世界隧道施工领域纪录。

3. 防灾与减灾技术的发展

隧道地质灾害主要包括突水突泥、大变形、岩爆等。我国在突水突泥灾害源的定位定量预报技术方面取得了较大突破，尤其是对含水构造的静储量估算。灾害预测预警尝试建立以微震为载体的多元信息综合预报预警系统，以实现对灾害源动态补给水量和涌水量的预测预警，该技术已在成兰铁路跃龙门隧道进行了现场试验。在对大规模突水突泥灾害的治理过程中，我国科研施工人员采取了一系列新型注浆材料及配套工艺、装备，初步解决了高压大流量动水封堵与富水破碎岩体加固的技术难题，如江西吉莲高速公路莲花隧道大规模破碎带突水突泥的治理。大变形问题在乌鞘岭隧道中极为突出，在沪蓉西高速公路等工程中也有出现，其具有变形速率快、总变形量大和持续时间长等显著特点。实际施工中主要从开挖工法、支护措施等方面进行改进，如采用深孔锚杆、钢管混凝土等，但尚未从根本上解决该问题。岩爆是长大隧道施工中发生频率较高的突发性地质灾害，其特征主要表现为威力巨大、范围广泛、破坏力强、频率高等。例如，锦屏引水隧洞施工中就遇到了强烈的岩爆灾害，主要采用导洞释放应力、掌子面洒水等措施进行预防，监测预警主要依赖微震技术，对应力型岩爆具有一定效果。从整体来讲，岩爆灾害的防治仍处于被动状态。隧道工程结构新材料与运营管理的进步以防排水材料、衬砌混凝土材料以及反光材料为代表，隧道结构新材料及工艺不断涌现，如喷涂速凝型防水材料、高性能防腐混凝土、自发光材料等。隧道风险监控方面发展了无线智慧感知及可视化技术，研发了隧道结构健康快速检测车，提出了等效节能照明理念，并以秦岭终南山公路隧道为应用示范工程，突破了长大隧道防灾救灾和通风照明技术难题，采取竖井送排式纵向通风方式，每座隧道洞内设置 3 处特殊照明带，缓解驾驶疲劳。

第二章 路基施工技术

路基工程是一个统称，一般将公路工程施工中的土石方工程、防护工程、排水工程等施工项目都划分在路基工程的范畴之内，但在实际招投标时，也将桥涵工程划分在路基工程中，因此在施工时一般先进行桥涵工程以及防护工程的施工，在条件允许的情况下同步进行土石方工程的施工。

第一节 概述

路基作为公路的重要组成部分，既是公路线形的主体，又是路面的基础。实践证明：没有坚实的路基，就没有稳定的路面。路基的强度和稳定性是通过施工来实现的，因此，路基的施工质量直接关系到路面和整条公路的使用品质和使用寿命。

一、路基施工的程序和基本原则

（一）路基施工的程序

路基施工一般按以下程序进行。

1. 施工前的准备工作

准备工作是保证路基施工顺利进行的基本前提，工作内容主要包括组织准备、物资准备、技术准备和现场准备等。

2. 修建小型构造物

小型构造物主要指小桥、涵洞、挡土墙、盲沟等，这些构造物通常与路基同时施工，并先于路基完工，以减少与其他工程之间的施工干扰。

3. 路基施工

路基施工的内容主要包括填筑路堤、开挖路堑、压实路基、整平路基表面（达到一定的横坡度要求）、修整边坡、构筑排水设施及防护与加固设施等。

4. 竣工检查与验收

竣工检查与验收的内容主要包括路基及其附属工程的位置、标高、断面尺寸、压实度或砌筑质量，以及原始记录、设计图及其他资料等项目。

（二）路基施工的基本原则

①路基应具有一定的稳定性和耐久性，应能承受行车荷载的反复作用和抗御各种自然因素的长期影响。

②路基工程应推行机械化施工，只有在条件极其困难的三、四级公路中方可采用人工施工法。

③路基应按照设计要求进行施工，在确保工程质量的前提下，应因地制宜，合理利用当地的材料和工业废料。

④路基施工应在符合工艺要求和质量标准的条件下，积极采用经过鉴定的新材料、新技术、新机具和新的试验检测方法。

⑤路基施工必须遵守国家相关的土地管理法规，节约用地，保护耕地和农田水利设施。

⑥路基施工应保护生态环境，尽量不破坏或少破坏原有的植被地貌。清除的杂物必须分类妥善处理，不得随意弃于河流水域之中。

⑦路基施工必须贯彻安全生产的方针，制订技术安全措施。加强安全教育，严格执行安全操作规程，确保工程施工安全。

⑧公路路基施工必须按批准的设计文件进行。当需要变更设计、改变原定的施工方案或采用特殊施工方法时，应按施工管理程序，报请业主或监理工程师审批。

二、场地清理与路基基底处理

为了保证施工质量和施工的顺利进行，应根据横断面设计要求和实际地形情况确定施工用地范围，并及时做好场地清理工作。同时，为使路堤土体与基底结合紧密，避免路堤沿基底产生滑动，以及防止因草皮、树根腐烂而引起路堤沉陷，必须对基底进行认真处理，以达到设计要求的密实度。在进行场地清理与基底处理时应注意以下事项：

①对路基用地范围内既有的房屋、道路、河沟、通信和电力设施、上下水管道、坟墓及其他建筑物等，均应协助有关部门事先进行拆迁或改造；对路基附近的危险建筑物应予以加固；对文物古迹应妥善保护。

②路基用地范围内既有的树木、灌木丛等均应在施工前砍伐或移植。二级及二级以上的和填方高度小于1 m的公路路堤，应将路基基底范围内的树根全部挖除，并将坑穴填平夯实；填方高度大于1 m的二级以下的公路路堤，可保留树根，但树根不能露出地面。

③对路幅范围内原地面表层的腐殖土、表土、草皮等应进行清理，清除深度一般不小于15 cm。

④原地面上的坑、洞、穴等，应在清除沉积物后，用符合要求的填料分层回填、逐层压实，使压实度达到规范的要求。

⑤对于处于深耕地段的路基，在必要时应先将土翻松、打碎，再整平、压实；公路经过水田、池塘和洼地时，应根据具体情况，采取排水疏干、换填水稳性较好的土或者抛石挤淤等处理措施，以确保路堤的基底具有足够的稳定性。

⑥对路基范围内的泉眼或露头地下水，应按设计要求，采取有效的排导措施后方可填筑路基。当地下水位较高时，应按设计要求认真进行处理。

⑦当地面横坡为1∶5～1∶2.5时，应将原地面挖成台阶，台阶宽度不小于2 m；当地面横坡陡于1∶2.5时，还需要做进一步的特殊处理，以防路堤沿基底滑动，通常采用加大坡脚附近的台阶宽度、在坡脚处砌石护堤等措施。

⑧填方地段的基底应按设计要求整平与压实。一般情况下，按重型击实标准，二级及二级以上的土质路堤基底的压实度不小于90%；三级、四级公路应不小于85%。当路基填土高度小于路面与路床的总厚度时，基底应按设计要求进行处理。

⑨对于土石混合地基、填挖界面、高填方地基等，都应按设计要求进行处理。在非岩石地基上修建填石路堤时，应按设计要求设置过渡层。

⑩在陡、斜坡地段，路堤靠山一侧应按设计要求做好排水和防渗处理。

第二节　路基施工的主要机械

用于路基施工的机械可分为土方工程机械和石方工程机械。

一、土方工程机械

路基土方工程中，常用的机械有推土机、铲运机、挖掘机、装载机、平地机和压实机械等。本节重点介绍以上各种机械的分类、基本作业方法和适用范围。

（一）推土机

推土机是路基土方施工中常用的机械之一。它适用于土壤、风化岩层、爆破石渣的铲挖与推运，以及松散粒料的移运等工作。

1. 推土机的分类

推土机按行走装置的形式分为履带式和轮胎式两种；按发动机功率的大小分为小型（37 kW 以下）、中型（37～250 kW）和大型（250 kW 以上）三种。

2. 推土机的作业循环过程

推土机的作业循环由铲土、运土、卸土和回驶过程组成。

（1）铲土过程

在此作业过程内，使铲刀切入土内一定深度，以最少的时间和最短的距离使铲刀前堆满土壤，并用铲刀推动土壤前行。推土机铲土主要有波浪式铲土法、跨铲法和平铲法等方法。

①波浪式铲土法。采用这种方法铲土时，应将铲刀最大可能地切入土中，当发动机稍有超负荷现象时，应将铲刀缓缓提起，直到发动机恢复正常运转，再将铲刀降下切土，起刀时不应离开地面，经过这样多次起伏，直至铲刀前堆满土为止。这种方法的优点是可以使发动机的功率得到最大限度的发挥，而且缩短了铲土的时间和距离；缺点是在推土机空回过程中因铲土通道地面不平整而产生颠簸。

②跨铲法。这种方法是在第一个作业循环中，在铲土地段沿横向每间隔铲刀宽度的 2/3 铲土一次；在第二个作业循环中，再将所间隔的土垄铲除。

③平铲法。在铲土时，将铲刀持于自由状态，让铲刀保持一定的切入深度向前平推。平铲法能较好地保持铲土通道的平整，有利于推土机空回时的快速行驶。

（2）运土过程

推土机运土作业主要有深槽式、并进式、分段式等几种方法。

①深槽式是指利用土埂挡住推土板两侧的土，减少遗漏，增加运土量。形成方法是连续多次在同一条线上推土，在地面上推出一条运土的槽沟。一般情况下，槽深不超过 1 m，槽宽比推土板宽 0.3～0.4 m。

②并进式是组织两台以上的同类型推土机并成一排，同时向前推土，互为依

靠，减少土的散失。并排作业的铲刀间隔一般为 0.3 ～ 0.5 m。

③分段式就是把推土距离分成数段，逐次分段铲挖和堆聚土壤，在运土线路上聚集几堆后，一次推向卸土地点。这种方式可以减小推土板底部的阻力，同时也减少了土的流失。

（3）卸土过程

卸土是通过提升铲刀来实现的，卸土的方法因施工条件的不同而异，有分层填土、沟堑填土等多种方法。

（4）回驶过程

推土机由卸土地点以最高的速度返回铲土地点。为了缩短空载运行时间，在 30 ～ 50 m 的运距内，应以最高的倒挡速度退回。

3. 推土机的适用范围

推土机一般适用于季节性较强、工程量集中、施工条件较差的施工环境，特别适于 50 ～ 100 m 的短距离作业。在公路工程施工中主要用于填筑路基、开挖路堑、平整场地、管道和沟渠回填以及其他辅助作业。

此外，推土机在公路施工准备阶段可以用于清除乱石，在辅助作业中还可以为铲运机和挖装机械进行松土、助铲、牵引等。履带式推土机在路基工程中应用广泛，它适宜于 IV 级以下土壤的推运。需要推运 IV 级及 IV 级以上的土壤时，应预先进行翻松。如果土壤中有少量孤石时，应先将孤石破碎再推运；如果孤石过多，则不宜采用推土机作业。

（二）铲运机

铲运机也是一种循环作业式的土方施工机械，它能综合完成铲、装、运、卸、铺、压等一系列工序。

1. 铲运机的分类

铲运机按照斗容量可分为小容量（3 m³ 以下）、中等容量（4 ～ 14 m³）、大容量（15 ～ 30 m³）和特大容量（30 m³ 以上）四种；按卸土方法可分为强制式、半强制式和自由式三种；按操作系统的形式可分为钢索滑轮式和液压式两种；按行走方式可分为拖式、半拖式和自行式三种。

2. 铲运机的作业循环过程

铲运机的作业循环由铲装、运输、卸土和回驶过程组成。在此以钢索式操纵法为例简单介绍铲运机的基本作业过程和方法。

（1）铲装过程

升起铲斗门、放下铲斗，随着铲运机前行，在铲斗自重的作用下，铲刀逐渐切入土壤，被切下的土则被挤入斗中，随着斗内土壤的增加，逐渐减小铲土的深度，直到斗内装满为止。

根据施工现场的地形和土壤条件，铲运机铲土除了常见的一般铲土法，还有波浪式铲土法、跨铲铲土法、硬土预松法、下坡铲土法、助铲法等，使用这些方法可以充分发挥发动机的功率，改善装土条件，缩短铲土时间，提高作业效率。但是利用地形下坡铲装时，下坡角应不大于 7°。

（2）运输过程

当斗内装满土壤后，升起铲斗，关闭斗门，按照一定的运行路线到达卸土地点。在规划铲运机的施工运行路线时，要综合考虑施工效率、现场的地形条件及机械磨损等因素，以满足运距短、坡道平缓和修筑运输通道的工作量小等要求。常见的运行路线有椭圆形、8 字形、螺旋形等形式。在布设运行路线时，应遵循"挖远填近，挖近填远"的原则，争取创造下坡取土的条件，并尽量保持一段较平坦的运土路线。

（3）卸土过程

首先放低铲斗，使斗距离地面一定高度（铺土厚度）时，开启斗门，用卸土板向外逐渐推卸斗内的土，随着铲运机的行进即可在卸土地段铺筑一层土壤。

（4）回驶过程

卸完土后，关闭斗门，升起铲斗，将铲运机空驶回铲土区，准备下一循环作业。

3. 铲运机的适用范围

铲运机一般用于开挖 I、II 级土，在开挖 III、IV 级土时，需要用松土器预先翻松。它适宜于在湿度较小（含水量在 25% 以下）的松散砂土和黏性土中施工；但是不适宜在干燥的粉砂土或潮湿的黏土中作业，更不宜在地下水位较高的潮湿地区或沼泽地带作业。铲运机的作业内容主要是平整场地、填筑路堤、开挖路堑等。

（三）挖掘机

挖掘机是路基土方开挖作业的一种主要机械。其特点是效率高、产量大，但是机动性较差。按照挖掘机的作业形式可以分为单斗挖掘机和多斗挖掘机，在公路工程施工中普遍采用的是单斗挖掘机。在此以单斗挖掘机为例进行介绍。

1. 单斗挖掘机的分类

单斗挖掘机按照行走方式分为履带式挖掘机、轮胎式挖掘机、汽车式挖掘机和悬挂式挖掘机；按传动方式分为机械传动挖掘机和液压传动挖掘机；按工作装置的不同分为正铲挖掘机、反铲挖掘机、拉铲挖掘机和抓斗挖掘机等。

2. 单斗挖掘机的作业循环过程

单斗挖掘机也是一种循环作业式机械，每个作业循环包括挖掘、回转、卸料和返回四个过程。在路基施工中，应用最广泛的是反铲式挖掘机。下面就以反铲挖掘机为例，简单说明单斗挖掘机的基本作业过程。

（1）挖掘过程

先将铲斗向前伸出，并让动臂带动铲斗落在工作面上，然后将铲斗向内拉转，于是在动臂和铲斗的重力及牵引钢索的拉力作用下，在工作面上挖出一条弧状的挖掘带，土就装进了铲斗。反铲挖掘机主要有沟端开挖和沟侧开挖两种作业方式。

（2）回转过程

待土装满铲斗后，就将铲斗保持在装满的状态下，与动臂一起升起，再回转到卸料处的上空。

（3）卸料过程

对于斗底可打开的，将料斗底打开卸料；对于斗底不能打开的，将斗口朝下卸料。

（4）返回过程

回转转台，动臂带动空斗返回挖掘面，同时放下铲斗。

3. 挖掘机的适用范围

正铲挖掘机和反铲挖掘机的主要挖装对象是Ⅰ～Ⅳ级土壤和软石；拉铲挖掘机和抓斗挖掘机主要适用于Ⅰ、Ⅱ级土壤和预松后的Ⅲ、Ⅳ级土壤作业。在公路工程中，当遇到开挖量较大的路堑和填筑较高的路堤时，选用挖掘机与运输车辆相配合是比较合理的组织方案。挖掘机还常用来开挖排水沟渠和构造物的基础，以及用来清挖爆破后块径较小的坚石。

（四）装载机

装载机是一种应用范围广泛的机械，它兼具推土机和挖掘机两者的功能，可以完成铲掘、推运、整平、装载和牵引等多种作业。它的优点是适应性强、作业效率高、操作简便。

1. 装载机的分类

装载机按发动机的功率分为小型（＜74 kW）、中型（74～147 kW）、大型（147～515 kW）和特大型（＞515 kW）；按行走装置分为轮胎式和履带式；按卸载方式分为前卸式、回转式、后卸式和侧卸式；按传动方式分为机械式、液力机械式、液压式和电动式。

2. 装载机的作业循环过程

装载机的一个作业循环包括铲装、转运、卸料和返回四个过程。

（1）铲装过程

将铲斗的斗口朝前，平放到地面上，随着机械的前进，铲斗插入料堆，等斗口装满土石后，将斗收起，使斗口朝上，完成铲装作业。

（2）转运过程

用动臂将斗升起，机械倒退，转向驶至卸料处，实现转运作业。

（3）卸料过程

先使铲斗停止在运料车厢的上空，然后将斗向前倾翻，土石即可卸下。

（4）返回过程

将铲斗翻转成水平位置，机械行至装料处，放下铲斗，准备再次铲装作业。

3. 装载机的适用范围

装载机不仅能对松散的土石材料进行装、运、卸作业，对岩石、硬土进行轻度的铲掘作业，还能用来清理、刮平场地以及进行牵引作业。

装载机的适用范围取决于使用场所、土石料的特性和工作环境，需要根据使用场所正确选择机型，根据装载机的容量及质量选用经济合理的运距。一般情况下，装载机整个作业循环（装、运、卸、回）的时间不宜超过 3 min；挖掘机与自卸式汽车相配合时，应注意使装载机的斗容量与自卸式汽车的车厢容积相匹配。

（五）平地机

平地机是一种以带转盘的铲土刮刀为主，并配备其他多种可换作业装置，进行土地平整和路基整形的连续作业的土方施工机械。

1. 平地机的分类

平地机的类型很多，按照行走方式分为自行式和拖式两种；按发动机功率和刮土板长度分为轻、中、重和超重型四种；按操纵方式分为机械式和液压式两种。

2. 平地机的作业方法

平地机的主要工作装置是刮刀，它可以调整出四种不同的动作，即刮刀的平面回转、左右端升降、左右引申和机外倾斜。通过这些动作，可以使刮刀在各种不同的位置来实现多种土方作业方式，主要归纳为刮刀刀角铲土侧移、刮土侧移、刮土直移和机外刮土等。

3. 平地机的适用范围

平地机是一种铲土、运土、卸土等工序可以同时进行的连续作业式机械，能够从事多种土方工程作业。平地机主要用于开挖路槽，修整路拱，从路线两侧取土填筑矮路堤（高度不超过 1 m），旁刷边坡，开挖边沟、排水沟、路缘石沟，以及进行大面积场地平整等。此外可以在路基上拌和与摊铺路面的底基层或基层材料，用于清除路肩上的杂草及进行冬季道路除雪等。

（六）压实机械

压实的原理是在外部压力的作用下，克服土粒间的内聚力和摩擦力，破坏原有的结构，使固体颗粒重新排列，彼此挤紧，达到一种较为密实的新的平衡。压实的目的在于提高土壤的密实度（干密度），从而增强路基的强度和稳定性。压实效果的好坏与压实机械密不可分，在路基施工中，需要采用专用的压实机械。

1. 压实机械的分类

压实机械按压实作用的原理分为静作用碾压机械、振动碾压机械、振荡碾压机械和夯实机械四种类型；按行走方式分为手扶式、拖式和自行式三种类型；按碾轮的形状分为光轮式、羊脚式、轮胎式等类型；按滚轮的数目分为单轮式、双轮式、三轮式等类型；按机重可分为轻型（5～8 t）、中型（8～10 t）和重型（10～15 t）三种类型。

2. 压实机械的特点及适用范围

下面介绍几种常用的压实机械的特点及适用范围。

（1）光轮式压路机

光轮式压路机是一种静作用的压路机，即以压路机的自重来实施压实作业。由于这类压路机的单位线压力小，压实深度较浅，仅适用于一般的公路工程或作为辅助压实之用。

（2）羊脚式压路机

羊脚式压路机具有较大的单位压力（包括羊脚的挤压力），压实深度大而且均匀，并能挤碎土块，有着很好的压实效果和较高的作业效率，广泛地用于黏性土的分层压实，但不适用于非黏性土和含水量很高的土。

（3）轮胎式压路机

轮胎式压路机机动性好，便于运输，压实作业时土壤与轮胎同时变形，接触面大，并有很好的揉搓作用，压实效果较好。这类压路机适用于各种土的压实。

（4）振动压路机

振动压路机单位线压力大，振动力影响深，较大地增加了压实深度，而且压实遍数也可以相应地减少。振动压路机种类繁多，在公路施工中应用广泛。

（5）夯实机械

夯实机械分为振动夯实机械与冲击夯实机械两大类，通常情况下它们的体积小、质量轻、生产率低，主要应用在狭窄工作面铺筑层的压实工作中。振动夯实机械适用于非黏性土、砾石、碎石的压实作业；冲击夯实机械则适用于黏土、砂质黏土和灰土的夯实作业。

二、石方工程机械

在公路工程施工中，除了土方填挖作业，还需要进行石方的开采与料石、碎石的加工，对石方进行开采和加工的机械设备称为石方工程机械。与路基石方紧密相关的工程机械主要有空气压缩机、凿岩机、破碎机等。

（一）空气压缩机

空气压缩机是气源装置中的主体，它是将原动机（通常是电动机）的机械能转换成气体压力能的装置，是压缩空气的气压发生装置。

空气压缩机的种类很多，按工作原理可分为往复式和旋转式两种类型；按空气在一个循环内被压缩次数的不同，可分为单级式、双级式和多级式三种类型；按活塞工作面的不同，可分为单作用式和双作用式两种类型；按压缩机安装方式的不同，可分为移动式、半固定式和固定式三种类型。

空气压缩机的工作原理：往复式空气压缩机的工作原理是压缩气体的体积，使单位体积内气体分子的密度增加以提高压缩空气的压力；旋转式压缩机的工作原理是提高气体分子的运动速度，使气体分子具有的动能转化为气体的压力能，从而提高压缩空气的压力。

（二）凿岩机

凿岩机是用来开采石料的专用工具。工程上，人们常利用它在岩层上钻凿出炮眼，以便放入炸药炸开岩石，完成开采石料或其他石方工程的任务。此外，凿岩机还可以用来破碎混凝土之类的坚硬物质。

1. 凿岩机的分类

凿岩机按其动力来源可分为风动凿岩机、内燃凿岩机、电动凿岩机和液压凿岩机四种类型。目前，在公路工程中最常用的是风动凿岩机。

2. 各种凿岩机的工作特点

下面介绍几种常见的凿岩机的工作特点。

①风动凿岩机：以压缩空气驱使活塞在气缸中向前冲击。

②内燃凿岩机：利用内燃机原理，通过柴油的燃爆力驱使活塞冲击钢钎，凿击岩石，适用于无电源、无气源的施工场所。

③电动凿岩机：由电动机通过曲柄连杆机构带动锤头冲击钢钎，凿击岩石。

④液压凿岩机：依靠液压通过惰性气体和冲击体冲击钢钎，凿击岩石。这些凿岩机的冲击机构在回程时，由转钎机构强迫钢钎转动角度，使钎头改变位置继续凿击岩石。通过柴油的燃爆力驱使活塞冲击钢钎，如此不断地冲击和旋转，并利用排粉机构排出石屑，即可凿成炮孔。

（三）破碎机

破碎机是一种用来破碎石块的机械，它可以将较大的石块破碎成各种规格的碎石。石块的破碎方法有压碎、劈碎、碾碎、击碎和折碎，而在实际工作中，通常是几种方法的综合使用。

破碎机按其结构的不同可分为颚式、锥式、锤式和辊式四大类。下面简单介绍一下这四类破碎机的工作特点。

1. 颚式破碎机

颚式破碎机是一种利用两颚板对物料的挤压和弯曲作用来粗碎或中碎石料的机械。其破碎机构由固定颚板和可动颚板两部分组成，当两颚板相互靠近时石料即可被破碎，当两颚板离开时，小于排料口的碎石料由底部排出，因此破碎动作是间歇进行的。这类破碎机结构简单、工作可靠。

2. 锥式破碎机

锥式破碎机适用于中碎或细碎石料作业。由于中、细碎作业排料粒度的均匀性比粗碎作业要求高，故应在破碎腔的下部设置一段平行区，而且还要加快破碎锥的旋回速度，以便石料在平行区内再受到 1 次以上的挤压。

3. 锤式破碎机

锤式破碎机是一种利用锤头的高速冲击作用来破碎石料的机械。锤头铰接于高速旋转的转子上，机体下部设有篦条以控制排料粒度。送入破碎机的石料首先受到高速运动的锤头的冲击而初次破碎，并同时获得动能，高速飞向机壳内壁上的破碎板而再次被破碎，直至碎石粒径小于篦条缝隙而排出机外。锤式破碎机具有破碎比大、排料粒度均匀、过粉碎物少、能耗低等优点，但为了防止堵塞篦条缝隙，不宜用于破碎湿度大和含黏土的石料。

4. 辊式破碎机

辊式破碎机是一种利用辊面的摩擦力将石料咬入破碎区，使之承受挤压或劈裂而实现石料破碎的机械。当用于粗碎或需要增大破碎比时，常在辊面上做出牙齿或沟槽以增大劈裂作用。辊式破碎机适用于粗碎、中碎或细碎石灰石、水泥熟料和长石等中硬度以下的物料。

第三节　填方路基施工技术

一、路基填料选择

（一）各类路基填土的工程性质

1. 砂土

砂土无塑性，有良好的透水性，毛细管水上升高度很小，具有较大的内摩擦系数。但是砂土黏结性差，易松散，抗水流冲刷和抵御风蚀的能力很弱，而且压实困难。用砂土填筑路堤时，经过充分压实的砂土路基，压缩变形小、稳定性较好。

2. 砂性土

砂性土既含有一定数量的粗颗粒，使之具有一定的强度和水稳性，又含有一定数量的细颗粒，使之具有一定的黏结性，不致过于松散，而且级配良好。雨天不泥泞、晴天不扬尘，易于施工，能构成平整坚实的路基表面，是理想的路基填筑材料。

3. 黏性土

黏性土细颗粒含量多，内摩擦系数小，黏聚力大，透水性差而吸水能力强，毛细现象严重，具有较大的可塑性。干燥时坚硬不易挖掘，浸水后强度急剧下降，而且干湿循环所引起的体积变化较大，过干或过湿时都不便于施工。若给予充分压实和良好排水，黏性土尚可作为路堤填料。

4. 粉性土

粉性土含有较多的粉粒，毛细现象严重，干燥时易风蚀，浸水后很快被湿透。在季节性冰冻地区常引起冻胀和翻浆，遇水饱和时可产生振动液化，因此粉性土属于不良的路基用土。在必须使用时，宜掺配其他材料进行必要的改良，同时要采取严格的隔水与排水措施。

5. 碎（砾）石质土

碎（砾）石质土颗粒较粗，内摩擦系数高，透水性大，具有足够的抗变形能力和良好的水稳定性，施工时压实方便，是一种良好的筑路填料；但是随着细粒的增多，其透水性和水稳性下降。

6. 砾石、不易风化的石块

砾石、不易风化的石块透水性大，强度高，水稳定性好，使用场合和施工季节均不受限制，是一种较好的路基下部填料。但是石块之间要嵌锁密实，以避免在路基自重和行车荷载的作用下因石块松动而产生局部沉陷。

7. 膨胀性重黏土

膨胀性重黏土几乎不透水，黏结力特强，干时难挖掘，湿时膨胀性和塑性都很大。其工程性质受黏土矿物成分影响较大，膨胀性重黏土不宜用来填筑路堤。

8. 易风化的软质岩石

易风化的软质岩石，如泥灰岩、硅藻岩等，浸水后易崩解，强度显著降低，而且变形量大，一般不宜作为路基填料。

除上述路基用土外，尚有一些特殊的土类，如含有特殊结构的土（湿陷性黄土），含有机质的土（腐殖土）、含易溶盐的土（盐渍土）等，用来填筑路基时必须采取相应的技术措施；而杂填土（如建筑垃圾、工业废料等），由于成因不规律，分布不均匀，结构松散，必须经由试验确定能否采用。

（二）对路基填料的相关规定与要求

①含草皮、生活垃圾、树根、腐殖质的土，严禁作为路基填料。

②泥炭、淤泥、冻土、强膨胀土、有机质土及易溶盐超过允许含量的土，不

得直接用于填筑路基；确需使用时，必须采取技术措施进行处理，经检验确定满足设计要求后方可使用。

③液限大于 50%、塑性指数大于 26、含水量不适宜直接压实的细粒土，不得直接作为路堤填料；需要使用时，必须采取技术措施进行处理，经检验确定满足设计要求后方可使用。

④粉质土不宜直接填筑于路床，也不得直接填筑于浸水部分的路堤及冰冻地区的路床。

二、土质路堤施工

（一）路堤填筑方法

1. 分层填筑

分层填筑又可分为水平分层填筑和纵坡分层填筑两种情况。

（1）水平分层填筑

水平分层填筑是指填筑时按照横断面全宽分成水平层次，逐层向上填筑的施工方法。对原地面进行必要的处治后，从最低处分层填起，每填一层经过压实达到标准后，再填筑其上一层，依此循环施工，直至达到设计标高。

（2）纵坡分层填筑

纵坡分层填筑是指用推土机、铲运机等机械从挖方地带取土，就近填筑路堤，依纵坡方向分层填筑和压实，直至达到设计标高的施工方法。

2. 竖向填筑

竖向填筑是指在深谷陡坡地段，针对难以自下而上分层填筑的路堤，采用的从路堤的一端或两端按横断面全高逐步推进的施工方法。

3. 混合填筑

混合填筑是指在深谷陡坡地段，采用的下层竖向填筑而在其上层水平分层填筑的施工方法。

（二）路基填方取土

路基填方取土应根据设计规划，结合路基排水和当地的土地规划、环境保护等要求进行，不得任意挖取。施工取土应不占或少占良田，尽量利用荒坡、荒地。取土深度取决于地下水等因素。在桥头两侧不宜设置取土坑。取土坑与路基之间的距离，应满足路基边坡稳定的要求。取土坑与路基坡脚之间的护坡道应平整密实，表面设 1% ～ 2% 向外倾斜的横坡。若路线外的取土坑等与排水沟、池塘、水库等蓄水（或排洪）设施相连接时，应采取防冲刷、防污染等措施。对由取土造成的裸露面，应加以整治或进行防护处理。

（三）路堤填筑施工工序与作业要点

土质路堤填筑作业工序流程通常包括测量放线、基底处理、分层填筑、摊铺整平、碾压夯实、边坡修整、检查验收等。在上述工序中，压实作业通常是施工控制的关键。

路堤填筑施工的要点有以下几方面：

①不同性质的填料，应水平分层、分段填筑，分层压实，并严格控制碾压最佳含水量。当采用透水性不良的土填筑路堤时，应严格控制其含水量偏差在最佳含水量的 2% 之内。在同一水平层上，路基的全宽范围内应采用一种填料，不得混合填筑。每种填料的填筑层压实后的连续厚度不宜小于 500 mm。填筑至路床顶面最后一层时，压实后的厚度应不小于 100 mm。

②潮湿或冻融敏感性小的填料应填筑在路基的上层，强度较小的填料应置于路基的下层。有地下水的路段或临水路基，宜采用透水性较好的填料。

③在透水性不好的压实层上填筑透水性较好的填料前，应在其表面设 2% ～ 4% 的双向横坡，并采取相应的防水措施。不得在由透水性较好的填料所填筑的路堤边坡上覆盖透水性不好的填料。

④严格控制松铺厚度，每种填料的松铺厚度应通过试验确定。采用机械压实时，高速公路和一级公路的分层最大松铺厚度不应超过 30 cm。其他公路，按土质类别、压实机具功能、碾压遍数等经过试验确定松铺厚度，但最大不宜超过 50 cm。

⑤每一填筑层压实后的宽度不得小于设计宽度。一般情况下，路堤填土宽度每侧应比设计宽度宽出 30 cm，压实合格后再作削坡处理。

⑥路堤应从最低处起分层填筑，逐层压实；当原地面纵坡大于 12% 或横坡陡于 1∶5 时，应将地面挖成内倾坡度不小于 2%、宽度大于 2 m 的台阶。

⑦当填方分几个作业段施工时，接头部位如不能交替填筑，则先填的路段应按 1∶1 坡度分层留台阶；如能交替填筑，则应分层相互交替搭接，搭接长度不小于 2 m。

⑧应考虑工程特点、土石的种类及数量、气候条件、工期等因素，经济合理地选用碾压机具。在碾压前，应先对作业面整形，形成满足要求的横坡。压实作业时应遵循以下规则：

a.在直线路段和大半径曲线路段上，应先压边缘、后压中间，以便形成双向路拱；在半径较小的曲线路段上，应由低的一侧（内侧）向高的一侧（外侧）碾压，以便形成单向超高横坡。

b.先轻后重。刚开始碾压时，土质疏松，强度较低，故宜先轻压。随着土体密实度的增加，逐步提高压实力度，以适应逐渐增长的土基强度。

c.先慢后快。初步压实时，速度应慢些，以免松土被机械推动，随着土层越来越密实，速度也应逐渐加大以提高作业效率。

d.路基压实过程中，在横向接头处和纵向前后作业相邻两区域的碾压轮迹均需要有一定的重叠量。整个压实过程中要特别注意控制碾压的均匀性。

（四）土质路基压实影响因素与压实度标准

经充分压实后的土体，具备了一定的密实度，使路基的塑性变形显著减小，也使路基的渗透性、毛细水作用及隔温性能均有较大改善，从而明显地提高了路基的承载能力和水稳性。因此，压实是填方路基填筑中最主要的工序，对路基的施工质量起着决定性的作用。

影响土质路基压实的因素有很多，主要包括含水量、土质、压实功、碾压的温度、压实土层的厚度、压实的机具与方法等。

1. 含水量

土的含水量对压实效果的影响比较显著。当土的含水量较小时，由粒间引力使土保持着比较疏松的状态或凝聚结构，水少而气多，在一定的外部压实功能的作用下，虽然孔隙中的气体容易被排出，但由于水膜的润滑作用还不够明显，以及外部功也不足以克服粒间引力，土粒间的相对移动不容易实现，因而压实效果比较差；随着土的含水量的逐渐增大，水膜变厚，引力减小，水膜又起到较好的润滑作用，因此，在这种情况下，外部压实功比较容易使土粒产生移动，压实效果渐佳；如果土的含水量过大，孔隙中出现了自由水，压实功不能使气体排出，压实功的一部分将被自由水抵消，减小了有效压力，压实效果反而会下降。

在土的击实曲线上有一峰值，该处的干密度最大，称为最大干密度；与之相对应的含水量，则被称为最佳含水量。这两个指标对于路基的设计与施工极其重要。

只有在最佳含水量的情况下路基土才最容易被压实，也只有在最佳含水量的情况下经过充分压实的路基土的水稳性才最好。

2. 土质

土的性质不同，其最大干密度和最佳含水量也明显不同。因此，施工时应根据不同的土壤类别确定其最大干密度和最佳含水量。

土中的粉粒、黏粒含量越大，土的塑性指数越大，土的最佳含水量也越大，而最大干密度却越小。因此，一般情况下，砂性土的最佳含水量小于黏性土的最佳含水量，而砂性土的最大干密度大于黏性土的最大干密度。各种土的最大干密度和最佳含水量虽然不同，但是击实曲线的形状却相类似。亚砂土和亚黏土的压实性能均较好，都是理想的筑路用土。

3. 压实功

同一类土，其最佳含水量随着压实功的加大而减小，而最大干密度则随压实功的加大而增大。当土偏干时，增加压实功对提高土的密度影响较大，但当压实功加大到一定程度后，对于最佳含水量的减少和最大干密度的提高将变得越来越不明显；当土偏湿时，增加压实功对提高土的密度则收效甚微，而且还有可能引发路基"弹簧现象"。

4. 碾压的温度

在路基的碾压过程中，当温度适宜时，容易达到良好的压实效果。如果温度过高，将会因水分蒸发太快而难以压实；如果温度低于 0 ℃，又将会因部分水分结冰，润滑作用变差，碾压阻力增大，难以达到理想的压实状态。

5. 压实土层的厚度

在相同的压实条件下，实测土层不同深度的密实度可知：该值随深度的增加而递减，表层 5 cm 的实测值最高。这说明土所受外力的作用随深度的增加而减弱，当超出一定深度范围后，土的密实度将不再提高，而且有效压实深度的大小与土质、含水量、压实机具等因素有关。因此，路堤填土施工必须分层铺筑与碾压，并合理控制每层的铺筑厚度。

6. 压实的机具与方法

不同类型的压实机具，其质量大小、适应的土质类型和压力传布的深度都将有所差异。另外，碾压的速度不同，压实效果也会有一定的变化。

（五）压实度的检测

①压实度检测方法主要有灌砂法、灌水（水袋）法、环刀法、核子仪法等。用灌砂法、灌水（水袋）法检测压实度时，取土样的底面位置为每一压实层底部；

用环刀法进行试验时，环刀中部应处于压实层厚的 1/2 深度；用核子仪试验时，要认真按照仪器使用说明书的要求进行检测。

②施工过程中，每一压实层均应检验压实度，检测频率应符合相应的规定，必要时可根据需要增加检测的点数。

三、填石路堤施工

（一）填料要求

①膨胀岩石、易溶性岩石不宜直接用于路堤填筑；强风化石料、崩解性岩石和盐化岩石不得直接用于路堤填筑。

②路堤填料的粒径应不大于 500 mm，且不宜超过层厚的 2/3，不均匀系数宜在 15 ～ 20。路床底面以下 400 mm 范围内，填料的粒径应小于 150 mm。

③路床填料的粒径应小于 100 mm。

（二）填筑施工要点

①路堤施工前，应通过试验路段确定满足要求的松铺厚度、压实机械型号及其组合、压实速度及压实遍数、沉降差等参数。

②二级及二级以上公路的填石路堤应分层填筑压实。二级以下砂石路面公路在陡峻山坡堤段施工特别困难时，可采取倾填的方式将石料填筑于路堤下部，但在路床顶面以下不小于 1.0 m 范围内仍应分层填筑与压实。

③岩性相差较大的填料应分层或分段填筑，严禁将软质石料与硬质石料混合使用。

④中硬、硬质石料填筑路堤时，应进行边坡码砌，码砌边坡的石料强度、尺寸及码砌厚度应符合设计要求；边坡码砌与路基填筑施工宜同步进行。

⑤压实机械宜选用自重不小于 18 t 的振动压路机。

⑥在填石路堤顶面与细粒土填土层之间应按设计要求设置过渡层。

⑦填石路堤施工后，其上、下路堤的压实质量应达到要求。而在填石路堤实际施工时，常用试验路段确定的工艺流程和工艺参数来控制每一填筑层的压实过程；同时，用试验路段确定的沉降差指标检测其压实质量。

⑧填石路堤成型后的外观质量标准：路堤表面无明显孔洞；大粒径石料不松动，铁锹挖动困难；边坡码砌紧贴、密实，无明显孔洞、松动，砌块间承接面向内倾斜，坡面平顺。

四、土石路堤施工

（一）填料要求

①膨胀岩石、易溶性岩石等不宜直接用于路堤填筑，崩解性岩石和盐化岩石等不得直接用于路堤填筑。

②天然土石混合填料中，中硬、硬质石料的最大粒径不得大于压实层厚的2/3；石料为强风化石料或软质石料时，其 CBR 值应符合规范的规定，石料的最大粒径不得大于压实层厚。

（二）填筑施工要点

①压实机械宜选用自重不小于 18 t 的振动压路机。

②施工前，应根据土石混合材料的类别分别进行试验路段施工，确定能达到最大压实干密度的松铺厚度、压实机械型号及其组合、压实速度及压实遍数、沉降差等参数。

③土石路堤不得倾填，应分层填筑与压实。

④碾压前应使大粒径石料均匀分散在填料中，石料间的孔隙应填充小粒径的石料、土或石渣。

⑤压实后透水性差异大的土石混合材料，应分层或分段填筑，不宜纵向分幅填筑；如确需纵向分幅填筑，应将压实后渗水良好的土石混合材料填筑于路堤的两侧。

⑥当土石混合材料来自不同料场，其岩性或土石比例相差较大时，宜分层或分段填筑。

⑦填料由土石混合材料变化为其他填料时，土石混合材料最后一层的压实厚度应小于 300 mm，该层填料最大粒径宜小于 150 mm，压实后的层面上应无孔洞。

⑧由中硬、硬质石料填筑的土石路堤，应进行边坡码砌，码砌边坡的石料强度、尺寸及其码砌厚度应符合设计要求，边坡码砌与路堤填筑宜同步进行；由软质石料填筑的土石路堤，其边坡应按土质路堤边坡处理。

⑨土石路堤的外观质量应达到：路基表面无明显孔洞；大粒径填石无松动，铁锹挖动困难；中硬、硬质石料土石路基边坡码砌紧贴、密实，无明显孔洞、松动，砌块间承接面应向内倾斜，坡面平顺。

五、高填方路堤

在稻田区和常年积水地带用细粒土填筑高度在 6 m 以上，或在其他地带填土或填石高度在 20 m 以上的路堤，称为高填方路堤。这种路堤由于地基承载力较差或填筑高度过大，填筑时难以达到施工质量的要求，或竣工后沉降超过规范要求。因此，需要认真选择路堤填料，严格按规程进行施工，以确保工程质量。

（一）填料选择

高填方路堤宜优先选用强度高、水稳定性好的填料或采用轻质材料。受水浸淹的填方部分，应采用水稳定性和透水性均较好的材料。

（二）回填施工要求

高填方路堤施工应注意以下两方面的问题：

一是施工进度。路堤施工需要一层一层地上料、摊铺、碾压和检测验收，高路堤的填筑高度大，所需要的工期长，为保证合同工期，应尽早安排和组织施工，为了缩短填土周期，往往采用大吨位的振动压路机，以增加分层厚度或减少压实遍数。

二是竣工后路堤的沉降问题。沉降的原因，一方面是填筑高度大，下部的土体因受压而产生一定的变形，变形的多少取决于填料的性质和压实的情况；另一方面是地基的沉降，所以基底强度应满足设计要求，对特殊地段或承载力不足的地基按设计要求认真进行加固处理。

为防止高填方路堤沉降，一般采用预压法进行处理，因此高路堤施工要尽早安排，多投入、快完工，以留有足够的预压时间，并且要在回填过程中进行动态监控，做好沉降观测和位移观测工作，按照设计要求合理控制填筑速率。同时，高填方路堤填筑中应按设计要求适当增加路堤的施工宽度。

六、桥、涵及其他构造物的回填

桥台台背、涵洞两侧及涵顶、挡土墙墙背的回填，是指用符合要求的材料分层填筑构造物与路基之间遗留的路基部分。这项工作往往是在构造物砌筑基本完成之后才开始的，由于场地狭窄，同时还要保护构造物，回填过程中的压实工作比较困难，并且容易形成积水；如果填筑不良，竣工之后，填土与构造物的连接部分出现沉降差，就会引发"桥头跳车"现象，从而影响行车的速度、舒适度与安全性，甚至会导致构造物失稳。因此，必须对填料选择和回填施工等环节给予足够的重视。

（一）填料选择

桥、涵及其他构造物的回填宜采用透水性材料、轻质材料或无机结合料等，非透水性材料不得直接作为填料使用。

（二）回填施工要点

基坑回填必须在隐蔽工程验收合格后方可进行，并应分层填筑与压实，各分层厚度宜为 100～200 mm。二级及二级以上的公路，当采用小型夯实机具施工时，基坑回填的分层压（夯）实厚度不宜大于 150 mm，要求在接近于最佳含水量状态下分层填筑与压（夯）实，并达到设计要求的压实度。

二级及二级以上公路的台背回填时，应根据设计要求合理确定过渡段的范围，过渡段路堤压实度应不小于 96%，并应设置纵横方向的防、排水系统；二级以下公路的路堤与回填的连接部，应按设计要求预留台阶。台背回填宜与路堤路床同步填筑，台背和锥坡的回填也宜同步进行，并且应一次填筑达到设计宽度的要求。

涵洞回填应在洞身两侧对称分层回填与压实，填料粒径宜小于 150 mm。在涵顶填土的松铺厚度小于 100 cm 时，不得通过重型车辆或施工机械；靠近构造物 100 cm 范围内，不得有大型机械行驶或作业，以防对涵洞产生破坏。

桥、涵及其他构造物回填过程中，要严禁雨水流入；对已有的积水应挖沟或用水泵迅速排除；对于地下渗水，应设置盲沟等将其引出。

第四节　挖方路基施工技术

一、土质路堑开挖

（一）土质路堑开挖方案

土质路堑开挖，可以根据路堑深度、纵向长度及现场施工条件，采用以下几种方法。

1. 横挖法

横挖法，即在路堑的一端或两端，沿路线的纵向按路基横断面全宽开挖。横挖法可分为单层横向全宽挖掘法和多层横向全宽挖掘法。

单层横向全宽挖掘法，是指一次性挖掘高度达到路堑设计深度，掘进时逐段成型向前推进，由相反方向将土外运送出，适用于深度小、长度较短的路堑开挖；而对于深而短的路堑，可采用双层横向全宽挖掘法，使上层在前、下层随后，在下层施工面上需要留有上层开挖操作的出土和排水通道。双层开挖增加了工作面，加快了施工进度，层高应视施工的方便与安全而定，一般为 1.5 ～ 2.0 m。必要时，还可采用多层横向全宽挖掘法。

2. 纵挖法

纵挖法，即先沿路堑的纵向挖出通道，然后将通道向两侧拓宽，并利用纵向通道作为运土路线和场地排水的出路，将该层通道拓宽至路堑边坡后，再开挖下层通道，直至纵深开挖到路基设计标高。这种开挖方法，工作面大，既可人工施工，也可机械施工，适用于较长、较深的路堑开挖。

3. 混合式掘进开挖法

混合式掘进开挖法是横挖法与纵挖法两种方法的混合运用，即先顺路堑方向开挖通道，然后沿横向坡面挖掘，以增加开挖坡面，每一开挖坡面应能容纳一个施工组或一台开挖机械作业。在较大的挖方地段，还可沿横向再挖沟，配以传动设备或布置运土车辆。当路线纵向长度和深度都很大时，宜采用混合式掘进开挖法。

（二）土质路堑开挖技术要求

对于能够作为路基填料使用的土方，应分类开挖和使用；对于非适用材料可作为弃方处理。土方开挖工作应自上而下进行，不得乱挖超挖，严禁掏底开挖。开挖过程中，应采取适当的措施保证边坡的稳定。开挖至边坡线前，应预留一定宽度，预留的宽度应保证刷坡过程中设计边坡线外的土层不受扰动。

开挖至零填或路堑路床部分后，应尽快进行路床施工；如不能及时进行，宜在设计路床顶标高以上预留至少 300 mm 厚的保护层。在施工中应采取临时排水措施，以确保施工作业面上不出现积水。挖方路基路床顶面的终止标高，应适当考虑因压实而产生的下沉量。

（三）土质路堑开挖施工要点

①边沟与截水沟应从下游向上游开挖。截水沟通过地面坑凹处时，应将凹处填平夯实。边沟及截水沟开挖后，应及时进行防渗处理，不得形成渗漏、积水和边坡冲刷。

②挖方路基施工遇到地下水时应采取适当的措施，将水引入路基排水系统，

而不得随意堵塞泉眼；当路床土含水量较高或为含水层时，应设置渗沟或采取换填、改良土质或土工织物等措施进行处理，并选用透水性良好的填料。

③土质路堑开挖应根据地面坡度、开挖断面的纵向长度及出土方向等因素，结合土方调配，选用安全、经济的开挖方案。

④土质路堑开挖形成的弃土不得占用耕地，沿河弃土不得影响排洪、通航和加剧河岸冲刷，也不能向水库、湖泊、岩溶漏斗及暗河口处弃土。

⑤弃土堆的几何尺寸、压实程度和位置，应能保证路基边坡和弃土堆自身的稳定。一般情况下，弃土堆的边坡不陡于 1∶1.5，顶面向外设不小于 2% 的横坡，其内侧高度不宜大于 3 m。

二、石质路堑开挖

石质路堑开挖应根据岩石的类别、风化程度、岩层产状、岩体断裂构造、施工环境等因素综合确定开挖方案。石质路堑开挖的方法主要有爆破法、松土法和破碎法等，通常情况下采用爆破法开挖，有条件时宜采用松土法开挖，局部情况也可采用破碎法开挖。

（一）爆破法

爆破法是石质路堑施工中最有效的施工方法。山区公路路堑石方工程量大，而且较为集中，采用爆破法施工，不但能够大大地提高工效、缩短工期、节约劳动力，而且可以有效地改善线形，提高公路的使用质量。

爆破作用的原理是药包点燃后，炸药在瞬间内通过化学反应转化为气体状态的爆炸产物，由于膨胀作用，体积增加百倍乃至数千倍而形成静压力，同时产生很高的温度和速度高达每秒上千米的冲击波，自药包的中心按球面等量向外扩散，以动压力的形式传递给周围介质，使周围介质产生各种不同程度的破坏和振动现象。爆破冲击波由药包中心向外扩散过程中，按其破坏程度可大致分成四个作用圈，分别为压缩圈、抛掷圈、松动圈和振动圈。

开挖岩石路堑常用的爆破方法主要有：

1. 裸露药包法

裸露药包法是指将药包置于被炸物体表面或经过清理的岩缝中，在药包的表面用草皮或稀泥加以覆盖后进行的爆破方法。这种爆破方法主要用于破坏较大的孤石或进行大块岩石的二次爆破作业。

2. 浅孔爆破法

浅孔爆破法也称为炮眼法或钢钎炮法，是指炮眼的直径小于 75 cm，深度小于 5 m，将炮眼中的炸药装成长条形，并用泥土堵塞的爆破方法。这种爆破方法工具简单，技术容易掌握，施工灵活性大，而且由于药量少、爆破的振动轻，不易造成塌方与滑坡。浅孔爆破法广泛用于露天、石方数量较少的爆破工程，如整修边坡、水沟开挖、炸孤石、改造地形、打井洞等工程项目。

3. 深孔爆破法

深孔爆破法是指炮孔的直径大于 75 cm，深度在 5 m 以上，采用延长药包的一种爆破方法。这种爆破方法一次性爆破的石方量大，施工进度快、效率高；但是由于需要使用大型机械，因而转移工地、开辟新场地等工作变得较为复杂，而且爆破后仍有 10% ～ 25% 的大石块需经二次爆破改小。深孔爆破法适用于石方集中、地势平缓垭口的深路堑开挖作业。

4. 药壶法（葫芦炮法）

药壶法是指在孔深 3.0 ～ 6.0 m 的炮眼底部，用少量炸药，经过一次或多次扩膛，把炮眼底部扩大成葫芦形，再集中装入炸药，以提高爆破效果的一种方法。这种爆破方法炸药利用率高、消耗少，爆破效果好，而且施工安全程度较高。药壶法适用于结构均匀密实的硬土、次坚石和坚石等的爆破作业。

5. 猫洞炮法

猫洞炮法是将药包直接集中放于直径为 20 ～ 40 cm、深度为 2 ～ 5 m 的呈水平或略向下倾斜的洞穴的底部，然后用细粒土或砂类土将洞穴堵满、塞紧而进行的爆破方法。这种爆破方法充分利用了岩石本身的崩塌作用，能用较浅的洞穴爆破较高的岩体；爆破量大、用工少、进度快，而且操作简便。猫洞炮法适用于硬土、胶结良好的古河床、冰渍层和节理比较发育的次坚石与坚石的爆破作业，而且这种炮型对独岩和特大孤石的爆破效果也较好。

6. 综合大爆破（洞室炮）法

综合大爆破法是利用导洞和药室装药，用药量在 1000 kg 以上的大型爆破方法。导洞和药室的开挖，应合理组织人力，充分发挥机械效率，加快开挖进度。为使药包集中，药室多做成近似立方体形状，导洞和药室之间用横洞连接，二者保持垂直，药室中心与导洞中心间距一般不小于 2.5 m。

7. 光面爆破法与预裂爆破法

光面爆破法是指在开挖限界的周边，适当排列一定间隔的炮孔，在有侧向临空面的情况下，使之形成一个光滑、平整的边坡的爆破方法。

预裂爆破法是指在开挖限界处，按适当间隔排列炮孔，在没有侧向临空面和最小抵抗线的情况下，用控制炸药量的方法，预先炸出一条裂缝，使爆破体分开，作为隔振、减振带，以减弱对开挖界限以外山体或建筑物的地震破坏作用的爆破方法。光面爆破法和预裂爆破法的外表特征是均在边坡壁上留下半个炮孔的痕迹。预裂爆破法的起爆时间在主炮之前，光面爆破法的起爆时间在主炮之后。

8. 定向爆破法

定向爆破法是指利用爆破的作用，将大量的岩石和土体按照指定的方向搬移到指定的地点，并堆积成一定形状的填方的爆破方法。爆破的基本原理是炸药在岩石或土体内部爆炸时，岩石和土将沿着最小抵抗线，即沿着从药包到临空面最短距离的方向抛出土。因此，合理选择临空面布置炮孔是定向爆破的一个重要问题。临空面大多利用自然地形，也可以在爆破地点用人工方法制造临空面。采用这种爆破方法，一次爆破即可实现土石方调配，形成路基雏形，因而在很大程度上可减少用工、缩短工期，也可节约投资。

9. 微差爆破法

微差爆破法又称毫秒爆破法，是指前后或相邻炮孔内的药包以毫秒的时间间隔依次起爆的爆破方法。这种爆破的特点是，在装药量相等的条件下，可减振 1/3 ～ 2/3；前发药包为后发药包开创了临空面，增强了岩块间的碰撞挤压和破碎效果；可降低一次爆破的堆积高度，有利于下一步挖掘和装运作业；同时由于爆破是逐发或逐排依次进行的，减少了岩石的挟制力，可节省炸药用量。

（二）松土法

松土法的工作原理是充分利用岩体自身存在的各种裂隙和结构面，用推土机牵引的松土器将岩体翻碎，再以推土机或装载机与自卸式汽车相配合，将翻松了的岩块搬运出去。松土法避免了爆破法所带有的危险性，而且有利于开挖边坡的稳定及附近建筑物的安全。原则上讲只要能够使用松土法施工的场合，就应尽量不要用爆破法施工。

施工时注意松土作业方向应尽可能顺着岩层的下坡方向，遇到较坚硬的岩石，当松土器难以贯入或引起机械后部上翘、履带打滑时，可用另一台推土机在后面顶推；若岩石较为完整和坚硬，也可以先进行适当的浅孔爆破，然后再进行松土作业。

（三）破碎法

破碎法的工作原理这种开挖方法是利用破碎机凿碎岩块，通常将凿子装在推土机或挖掘机上，利用活塞的冲击作用，使凿子产生冲击力来破碎岩石。破碎法宜用于岩体裂缝较多、岩块体积较小、抗压强度低于 100 MPa 的岩石，但是存在着作业效率低的缺点。

三、深挖路堑施工

路堑边坡高度等于或大于 20 m 时称为深挖路堑。深挖路堑因为边坡高度大，易坍塌，而且工程数量非常大，往往是影响全线按期完工的重点工程。因此，在施工准备阶段就要详细了解沿线的工程地质情况、工程量和工期，合理编制施工组织设计，确定所应配备的机械设备的类型、数量，以确保工程质量和施工期限。

影响深挖路堑边坡稳定性的因素有很多，最主要的是边坡坡度的大小。较缓的坡度有利于边坡的稳定，同时边坡稳定性还与气候等因素有关，在多雨地区必须严格按照所设计的坡度进行施工，并进行必要的边坡防护和设置完善的防排水系统。深挖路堑通常需要在路堑边坡一定高度处设置护坡道，以延缓边坡坡度，这样既可起到稳定边坡的作用，还兼具碎落台的功能。故在高路堑边坡施工中，一般按规定每隔 6～10 m 高度设置一层护坡道，其宽度不小于 2 m，表面横向坡度应向外侧倾斜，坡度为 2%～4%，护坡道的纵向坡度宜与路线平行。

第五节 特殊路基施工技术

特殊路基主要包括软土地区路基、多年冻土地区路基、盐渍土地区路基、黄土地区路基和泥石流地区路基等。

一、软土地区路基施工

（一）软土的分类

①以孔隙比、有机质含量为主，结合其他指标，软土可划分为软黏性土、淤泥质土、淤泥、泥炭质土和泥炭五种类型。

习惯上把淤泥、淤泥质土、软黏性土总称为软土；而把有机质含量很高的泥炭、泥炭质土总称为泥沼。

②按其成因，软土可划分为海洋沿岸沉积和内陆湖沉积两大类。

③按其沉积环境和特征，软土可划分为潟湖相沉积、溺谷相沉积、滨海相沉积、三角洲相沉积、湖相沉积、河漫滩相沉积、丘陵谷地相沉积七种。

（二）软土的特点

①天然含水量高，最小值为 30% ～ 40%；孔隙比大，最小值为 0.8 ～ 1.2。

②透水性差，渗透系数一般小于 1×10^{-6} cm/s。

③压缩性高，压缩系数一般大于 0.5 MPa。

④黏聚力小。

⑤具有触变性，一经扰动，软土的强度就降低很多。

⑥抗剪强度低，快剪内摩擦角最大为 11°，最小可接近 0°。

在软土地基上修建路基，若不进行基底处理，将因为变形过大或强度不足，引发路基出现失稳或过量沉陷，从而导致公路产生病害或不能正常使用。因此，需要采取正确的加固措施，以保证路堤的稳定与正常施工。

（三）软土地基的加固措施及其施工

当路堤经过稳定性验算或沉降计算不能满足设计要求时，必须对软土地基进行加固。常用的加固措施主要有以下几种。

1. 塑料排水板法

塑料排水板是带有孔道的板状物体，插入土中形成竖向排水通道，改善了地基的排水条件、缩短了排水途径，因此在地基承受附加荷载后，排水固结的速度加快，进而使地基的强度得以提高。塑料排水板法施工简单、快捷。

①塑料排水板具有质量轻、强度高和耐久性好等特点。常见的塑料排水板是由芯板和滤膜组成的。其中芯板由聚丙烯和聚乙烯塑料加工而成，滤膜一般采用耐腐蚀的涤纶衬布。

②施工时，塑料排水板一般要用插板机插入土中。插板机分为套管式插板机和无套管式插板机两种。塑料排水板超过孔口的长度应能伸入砂垫层不小于500 mm，预留段应及时弯折，埋设于砂垫层中，与砂垫层贯通，并采取必要的保护措施。施工中应防止泥土等杂物进入套管内，一旦发现应及时清除。打设后形成的孔洞应用砂回填，不得用土块堵塞。

2. 砂井法

砂井法是指利用打桩机具向地基中击入钢管，或利用高压射水、爆破等方法在地基中获得按一定规律排列的孔眼，再向孔中灌入中、粗砂，形成砂柱的加固形式。

在软弱地基层中，设置砂井作为竖向排水体，在堆土加载的情况下，使土体中的水沿竖向排水体排出，从而加速了土壤固结和地基沉降，提高了地基的强度。

砂井法适用于软土层厚度大于 5 m 的情况。砂井在饱和软黏土中起排水通道的作用，在砂井的顶面应铺设砂垫层，以构成完整的地基排水系统。公路工程中，砂井的直径通常为 20 ～ 50 cm；砂井的间距一般为井径的 6 ～ 10 倍；砂井的深度与土层分布、地基附加应力的大小、施工期限等因素有关。

砂井法主要有套管法、射水法和螺旋成孔法三种施工工艺，使用较为广泛的是套管法。

套管法的原理是将带有活瓣管尖或套有混凝土端靴的套管，在振动（打入）机的作用下，沉到预定的深度，然后在套管内灌砂、灌水，拔出套管，管尖或混凝土端靴随同所灌入的砂一起留在孔中，形成砂井。根据沉管工艺的不同，套管法有振动、静压、锤击与静压相结合等方式。射水法的原理是以压力水，通过专用喷头冲成孔，不使用套管，而直接从地面将砂投入孔中，形成砂井。螺旋成孔法的原理是以动力螺旋钻钻孔，提出钻头后，在孔内灌砂成井。

3. 袋装砂井法

袋装砂井法是普通砂井法的发展与提高。为了既缩小砂井的直径，又能保证施工的顺利实施，利用透水性良好的网状织物制作的袋子（其直径一般为 7 ～ 12 cm），向袋中装满砂子，然后沉入井内的软土地基进行加固，这就是袋装砂井法。该种方法用料省、价格低，而且施工质量容易得到保证。

砂袋的制作要求是不鼓包、不漏砂。为了防止砂袋入井过程中产生缩颈现象，要求向袋中装入干砂，并要求均匀连续、松紧适度。为了使砂袋顺利进入砂井，导管的内径要稍大于设计桩径。

袋装砂井法的施工工艺主要有以下两种。一是装有空袋（底部装有 20 ～ 30 cm 的砂）的导管，按设计的井位就位，调整桩尖使之与导管紧密结合。将导管沉到设计高程（一般比设计高程深 10 ～ 20 cm），通过振动，将干砂装入袋中，待砂袋装满之后，卸下砂袋，拧紧套管上盖，然后把压缩空气送进套管，并提升套管。此时管底受到压力，活门打开，将管取出，而砂袋则留在孔中。二是将灌好干砂的砂袋在沉管前全部装入管中。为避免破坏砂袋，在管口安装导轮，将砂袋导入管中。如采用脱离式桩靴，则砂袋与桩靴相连，并使之与导管密合。待导管沉到要求的深度之后，缓缓提起导管，并加以振动。此时底盖张开（或桩靴与管离开），将砂袋落于井中。

4. 排水砂垫层法

排水砂垫层法，即在路堤底部的地面上铺设一层较薄的砂层，其作用是在软土顶面增加一个横向排水面，在填土过程中，荷载逐渐增加，促使软土地基排水固结，渗出的水就可以从砂垫层中排走。

排水砂垫层法适用于施工期限不紧，路堤高度为极限高度的二倍以内，而且砂源丰富，软土地基表面无隔水层的情况，砂垫层的厚度一般为 0.6 ～ 1.0 m。

排水砂垫层的施工要点如下：

①为确保砂垫层能排水通畅，宜采用透水性良好的中砂、粗砂等，含泥量应小于 5%；也可采用天然级配砂砾，其最大粒径应小于 50 mm，砾石强度不低于四级。

②垫层宜分层摊铺压实，达到规定的压实度。

③垫层宽度应宽出路基坡脚 500 ～ 1 000 mm，两侧宜用片石护砌或采用其他方式加以防护。

④为了保证砂垫层在其使用期间的整体连续性，在砂垫层的上、下两侧均宜设置反滤层。

⑤确定砂垫层的厚度时，要做到既不致因地基沉降而使砂垫层发生错断，又不致因排入砂垫层中的孔隙水的水头过高而使水渗入路堤填土。

5. 土工织物法

土工织物大多是由丙纶（聚丙烯）、涤纶（聚酯）、玻璃纤维为主要材料加工而成的。土工织物具有质地轻、强度高、弹性好，以及耐磨、耐酸碱、不易腐烂或虫蚀、吸湿性小等优点，但是存在着日光照射下易老化的缺点。

土工织物种类繁多，从制作工艺上可以大致分为编型土工纤维、织型土工纤维、无纺型土工纤维、组合型土工纤维和其他形式土工纤维。

土工织物具有反滤、排水、隔离及加固补强等功能。在软土地基表层铺设一层或多层的土工织物后，土工织物能与其接触部分的土壤形成一个有机的整体，减小路堤填筑后的地基不均匀沉降，在提高地基的承载力的同时还不影响排水。

另外，对于高含水量的超软弱地基，若在采用砂井法及其他深层加固法之前铺设土工织物，可作为前期处理提高施工的可能性；若在砂垫层上加铺土工织物，可以防止填土对砂垫层的污染。

土工织物法的施工要点如下：下承层应平整，摊铺时应拉直、平顺，使土工织物紧贴下承层，不得出现扭曲、褶皱等现象。在斜坡上摊铺时，应保持松紧适度；施工中应防止土工织物受损，清除软土层上的铁刺、木桩以及容易划破土工织物的碎石等，以防发生土工织物被撕裂、顶破等现象；如果出现破损应及时进行修补或更换。铺设土工织物时，应在路堤每边各留一定长度，回折覆裹在已压实的填筑层面上，折回的外露部分用土加以覆盖。土工织物连接时，若采用搭接形式，则搭接长度宜为 300 ~ 900 mm；若采用缝接形式，则缝接宽度应不小于50 mm，缝接强度应不低于土工合成材料的抗拉强度；若采用黏结形式，则黏合宽度应不小于 50 mm，黏合强度应不低于土工合成材料的抗拉强度；双层土工合成材料上、下层的接缝应错开，错开长度应大于 500 mm。

6. 预压法

预压法也是软土排水固结的非常重要的方法和步骤，采取正确的预压措施是达到预期固结效果的重要保障。预压法简单易行，但是需要较长的固结时间，并且常常需要配合采用砂垫层、砂井等排水措施方能达到较好的使用效果和满足工期的要求。

预压法一般有利用建筑物自身重量预压法和堆载预压法两类方法。利用建筑物自身重量预压法是先在软土地基上填筑不超过软土极限高程的路堤填土，待其沉降稳定之后，再行填筑，如此反复地进行，直至达到设计高度的要求；堆载预压法是在软土地基上拟建涵洞或桥台等构造物时，先在构造物修建位置填土预压，待地基强度提高到一定程度以后，挖除填土，再建造构造物。采用预压法施工时应严格控制加荷速率，该速率应保证地基只产生沉降而不致丧失稳定，加荷速率可根据理论计算或观测法确定。

7. 挤密砂桩法

挤密砂桩法是指以冲击或振动，强力将砂、石等材料挤入软土地基中，形成直径较大的密实柱体，提高软土地基的整体抗剪强度，减少沉降的软土地基加固方法。

砂桩的直径一般为 0.3 ~ 0.7 m，对于软弱黏性土地基宜采用直径较大的砂桩。与排水砂井的作用不同，挤密砂桩的主要目的是增大土体的密实度。砂桩一般采用中、粗砂，也可采用砂砾混合料。

挤密砂桩法一般有振动成桩法和锤击成桩法两类方法。振动成桩法又分为一次拔管法、逐步拔管法和重复压拔管法；锤击成桩法也可分为单管成桩法和双管成桩法。以一次拔管法为例，挤密砂桩法的施工工艺为：桩管就位→将桩管振动下沉至设计深度→将砂灌入桩管中→边振动、边拔管→最后形成密实的砂柱。

8. 生石灰桩法

在软弱的黏性土壤中可以掺入生石灰，形成石灰桩，利用生石灰吸收软土中的水分，在生成消石灰（氢氧化钙）时，体积急剧膨胀，并散发出大量的热量，促使软土中的水分蒸发，同时还能发生火山灰反应，生成的硅酸钙和铝酸钙等水合物，在水及空气中逐渐硬化，与土颗粒黏结在一起，构成网状结构，改善土的物理力学性质，使得处治后的软土强度提高，地基沉降减小，从而增加了路基的稳定性。

生石灰桩的孔径多为 20 ～ 40 cm，桩长多在 12 m 以内，用打入或钻进的方法成孔，再填入粒径为 2 ～ 5 cm 的生石灰块。生石灰桩成孔土要采用振动沉桩法，施工工艺与砂桩基本相同，与砂井施工不同的是，在桩孔之中充填的不是砂，而是生石灰。在灌生石灰块或生石粉时，应使用导管将填充物振实，一直到达软土的原地面高程。然后再用砂土将桩顶封实，以防止雨水与生石灰桩直接接触，并控制生石灰向上膨胀。

9. 加固土桩法

加固土桩法是指利用工程钻机，将旋喷注浆管置入预定的地基加固深度，通过钻杆旋转，徐徐上升，并将预先配置好的浆液以一定的压力从喷嘴喷出，冲击土体，使土和浆液搅拌成混合体，形成具有一定强度的人工复合地基的软土地基加固方法。

加固土桩法可以根据不同的施工对象、用途，调整灌入材料的用量、浓度，使加固土体满足工程需要的强度。所使用的固化材料主要有水泥、生石灰、粉煤灰等。

（1）施工方法与施工工艺

加固土桩法可分为粉喷法（干法）和深层搅拌法（湿法）两类方法。

①粉喷法（干法）施工工艺：钻机就位、检查→钻进至预定深度→旋喷、提升钻杆→重复搅拌。

②深层搅拌法（湿法）施工工艺：定位→预搅下沉→制备水泥浆→提升喷浆搅拌→重复搅拌。

（2）施工要点

加固土桩法的施工要点如下：

①加固土桩施工前必须进行成桩试验，桩数不宜少于5根，以获取满足设计喷入量的各种技术参数，确定能保证胶结料与加固软土拌和均匀的工艺。

②采用粉体固化剂时，严格控制粉喷时间、停粉时间和喷入量，不得中断喷粉，确保桩体的有效长度；并注意按设计要求的深度进行复搅，以提高拌和均匀性。

③采用浆液固化剂时，制备好的浆液应拌和均匀，不得产生结块和离析。浆液供浆要连续，超过2h的浆液应降低等级使用。

10. 换土法

换土法，即将路堤下的部分或全部软土，换填强度较高的黏性土或砂、砾、卵石、片石等渗水性材料。该方法工作量大，却从根本上改善了地基特性，处理效果较好。下面介绍几种换土法常用的做法。

（1）人工或机械开挖换土法

人工或机械开挖换土法适用于软土层较薄、易于排水施工的情况，换土深度一般不宜超过2m。在开挖过程中，需要注意边坡的稳定；回填时，应注意分层填筑与压实。

（2）抛石挤淤法

抛石挤淤法是强迫换土的一种方式。该方法不必抽水、挖淤，使施工变得简便。主要用于池塘或河流等积水洼地，如常年积水、不易抽干，而且表层无硬壳、软土液性指数大、厚度薄、片石能沉至下卧硬层的情况。这种方法适宜处理的软土厚度为3～4m。

抛石挤淤应选用不易风化的片石，要求片石的厚度或直径不宜小于300mm。当软土地层平坦时，填筑应沿路基中线向前呈三角形投放片石，再渐次向两侧全宽范围扩展。当软土地层横坡陡于1∶10时，应自高侧向低侧填筑，并在低侧坡脚外一定宽度范围内同时抛填，以形成片石平台。片石抛填露出软土面后，应用较小石块填塞垫平，用重型压路机碾压，在其上铺设反滤层后，再进行填土作业。

（3）爆破挤淤法

爆破挤淤法的原理是利用炸药爆炸时的张力作用，使软土扬弃或压缩，然后填以强度较高的渗水性土壤或一般黏性土，达到换土的目的。这种方法的换填深度大、工效高，适用于软土层较厚、稠度大、路堤高及工期紧的情况。

11. 反压护道法

反压护道法主要利用力学平衡来保持路基的稳定，即在路堤的两侧填筑一定宽度和高度的护道，使得路堤下的软土层所承受的压力作用因反压压力而适当减弱，从而提高了地基的稳定性。反压护道一般采用单级形式，其高度宜为所护路堤高度的 1/3 ～ 1/2。

该方法简单易行，但占地面积大、填料多，而且反压护道只解决了软土地基的稳定问题，对沉降无益。反压护道宜与路堤同时施工，也可以在路堤施工完成、并经过一定的预压之后再施工。

二、多年冻土地区路基施工

凡温度为负温或零度、并且含有冰的各种土都被称为冻土，冻结状态持续三年以上的冻土则被称为多年冻土。在多年冻土地区，地表以下一定深度范围内，每年夏季融化，冬季冻结，该层称为季节冻融层，同时这一深度被称为季节冻融层底板或多年冻土上限。在该深度以下一定厚度的土则终年处于冻结状态，即所谓的多年冻土层。多年冻土层的底部称为多年冻土的下限，其上限和下限之间的距离称为多年冻土的厚度。多年冻土的厚度反映着冻土的发育程度，是多年冻土的重要标志之一。多年冻土层薄的在 10 m 以下，厚的可在 100 m 以上。

（一）多年冻土的分类

按含冰量的不同，多年冻土可分为少冰冻土、多冰冻土、富冰冻土、饱冰冻土和含土冰层五种类型。

（二）多年冻土地区公路路基的主要病害

多年冻土地区的不良地质现象主要有冰丘、冰锥、地下冰和冻土沼泽等，对公路工程建设产生极为不良的影响。多年冻土地区公路路基的病害主要有以下几种。

1. 融沉

融沉一般发生在含冰量大的黏土地段。当路基基底多年冻土的上限或在路堑边坡上分布有较厚的地下冰层时，由于地下冰层埋藏较浅，在施工及使用过程中，原来的自然条件发生变化，使多年冻土局部融化，上覆土层在土体自重力及外力作用下产生沉陷，造成路基变形。融沉主要表现为路堤向阳侧路肩及边坡的开裂、下滑，以及路堑边坡溜坍等。

2. 冻胀

冻胀多发生在季节性冻结深度较大的地区及多年冻土地区，发生原因主要是地基土或填土中的水在冻结时体积急剧膨胀，冻胀的程度与土质及土中的含水量有很大关系。

3. 冰害

冰害主要是指路堤上方出露的地表泉水或开挖路堑后地下水自边坡流出，在隆冬季节随流随冻，构成积冰掩埋路基、边坡挂冰或堑内积冰等病害。在路基工程中，路堑地段较路堤地段的冰害要多，尤其发生在浅层地下水发育的低填浅挖及零填挖地段。

（三）多年冻土地区公路路基的施工要点

①施工前应查清沿线冻土的分布情况、类型、冻土的上下限、地下水，以及有无热融（湖、塘）、冰丘、冰锥等不良地质情况。

②必须严格按保护冻土的原则进行施工。路基形式以路堤为宜，尽量避免零填或浅挖断面，使路基竣工后仍处于热学稳定状态。

③路基的排水与加固除满足水力和土力条件外，还应考虑由施工因素所引起的热力变化，不能导致多年冻土上限下移。

④填方路基施工过程中，应采取措施保持路基及其周围的冻土处于冻结状态，根据设计要求和实际情况对基底采取换填或设置毛细水隔断层等措施。需要取土时，宜设置集中取土场，取土位置宜在路堤坡脚 500 m 以外。填料宜选用保温、隔水性能均较好的填料，严禁使用塑性指数大于 12、液限大于 32% 的细粒土、富含腐殖质的土及冻土；若采用黏性土或透水性不良土填筑路堤，碾压时含水量应严格控制在最佳含水量 ±2% 范围内。路基应分层填筑与碾压，达到规定的压实度。

⑤在地下水发育的挖方地段，路基边沟应采取防渗措施。刨冰冻土、含土冰层的路堑地段，可根据设计要求换填足够厚度的水稳性好的填料。

⑥处于冰锥、冰丘地段的路基施工，应按设计要求设置防、排水设施；冻胀较重的地段，应在其上游主流处做好地下渗沟，并将水引到一定距离外的地面积冰场。

三、盐渍土地区路基施工

盐渍土是包括盐土和碱土在内，以及不同程度盐化和碱化土壤的统称。在公路工程中，将地表全层 1 m 以内容易溶于水中的无机盐类（或称易溶盐类）含量平均达 0.5% 以上的土壤，称为盐渍土。气候干旱、排水不畅，以及地下水位过高，是引起土壤盐渍化的主要原因。

盐渍土类型众多，一般多分布在较低洼的地区，而且常常与沼泽相伴而生。

（一）盐渍土的分类

①盐渍土按含盐化学成分分类，可分为氯化物盐渍土、硫酸盐－氯化物盐渍土、氯化物－硫酸盐盐渍土、硫酸盐盐渍土和碳酸盐盐渍土等。

②盐渍土按盐渍化程度分类，可分为弱盐渍土、中盐渍土、强盐渍土和过盐渍土等。

（二）盐渍土对路基的主要危害

①氯化物盐渍土容易使土壤过分湿化而影响路基的稳定性，造成湿陷、坍塌等病害。路基处于潮湿状态时，密度较小，翻浆现象比一般地区严重。

②硫酸盐盐渍土的盐胀作用主要发生在路基上部 0～80 cm 范围内，越接近表层，盐胀值越大。在昼夜温差大的地区，反复循环的盐胀作用容易造成边坡约 0.3 m 厚度范围的土体疏松与剥落。由于硫酸盐遇水时容易溶解，当含盐量较大时，路基会出现湿陷、坍塌等病害。

③碳酸盐盐渍土遇水崩解的速度很快，当土中的碳酸盐含量大于 0.5% 时，遇水后碳酸盐即与土中的胶体颗粒分解，使路基土体产生膨胀，土体强度急剧降低。

（三）盐渍土地区路基施工要点

①盐渍土地区路基宜在干旱季节施工，施工前应对填料的含盐量及其均匀性加强检测。

②当地表土不符合要求时，应将路基基底的土壤挖除，换填透水性较好的土。

③对于含水量超过液限的原地基土，应将基底以下 1 m 范围内的土壤全部换填成透水性材料；当含水量介于液限和塑限之间时，应换填 100～300 mm 厚的透水性材料；当含水量在塑限以下时，可直接填筑黏性土。

④盐渍土地区路堤应分层填筑、分层压实，每层松铺厚度不宜大于 200 mm。碾压时应严格控制含水量，含水量不宜大于最佳含水量 1%，不得在雨天施工。

⑤盐渍土地区路堤宜从基底处理开始，连续施工。在设置隔断层的路段，以

一次做到隔断层的顶部为宜。

⑥在施工季节的选择方面：地下水位高的黏性盐渍土地区，宜在夏季施工；砂性盐渍土地区，宜在春季和夏初施工；强盐渍土地区，宜在表层含盐量较低的春季施工。

⑦盐渍土地区路基施工中应合理设置排水设施，勿使路基及其附近存有积水。无论是填筑黏性土或换填渗水性好的土，其压实度均应符合路基的压实度标准。

四、黄土地区路基施工

黄土颜色以淡黄色为主，有黄、褐等色，颗粒组成以粉土颗粒为主，富含硫酸盐，具有较大孔隙。

（一）黄土的工程特性

①黄土的颗粒组成以粉土为主，含量可达 50%；黄土的孔隙率较大，一般为 35%～60%。

②黄土的节理明显，以垂直节理为主，在干燥而固结的黄土层中比较发育，土层的上部较下部发达。

③黄土垂直方向渗水性强，由于黄土孔隙率大和垂直节理发育，因此垂直方向的渗水性要比水平方向大很多。

④黄土具有收缩、膨胀和崩解等性质。黄土遇水后膨胀，干燥后收缩，经过多次胀缩后，容易形成裂缝及剥落。新黄土浸水后崩解较快，而老黄土要滞后一些。

⑤黄土的湿陷性。黄土可分为湿陷性黄土和非湿陷性黄土两大类，其湿陷性一般通过相对湿陷系数来区别。相对湿陷系数大于或等于 0.02 的黄土是湿陷性黄土，湿陷性黄土浸水后有较大的沉降量。

（二）黄土地区路基施工要点

①黄土地区路基施工，应做好排水工作，注意防渗、防漏，雨期施工时要将地表水迅速引离路基。

②路床填料不得使用老黄土，填料中不得有粒径大于 100 mm 的土块。

③黄土路堤应分层填筑，分层压实，并应在最佳含水量时进行碾压，达到路基压实度的标准与要求。

④路基边坡施工时应拍实，并及时进行防护，以防止地表水的冲刷。

⑤对路基范围内现有的陷穴、暗穴，可采用灌砂、灌浆、开挖回填、导洞和

竖井等措施进行填充与封堵。同时，宜对路堑边坡坡顶以外 50 m 和路堤坡脚以外 20 m 范围内的黄土陷穴进行处理。另外，挖方边坡坡顶以外的陷穴，若倾向路基，也应进行适当处理。

五、泥石流地区路基施工

泥石流是在山区沟谷中，由暴雨或冰雪融水等水源激发的，含有大量的泥砂和石块的特殊洪流。泥石流是一种灾害性的地质现象，其特征是爆发突然，来势凶猛，可携带巨大的石块，并以高速前进，具有极强的破坏性。

（一）泥石流分类

泥石流按其物质成分可分为泥石流、泥流和水石流三大类。由大量黏性土和粒径不等的砂粒、石块组成的称为泥石流；以黏性土为主，含少量砂粒与石块，黏度较大，呈稠泥状的称为泥流；由水和大小不等的砂粒、石块组成的称为水石流。

（二）泥石流对公路的危害

泥石流既可直接埋没公路设施和路上车辆及行人，摧毁路基、桥涵等构造物，还能通过汇入河道，引起河道变迁，间接毁坏公路及其他构筑物，甚至迫使道路改线等，给公路工程建设和运输造成巨大的损失。

（三）泥石流地区路基施工要点

①施工前，应结合设计详细调查泥石流的成因、规模、特征、活动规律、危害程度等相关情况，核实泥石流的形成区、流动区和堆积区，确定适宜的施工方案。

②在泥石流地区路基施工的全过程中，应设置专职的巡查人员监测泥石流的动态，遇有异常情况应及时处理，确保施工安全。

③当采用桥梁形式跨越泥石流地段时，应按设计要求合理采取防护与加固措施。

④采用排泄道、排导沟、明沟、涵洞、渡槽等以排导功能为主的构造物进行泥石流治理时，排导构造物的基础应牢固，其强度、断面尺寸应符合设计要求；构造物平面线形应圆滑、渐变，上下游应有足够长的衔接段，行进段的沟槽不宜过分压缩，出口不宜突然放宽；流向改变处的转折角不宜超过 15°，排导构造物行进段和出口段的纵坡应大于沟槽的淤积平衡坡度。

⑤泥石流地区设置的永久性调制构造物，采用浆砌片（块）石结构时，应使用质地坚硬、不易风化的片（块）石，基础深度和强度应满足要求。

⑥采用植被治理泥石流时，植被物种应选择生长期短、见效快、根系发达，并适宜本地区生长的品种。

第六节　路基排水设施施工技术

公路竣工之后，路基范围内的地面积水，会降低土基的承载力；地下水软化路基，不但降低了土基的强度，还会引起边坡滑坍，进而造成整个路基的塌陷。因此，水能严重地影响公路的使用安全与质量。

危害路基的水可分为地表水和地下水。其中，地表水主要包括大气降水和高于路基一侧、流经路基或流向路基的溪（河）水；地下水主要包括上层滞水、潜水、层间水等。为了保证路基能经常处于干燥、坚固和稳定的状态，必须设置必要的排水设施，与沿线的桥梁、涵洞形成一个完善的排水系统。

一、地表排水设施

（一）边沟

在挖方地段和填土高度小于边沟深度的填方地段均应设置边沟，边沟通常用于汇集和排除路基范围内或流向路基的少量地面水。

1. 边沟的断面形式与尺寸

边沟断面的大小及深度取决于汇水面积。土质边沟的断面形式一般为梯形或三角形，石质边沟的断面形式一般为梯形或矩形。梯形边沟的内侧边坡坡度一般为 $1:1 \sim 1:1.5$，外侧边坡坡度与路堑边坡相同。边沟的深度一般为 0.4 m；高速公路和一级公路的边沟断面尺寸应适当加大，深度和底宽通常为 $0.8 \sim 1.0$ m。

2. 边沟的沟底纵坡与长度

边沟沟底纵坡通常与路线纵坡一致。当路线纵坡小于 0.2% 时，为防止产生淤积，应对边沟沟底纵坡加以调整；当纵坡超过 3% 时，为避免冲刷，应予以加固。

梯形边沟的长度通常要根据路线桥涵的设置而定，为了防止边沟里的水漫溢或冲刷，平原区和山岭重丘区的边沟应分段设置出水口。一般情况下，多雨地区梯形边沟每段的长度不宜超过 300 m，三角形边沟不宜超过 200 m。

3. 边沟施工要点

①边沟沟底纵坡应衔接平顺，石质路堑边沟一般应采用浆砌。

②边沟水引出路基时，应注意路基边坡冲刷和冲毁农田，必要时挖顺水沟将边坡水引到桥涵或沟底。

③在边沟与填方的毗邻处应设置跌水或急流槽，将水流直接引到填方坡脚以外，以免冲刷边坡。

（二）截水沟

截水沟通常设于路堑坡顶以外或山坡路堤的上方，用于拦截上方流来的地面水。

1. 截水沟的断面形式、尺寸与沟底纵坡

截水沟的断面形式一般为梯形，在地面横坡较陡时，也可以做成石砌矩形。截水沟的底宽一般不小于 0.5 m，深度由流量而定。截水沟沟底的纵坡通常不得小于 0.5%，特殊困难地区不得小于 0.2%。

2. 截水沟的位置

路堑坡顶外的截水沟，有弃土堆时，应设于弃土堆以外；无弃土堆时，距路堑顶边缘至少应 5 m。对于山坡路堤上方的截水沟，距离路堤坡脚至少应 2 m。

3. 截水沟施工要点

①在地表排水设施中，截水沟要优先施工，应注意与其他排水设施衔接平顺。
②截水沟应按设计要求进行防渗及加固处理。
③地质不良地段、土质松软地段、透水性大或岩石裂隙较多的地段，以及截水沟沟底、沟壁、出水口等位置处都应进行加固处理，以防止水流渗漏和冲刷。

（三）排水沟

排水沟的作用是将边沟、截水沟、取土坑及路基附近的积水引到附近的桥涵或沟谷中去。

排水沟施工要点如下：
①排水沟的线形应平顺，转弯处宜设成弧线形。
②排水沟沿线路布设时，应尽可能离路基远些，距离路基坡脚不宜小于 4 m。
③在排水沟的出水口，应设置跌水和急流槽，直接将水流排离路基或引入排水系统。

（四）跌水与急流槽

当截水沟、排水沟通过陡坡地段时，可利用跌水或急流槽等设施加以连接。

其断面形式一般为矩形，常用浆砌片石或混凝土修筑。

跌水是阶梯形的建筑物，水流以瀑布形式通过，有单级和多级之分。其作用是降低流速、消减水的能量。

急流槽是用于陡坡地段上的水槽，但是水流并不脱离槽底，在较短的距离内安全而迅速地排除落差很大的地表水。多用于涵洞的进、出水口，也常用于高路堤路段的边坡排水。

跌水和急流槽施工要点：

①跌水与急流槽必须采用浆砌圬工结构，跌水的台阶高度可根据地形、地质等条件确定，一般为 0.3 ～ 0.4 m。

②急流槽的纵坡不宜陡于 1：1.5，并应与天然的地面坡度相配合。当急流槽较长时，槽底可设置几个纵坡，一般上坡段较陡、下坡段较缓；当急流槽很长时，应分段砌筑，每段的长度不宜超过 10 m，在接头处用防水材料填塞密实。

③急流槽的砌筑应使自然水流与涵洞进、出口之间形成一个过渡段。

④急流槽的主体部分应每隔 2 ～ 5 m 设置一个防滑平台，平台应嵌入地基内。

⑤在路线纵坡不大的高路堤路段上，急流槽进水口在路肩上可做成簸箕形，以引导水流进入急流槽；在路线纵坡较大的高路堤路段，急流槽进水口在路肩上应增设拦水带，以拦截上游来水，使其汇入急流槽中。

（五）蒸发池

在年降雨量不大、晴天日数较多、空气相对湿度小、多风易蒸发的空旷荒野地段，当路线平坦、难以把地表水排除时，可以在距离路基适当的位置设置蒸发池，引水入池，任其蒸发或下渗。蒸发池施工要点如下：

①蒸发池与路基之间的距离应满足路基稳定性要求。湿陷性黄土地区，蒸发池与路基排水沟外缘的距离应大于湿陷半径。

②不得因设置蒸发池而使附近地基泥沼化或对周围生态环境产生不利影响。

③蒸发池池底宜设成 0.5% 的横坡，入口处应与排水沟平顺衔接。蒸发池的四周要进行围护。

二、地下排水设施

地下水对路基的危害很大，应查清水源和水量，采取适当的排水措施。排除地下水时，一般以导流为主，不宜采用堵塞的方式。常用的地下排水设施有暗沟、渗沟、渗井等。

（一）暗沟

暗沟又称盲沟，设于地面以下，用来隔断或截住流向路基的层间水或少量泉水，然后向外疏导，起到降低地下水位、防止路基边坡滑坍和毛细水上升的作用。

暗沟构造简单，一般采用透水性大的粗砾石筑成，填筑时石料应大、中、小自下而上排列，两侧采用石屑、粗砂等与土质沟壁隔离。因其排水量有限，暗沟不宜过长。暗沟的宽度一般为 0.5 ~ 0.8 m，高度应根据地下水的情况而定，一般为宽度的 2.5 倍。暗沟施工要点如下：

①沟底必须埋入不透水层，沟壁最低一排渗水孔应至少高出沟底 200 mm。

②暗沟设在路基旁侧时，宜沿路线方向布置；设在低洼地带或天然沟谷处时，宜顺山坡的沟谷走向布置。沟底纵坡应大于 0.5%，出水口处应加大纵坡，并至少高出地表排水沟常水位 200 mm。

③寒冷地区的暗沟应按照设计要求做好防冻保温处理，出口处也应进行防冻保温处理，纵坡宜人于 5%。

④采用混凝土浇筑或浆砌片石砌筑的暗沟，在沟壁与含水层接触面以上高度，应设置一排或多排向沟中倾斜的渗水孔，沟壁外侧应填筑粗粒透水性材料或土工合成材料，形成反滤层。沿沟槽底每隔 10 ~ 15 mm 或在软硬岩层分界处应设置沉降缝和伸缩缝。

⑤暗沟顶面必须设置混凝土盖板，板顶上填土厚度应大于 500 mm。

（二）渗沟

路线所经地段遇有潜水、层间水、路堑顶部出现地下水，以及地下水位较高而影响路基或路堑边坡稳定时，可采用渗透的方式将地下水汇集于沟内，并通过沟底通道将水排放到指定地点，这种排放地下水的设施称为渗沟。渗沟具有疏干表层土体、增加边坡稳定、截断及引排地下水、降低地下水位、防止土壤中的细颗粒被冲蚀等作用。

在路基工程中，浅埋的渗沟深度一般在 2 ~ 3 m，深埋时可达 6 m。渗沟一般有填石渗沟、管式渗沟和洞式渗沟等形式。下面针对各种形式简要说明其施工要点。

1. 填石渗沟

填石渗沟只宜用于渗流不长的地段。填石渗沟的截面形式通常为矩形或梯形，在渗沟的底部和中间采用较大的碎石或卵石填筑，在碎石或卵石的两侧和上部，按一定比例分层（层厚约 15 cm）填较细颗粒的粒料做成反滤层。施工时应注意：

①填石渗沟所使用的石料应洁净、坚硬、不易风化；砂宜采用中砂，含泥量应小于 2%，严禁用粉砂、细砂。

②渗水材料的顶面（封闭层以下）不得低于原地下水位。当用于排放层间水时，渗沟底部应埋置于最下面的不透水层，用双层反铺草皮或其他材料（如土工合成的防渗材料）铺成，并在其上夯填厚度不小于 0.5 m 的黏土防水层。在冰冻地区，渗沟埋置深度不得小于当地最小冻结深度。

③填石渗沟的纵坡不宜小于 1%，出水口底面标高应高出渗沟外最高水位200 mm。

2. 管式渗沟

管式渗沟多设于地下水引出路线较长、流量较大的地段。

管式渗沟的泄水管可用陶瓷管、混凝土、石棉、水泥或塑料等材料制成，管壁应设泄水孔。沟底垫层一般采用干砌片石，当沟底深入不透水层时，宜采用浆砌片石、混凝土或土工合成的防水材料。施工时应注意：

①管式渗沟长度大于 100 m 时，应在其末端设置疏通井，并设横向泄水管，分段排出地下水。

②泄水孔应在管壁上交错布置，间距不宜大于 200 mm。渗沟顶标高应高于地下水位。管节宜用承插式柔性接头连接。

3. 洞式渗沟

洞式渗沟适用于地下水流量较大的地段。洞壁宜采用浆砌片石砌筑，洞顶应用盖板覆盖，盖板之间留有空隙，以便地下水流入洞内。施工时应注意以下问题：

①洞式渗沟填料的顶面标高宜高于地下水位。

②在洞式渗沟的顶部必须设置封闭层，层厚应大于 500 mm。

（三）渗井

当地下存在多层含水层，其中影响路基的上部含水层较薄，排水量不大，且渗沟难以布置时，可以设置渗井进行立式（竖向）排水，即将路基范围内的上层地下水汇集起来，穿过不透水层，引入更深的含水层中，以降低上层的地下水位或全部予以排除。施工时应注意：

①渗井尺寸直径一般采用 0.5 ~ 0.6 m。按层次在下层透水范围内填碎石或卵石，上层不透水层范围内填砂或砾石。井壁与填充料之间应设反滤层。

②填充料的含泥量应小于 5%，按单一粒径分层填筑，不得将粗细材料混杂填塞。

③在渗井顶部的四周要用黏土填筑围护，井顶应加盖封闭。

④在渗井开挖时，应根据土质选用合理的支撑形式，随挖随支撑，并注意及时回填。

第七节　路基防护与支挡工程施工技术

由岩土填挖而成的路基，改变了地层原有的天然平衡。在各种自然因素、自重和行车荷载的综合作用下，路基可能产生各种变形甚至被损坏。为保证路基的强度和稳定，除做好路基排水工作外，还必须根据当地的水文、地质及材料供应等情况，采取有效的措施对路基进行必要的防护与加固，以防止可能产生的路基破坏和过量变形，起到稳定路基和美化路容的作用。

路基防护的重点是路基边坡防护，特别是地质不良与水文地质不良地段的路堑，容易受水冲刷的边坡、不稳定的山坡更值得重视。路基防护工程一般可分为坡面防护和冲刷防护两大类。支挡工程则起着较深层次的边坡稳定与加固作用，主要形式有挡土墙、抗滑桩等。

一、坡面防护工程

易于冲蚀的土质路基边坡和易于风化的岩石路堑边坡，在风化应力和雨水冲刷的作用下，将会发生冲沟、溜坍、剥落和坍塌等坡面变形，故必须及早地采取相应的防护措施。坡面防护常用的有植物防护、骨架植物防护、圬工防护和封面、捶面防护等类型。

（一）植物防护

植物防护又称为"生命"防护，以土质边坡为主。植物防护的作用主要是覆盖表土，防止雨水冲刷；调解土的湿度，防止产生裂缝；固结土壤，避免坡面风化剥落；同时还能起到保护环境和美化路容的作用。目前，植物防护主要有种草防护、铺草皮防护、三维植被网防护、植树防护等形式，下面对各种植物防护形式分别简单介绍。

1. 种草防护

种草防护是一种简单、经济而且有效的坡面防护方法。它可用于适合草类生长的土质路堑或路堤边坡，要求边坡的坡度较缓，而且高度不大。对于不利于草类生长的土质，应在坡面上先铺一层 10 ~ 15 cm 的种植土。路基边坡种草防护施工要点如下：

①播种时间一般应在春季和秋季，不宜在干燥的风季和暴雨时节进行播种。

②草籽应撒布均匀，施工时可先将种子与砂、干土或锯末混合后撒播，草籽在土中的埋置深度应不小于 5 cm。

③在路堑边坡较陡或较高的路段，可将草籽与含肥料的有机质泥浆混合，采用喷播法将混合物喷射于坡面上。

④草籽播种后，应及时进行洒水、施肥和杂草清除。

2. 铺草皮防护

铺草皮防护适用于各种土质边坡，也可用在风化极其严重的岩石和风化严重的软质岩石边坡上。铺草皮的方法主要有平铺、竖铺和网格式铺筑等。铺草皮防护施工要点如下：

①草皮铺设前应将边坡表层挖松、整平和洒水润湿。

②草皮一般从坡脚开始铺设，自下而上进行，草皮应与坡面密贴，四周用木桩或竹桩钉固。

③在草皮铺设前，应将边坡的表面挖松整平。施工尽可能在春秋季或雨季进行，随挖随铺，使草皮与边坡紧贴。

④在路堑边坡上铺草皮时，应铺过路堑顶部 1 m 或铺至截水沟边缘。为提高防护效果，在坡面上铺草皮的同时，尽可能植树造林，共同形成一个良好的覆盖层。

3. 三维植被网防护

三维植被网防护是土工织物复合植被防护坡面的一种典型形式。

三维植被网以热塑树脂为原料，采用科学配方及工艺制成。其结构分为上、下两层：下层为一个经双面拉伸的高模量基础层，强度足以防止植被网变形；上层由具有一定弹性的、规则的、凹凸不平的网包组成。网包外观凸凹不平，材质疏松而柔韧，留有 90% 以上的空间可填充土壤及草籽，将草籽及表层土壤牢牢地固定在立体网的中间，可以使风及水流在网垫的表层产生无数的小涡流，起到缓冲消能作用。三维植被网可以较好地阻断坡面雨水，固定填充物（土、营养土、草籽），使其不被雨水冲走，为植被生长创造良好条件。另外，三维植被网固定在坡面上，直接对坡面起固筋作用。当植物生长茂盛后，根系与三维植被网盘错、连接、纠缠在一起，坡面与土相接，形成一个固定的绿色复合防护整体，起到复合护坡的作用。

（1）工艺流程

边坡整理成型→细整平→挂网→固定→覆土→播种→再覆土→覆盖纤维布或稻草、秸秆→浇水养护→后期管理。

（2）施工要点

①三维植被网中的回填土应符合设计要求，宜采用客土或土、肥料及腐殖质土的混合物。

②三维植被网适用于砂性土、土夹石及风化岩石，且边坡坡率要缓于1：0.75。

③三维植被网的搭接宽度不宜小于 100 mm。

4. 植树防护

植树防护适于各种土质边坡和风化极其严重的岩石边坡，但边坡坡度应不陡于 1：1.5。植树防护施工要点如下：

①植树防护宜选用在当地土壤和气候条件下能迅速生长，而且根系发达、枝叶茂密的树种。

②边坡如有不利于树木生长的砂石类土，则在栽种树木的坑穴内应置换适宜树木生长的土类。

③树木栽种后，坑内应及时地填土、拍实，并经常浇水，使坑内保持湿润。

④植种后在树木未成长前，应防止流速大于 3 m/s 的水流侵害，必要时应在树前方设置障碍物进行保护。

⑤植树防护最好与种草防护结合使用，以更好地起到边坡防护作用。

（二）骨架植物防护

为了防止边坡受水冲蚀后在土质边坡上形成沟槽，同时也是美化环境的要求，高填土的路堤边坡应优先选择骨架排水及植草防护相结合的防护形式，即将骨架嵌入压实坡面一定深度，并与坡面排水设施综合布置，在骨架之间框格内种植草皮。骨架可由浆砌片石或砖、混凝土预制块砌筑成菱形、拱形、人字形。

骨架植物防护施工要点如下：

①当采用浆砌片石（或混凝土）作为骨架时，在骨架内宜植草或采用其他辅助防护措施，草皮下附有 50 ~ 100 mm 厚的种植土壤。草皮应与坡面和骨架密贴，对草皮的养护要及时。

②当采用水泥混凝土空心块为骨架时，预制块铺砌工作应在路堤沉降稳定后

方可进行。预制块铺置前应将坡面整平，使预制块与坡面紧贴，并注意与相邻坡面之间保持平顺。

（三）圬工防护

对于不适宜草木生长的较陡岩石边坡，可以采用圬工防护的方法。圬工防护又称为"无机"防护，以石质路堑边坡为主，结构形式主要包括勾缝与灌浆、喷护、锚杆挂网喷护、干砌片石、浆砌片（卵）石护坡和护面墙等。当圬工防护用于路堑边坡时，应注意与边坡渗沟或排水孔配合使用，防止边坡产生变形破坏。

1. 勾缝与灌浆防护

勾缝防护适用于较硬、不易风化、节理裂缝多而细的岩石路堑边坡；灌浆防护适用于坚硬、裂缝较大较深的岩石路堑边坡。勾缝与灌浆防护的作用是借灰浆的黏结力把裂开的岩石黏结成为一个整体，以免其坠落或坍塌；同时防止雨水及有害杂质侵入裂缝而促使岩石风化和裂缝继续扩大，进而影响到边坡的稳定性。

勾缝与灌浆防护施工要点如下：

①勾缝和灌缝应使用符合要求的水泥砂浆、水泥石灰砂浆或混凝土。

②灌缝和勾缝前应先用水冲洗坡面，清除裂缝内的泥土与杂草。

③勾缝时要求将砂浆嵌入缝隙中，与岩体牢固结合；灌浆时要求插捣密实，灌满缝口并抹平。

2. 喷浆防护

喷浆防护是指采用专用机械，将配制好的砂浆喷射于坡面之上。喷浆防护常用于边坡易风化、裂隙和节理发育，而且表面平整度较差的岩石边坡，坡面较干燥。这是为了防止岩石边坡进一步风化、剥落及零星掉块而采取的一种防护措施。

喷浆防护施工要点如下：

①喷护前应采取措施对泉水、渗水进行处治，并按设计要求设置泄水孔，以防形成积水。

②喷浆防护的坡脚应作 1 ~ 2 m 高的浆砌片石护坡。

③喷浆施工的砂浆强度等级不应低于 M10，厚度不宜小于 50 mm。

④喷射顺序应自下而上。

⑤砂浆初凝后，应立即开始养护，养生期一般为 5 ~ 7 天。

⑥应及时对喷浆层顶部进行封闭处理。

3. 喷射混凝土防护

喷射混凝土防护的使用条件和施工工艺与喷浆防护较为接近。喷射混凝土防护施工要点如下：

①作业前应进行试喷，选择合适的水灰比和喷射压力，喷射混凝土施工宜自下而上进行。

②喷射混凝土防护的厚度不宜小于 80 mm，应根据厚度大小分成 2 ~ 3 层喷射，并在喷射混凝土防护层中合理设置泄水孔和伸缩缝。

③喷射混凝土初凝后，应立即养生，养护期一般为 7 ~ 10 天。

4. 锚杆挂网喷射混凝土（砂浆）防护

当坡面上的岩石风化破碎严重时，为了加强防护的稳定性，可以采用锚杆挂网喷射混凝土（砂浆）的方式进行防护。锚杆挂网喷射混凝土（砂浆）防护施工要点如下：

①锚杆应嵌入稳固的基岩内，锚固深度取决于岩体的性质，锚杆孔深应大于锚固长度 200 mm。

②钢筋保护层的厚度不宜小于 20 mm。

③固定锚杆的砂浆应捣固密实，钢筋网与锚杆连接牢固。

④铺设钢筋网前宜在岩面喷射一层混凝土，将钢筋网与岩面的间隙控制在 30 mm 左右，然后再喷射混凝土至设计厚度。

⑤混凝土的喷射厚度要均匀，钢筋网及锚杆不得外露，并设置好泄水孔和伸缩缝。

5. 干砌片石护坡

干砌片石护坡适用于坡度缓于 1：1.25 的土质路堑边坡或边坡易受地表水冲刷，以及有少量地下水渗出的地段。干砌片石护坡施工要点如下：

①当防护边坡为粉质土、松散的砂或粉砂土等易被冲蚀的土时，碎石或砂砾垫层厚度不宜小于 100 mm。

②基础应选用较大的石块进行砌筑，如果基础与排水沟相连，应将基础设在沟底以下，并按设计要求砌筑浆砌片石。

③砌筑时相邻片石应彼此镶紧，将接缝错开，缝隙间用小石块填满塞紧。

6. 浆砌片（卵）石护坡

浆砌片（卵）石护坡适用于坡度缓于 1：1 的易风化的岩石边坡，以及坡面防护不适宜采用干砌片石的边坡。而对于严重潮湿或严重冻害的土质边坡，在未采取排水措施的前提下，不宜采用浆砌片（卵）石护坡。浆砌片（卵）石护坡施工要点如下：

①路堤边坡浆砌片（卵）石护坡施工宜安排在路堤沉降稳定后进行。

②在冻胀变化较大的土质边坡上，护坡底面应铺设 100 ～ 150 mm 厚的碎石或砂砾垫层。

③浆砌片（卵）石护坡应每隔 10 ～ 15 m 设置一条伸缩缝，缝宽 20 ～ 30 mm；在基底地质有变化处，应加设沉降缝，施工时可将伸缩缝与沉降缝合并设置。

④泄水孔的位置要得当，并应按设计要求认真制作反滤层。

⑤浆砌片石石料应选用未风化的硬质石料，砌筑应紧密、错缝，严禁出现通缝、叠砌、贴砌和浮塞，勾缝应均匀饱满、美观，坡面应平顺。

⑥砂浆初凝后，立即对砌体洒水、覆盖养生，直至砂浆终凝。

7. 水泥混凝土预制块护坡

水泥混凝土预制块护坡适用于缺乏石料的地区或城市近郊、互通式立体交叉等环境美化要求较高的路段。水泥混凝土预制块护坡施工要点如下：

①在寒冷地区，预制块混凝土的强度等级不宜低于 C20。

②路堤边坡护坡宜在路堤沉降稳定后施工。

③铺设混凝土预制块前应将坡面平整，碎石或砂砾垫层的厚度不宜小于 100 mm。

④预制块应错缝砌筑，砌筑坡面应平顺，并与相邻坡面顺接。

⑤泄水孔的位置应符合设计要求，并保证泄水畅通。

8. 浆砌片石护面墙

浆砌片石护面墙是一种浆砌片石覆盖物，多用在易风化的泥岩、页岩等岩石及其他风化严重的软弱岩层和较破碎的岩石地段，以防止路堑岩壁继续风化。需要说明的是，护面墙仅能承受自重，不能承受侧压力，因此要求被防护的边坡自身必须能够稳定。

浆砌片石护面墙施工要点如下：

①修筑护面墙前，应清除边坡上的风化层，对于风化速度快的岩层，清挖到新鲜岩面后应立即修筑护面墙。

②护面墙的基础应设置在稳定的地基上；如果地基承载能力不足，应采取加

固措施。基础埋置深度应根据地质条件确定，冰冻地区要埋置在冰冻深度以下至少 250 mm。

③护面墙背必须与路基坡面密切相贴，边坡局部凹陷处，应在挖成台阶后，用与墙身相同的圬工进行砌补，不得回填土石或干砌片石。在坡顶护面墙与坡面之间应按设计要求做好防渗处理。

④按设计要求设置伸缩缝，当护面墙基础修筑在不同岩层上时，应在变化处加设沉降缝。

⑤泄水孔的位置和反滤层的设置应符合规定与要求。

⑥护面墙中的石料应选用未风化的硬质片石，并按规定进行砌筑，以达到良好的视觉和使用效果。

（四）封面、捶面防护

封面防护适用于未形成严重风化的各种易风化岩石的路堑边坡，如页岩、泥岩、泥灰岩、千枚岩等；捶面防护适用于边坡坡度缓于 1∶0.5、易受冲刷的土质边坡或易风化剥落的岩石边坡。封面和捶面均不能承受荷载，不能承受土压力，要求边坡必须平整、干燥、稳定。

1. 封面防护施工要点

①封面防护施工不宜在寒冬和雨天进行。

②封面前，岩体表面要冲洗干净，土体表面要平整、密实和湿润。

③封面厚度应符合设计要求。封面应分两层进行施工，底层为全厚的 2/3，面层为全厚的 1/3。封面施工要求厚度均匀、表面光滑，封面与坡面密贴稳固。

④大面积的封面宜每隔 5～10 m 设一条伸缩缝，缝宽 10～20 mm。

⑤按设计要求做好边坡封顶和排水设施。

⑥封面初凝后养生应及时。

2. 捶面护坡施工要点

①捶面前，要嵌补填平边坡坑凹、裂缝。

②厚度均匀，表面光滑，捶面与坡面应密贴稳固。

③伸缩缝设置、边坡封顶、排水、养生方法、气候要求等与封面防护施工要求相同。

二、冲刷防护

沿河路基及岸坡由于经常或周期性地受到水流的冲刷作用，为了保证路基的稳固与安全，必须采取有效的冲刷防护措施。冲刷防护措施一般分为两类：一是直接防护，主要包括护面墙、砌石或混凝土板、护坦、抛石、石笼、浸水挡墙等；二是改变水流性质的间接防护，主要包括导流构造物（如丁坝、顺坝及拦河坝）、改河和防护林等工程。各种防护措施均应结合具体工程，根据河流情况、水流性质及岸坡受冲刷现状，选用适当的工程防护措施，可以单独使用其中的某一种工程防护措施，也可以同时使用两种或两种以上的防护形式进行综合治理。

（一）植物防护

植物防护是指在公路沿线的河岸及其岸坡上采用种草、铺草皮、植树等形式进行的防护，这种防护适用于河水流速不大、冲刷较轻的土质河岸地段。在施工时应注意：

①经常浸水或长期浸水的路堤边坡，不宜采用种草防护。

②沿河路堤边坡铺草皮防护，宜采用平铺、叠铺的方法。坡面及基础部分的铺置应符合规定，基础部分的铺置层表面应与地面齐平。

③植树防护宜采用带状或条形。一般情况下，河岸路基防护或防御风浪侵蚀时，宜采用横行带状；桥头引道路堤防护宜采用纵行带状。

④应选用喜水性的树种进行植树防护，林带应由多行树木组成，密植乔灌木，并要采取有效的保护措施。

（二）砌石或混凝土防护

砌石或混凝土防护包括干砌片石防护、浆砌片（卵）石防护及混凝土板防护等形式。其中，干砌片石防护适用于易受水流侵蚀的土质边坡、严重剥落的软质岩石边坡、周期性浸水及受冲刷轻（河水流速为 2 ～ 4 m/s）的河岸路基及边坡；浆砌片（卵）石防护适用于经常浸水受水流冲刷（河水流速为 3 ～ 6 m/s）或受较强烈的波浪作用，以及可能有流水、漂浮物等冲击作用的河岸路基；混凝土板防护常用于路堤及河岸的边坡，以抵抗渗透水及波浪的破坏，其允许流速为 4 ～ 8 m/s。

砌石或混凝土防护施工要点如下：

①石料应选用未风化的坚硬岩石。

②开挖基坑时，应认真核对地质情况，地基条件与设计要求不符时，要认真处理。基础完成后应及时采用符合设计要求的材料进行回填。

③砌石与边坡土之间应设置 1～2 层的砂、砾垫层，垫层厚度一般为 10～15 cm。

④坡面密实、平整、稳定后方可进行铺砌。砌块应交错嵌紧，严禁浮塞。砂浆应饱满、密实，不得有悬浆。

⑤每 10～15 m 设置一条伸缩缝，基底土质变化处应加设沉降缝，按要求设置泄水孔。

⑥采用干、浆砌片石时，不准大面平铺，石块应彼此交错搭接，不得有松动。采用干、浆砌河卵石时，使长方向垂直坡面，成横行牢固栽砌；采用铺砌混凝土预制块时，按设计的规格和要求检验后方可铺筑；就地浇筑混凝土板时，宜采取措施提高早期强度，要求混凝土表面平整、光滑。

⑦沿河路基防护工程的基础应埋设在局部冲刷线以下不小于 1 m 或嵌入基岩内。

（三）抛石防护

抛石防护的应用广泛，尤其在经常浸水的深水地段的路基边坡防护及洪水季节防护抢险中的使用较普遍。在缺少大块石料地区，也可以把混凝土预制块作为抛投材料。

抛石防护施工要点如下：

①抛石体边坡坡度和石料粒径应根据水深、流速和波浪情况进行确定，一般的石料粒径应大于 300 mm。施工中宜用大小不同的石块掺杂抛投，坡度应不陡于抛石石料浸水后的天然休止角。

②抛石厚度宜为粒径的 3～4 倍，当采用大粒径的石料时，也不得小于 2 倍。

③抛石石料应选用质地坚硬、耐冻，且不易风化崩解的石块。

④抛石防护除特殊情况外，宜在枯水季节进行施工。

（四）石笼防护

石笼是河床加固和路堤防止冲刷效果较好的柔性体防护。石笼的外形多为箱形和圆柱形。石笼网一般用镀锌铁丝和普通铁丝编制，在网内填充石料。

铁丝石笼能经受高流速的水流冲刷，一般可抵抗 4～5 m/s 的流速；当其体积较大时，可抵抗流速为 5～6 m/s、波浪高度为 1.5～1.8 m 的水流。当水流中含有大量泥砂时，石笼中的空隙能很快淤满，从而形成一个整体防护层，因此石笼防护适用于水流中含有丰富泥砂的河流冲刷防护。但是使用中应注意铁丝网易锈蚀，而且当水流中带有较多的滚石时，铁丝容易被冲破。在施工时应注意以下问题：

①根据设计要求或根据不同情况和用途，合理选用石笼形状。

②应选用浸水不崩解、不易风化的石料。

③基底应大致整平，必要时用碎石或砾石垫层找平。

④应保证石笼位置正确，搭叠衔接紧密，形成一个稳固的整体。

（五）浸水挡土墙防护

长期或季节性浸于水中的挡土墙，除了经受正常的土压力作用外，还受到水的浮力、墙身与墙背的静水压力差、动水压力，以及浸泡之后墙背填料的工程性质可能发生变化等的影响。为了保证浸水挡土墙的强度和稳定性，在施工时应注意以下问题：

①浸水挡土墙应选用坚硬未风化，且浸水不崩解的石块。

②应注意浸水挡土墙与岸坡的衔接。

③沿河路基防护工程基础应埋设在局部冲刷线以下不小于 1 m 处，或嵌入基岩内。

（六）丁坝与顺坝防护

丁坝和顺坝均为导流构造物，是以改变水流方向为主的水工建筑物。丁坝又称挑水坝，其作用是迫使水流改变方向，离开被防护的河岸。由于丁坝压缩水流断面，扰乱原来的水流性质，坝头附近出现强烈的局部冲刷，故不仅坝头的基础必须埋深，而且还需要做平面防护；顺坝根部是受水流冲击作用较重的部位，应特别重视坝根部分与相连地层或其他防护设施的嵌接，确保施工质量。

1. 丁坝施工注意事项

①施工前应制订合理的施工方案，合理安排工期，避免因工期过长而引起农田、村庄以及上下游路基冲刷。

②丁坝坝头应做好平面防护，处理好坝根与相连接的地层或其他防护设施的衔接。

③当丁坝间的河岸或路基边坡所承受的容许流速小于水流靠岸回流流速时，应适当缩短坝距，或者对河岸及路基边坡进行防护。

2. 顺坝施工注意事项

①顺坝与上下游河岸的衔接，应使水流顺畅，起点应选择在水流匀顺的过渡

段，坝根位置宜设在主流转向点的上方。

②坝根嵌入稳定河岸内的距离应符合规定，坝根附近的河岸应防护加固至上游不受水流冲击处。

（七）改移河道防护

改移河道是指在沿河的公路工程中，为了保护路基而将直接冲刷路基的水流引向别处，或由于路基占用了河槽的有效宽度，为了拓宽河道或将河道截弯取直，以利于路线或桥涵的布置等，而改移河道中心线的位置。改移河道是一个系统工程，影响因素众多，施工时应注意以下事项：

①改移河道工程应通盘安排，将施工工期安排在枯水期。当一个旱季不能完成施工时，应采取必要的防洪措施。

②河道开挖应先挖好中段，然后再开挖两端，确认新河床已符合要求后，方可挖通其上游河段。

③利用开挖新河道的土石方填平旧河道时，在新河道未通流前，旧河道应保持适当的流水断面。

④通流时，新河道上游进口河段的河床纵坡宜稍大于设计坡度。

⑤河床加固设施及导流构造物的施工应合理安排，及时配套完成。

三、路基抗滑支挡防护

路基抗滑支挡结构的形式主要有挡土墙、抗滑桩、抗滑片石垛、锚杆、锚索等。用抗滑支挡结构来稳定边坡时，都是将支挡构造物的基础置于滑动面以下满足要求的深度处，以此来获得足够的抗拔锚固力，从而起到平衡下滑力的作用的。在此以挡土墙和抗滑桩为代表，介绍抗滑支挡结构的施工注意事项。

（一）挡土墙

挡土墙是为防止路基填土或山坡坍塌而修筑的承受土体侧压力的墙式构造物。在公路工程中，挡土墙作为主要的路基抗滑支挡构造物而广泛地应用于支撑路堤填土或路堑边坡，以及桥台、隧道洞口和河流堤岸等处。挡土墙的分类方式有很多，按其结构形式可分为重力式、悬臂式、扶壁式、锚杆式、锚碇板式、加筋土式挡土墙。不同形式的挡土墙的组成有所差异，也有着不同的自身特点和施工要求。

1. 重力式挡土墙

重力式挡土墙主要依靠墙身自重支撑土压力维持其稳定，一般多用片（块）

石砌筑，在缺乏石料的地区也可用混凝土修建。重力式挡土墙是公路工程中常用的一种挡土墙形式，基本组成包括墙身、基础、排水设施和伸缩缝等。这种挡土墙的圬工量较大，但其断面形式简单，施工难度小，可以就地取材，而且适应性较强。

重力式挡土墙根据其所处位置的不同，可以构成路肩挡土墙、路堤挡土墙、路堑挡土墙、山坡挡土墙，也可以作为河流、水库、池塘岸边的浸水挡土墙。重力式挡土墙的断面形式有很多，墙身可以做成仰斜、垂直、俯斜、凸形折线和衡重式等形式。

重力式挡土墙的施工要点如下：

①基础施工应将基底表面风化、松软的土石清除。在硬质岩石基坑中，基础宜满坑砌筑。若土质或易风化软质岩石基坑施工处于雨期，基坑挖好后应及时封闭坑底。当基底带有向内倾斜的横坡时，应采取临时排水措施，坐浆后再砌筑基础。采用台阶式基础时，台阶与墙体应连在一起同时砌筑，基底及墙趾台阶转折处不得砌成垂直通缝，砌体与台阶壁间的缝隙砂浆应饱满。基坑应随砌筑分层回填夯实，并在表面保留 3% 的向外倾斜的坡面。

②墙身要分层错缝砌筑，砌出地面后基坑应及时回填夯实，并在其顶面做好排水与防渗工程。伸缩缝与沉降缝内的两侧壁应竖直、平齐，缝中防水应按设计要求进行施工，并应在砌筑墙身过程中按要求设置泄水孔，保证墙背反滤、防渗设施的施工质量。在墙身的强度达到设计强度的 75% 后方可进行回填工作。距墙背 0.5～1.0 m 范围内，不宜用重型振动压路机碾压。

2. 悬臂式和扶壁式挡土墙

它们都属于薄壁式挡土墙，其特点是结构的稳定性不是依靠墙体自身的重量，而是主要借助于踵板上的填土重量来保证的。这种挡土墙的断面尺寸小、自重轻，可适用于地基承载力较低的地段或石料比较缺乏的地区。其缺点是需要耗用较多的水泥和钢筋，而且施工工艺较为复杂。悬臂式挡土墙由立壁、墙趾板和墙踵板三部分组成。当挡土墙较高时，可沿墙身每隔一定距离加设扶壁（肋板），连接墙面和踵板，构成扶壁式挡土墙。扶壁式挡土墙由竖面板、趾板、踵板和扶壁（肋板）组成。

悬臂式和扶壁式挡土墙的施工要点如下：

①凸榫必须按照设计尺寸开挖，并与墙底板一同灌注混凝土。

②现场整体浇筑时，每段墙的底板、面板和肋的钢筋应一次绑扎，也宜一次

性完成混凝土灌注。当采用现场分段浇筑时，应按设计要求进行施工，预埋好连接钢筋，对连接处的混凝土面应严格认真地凿毛和清洗。

③混凝土灌注施工后，按要求及时进行养护，待墙体达到设计强度的 75% 以后，方可进行墙背填土，并应按规定分层填筑和压实，完成墙背排水设施施工。

④采用装配法施工时应待基础混凝土强度达到设计强度的 75% 后方可开始安装，施工时注意将预制墙板与基础牢固连接。

3. 锚杆式挡土墙

锚杆式挡土墙是一种轻型挡土墙，主要由预制的钢筋混凝土立柱、挡土板与水平或倾斜的钢锚杆联合组成。锚杆的一端与立柱连接，另一端被锚固在山坡深处的稳定岩层或土层中。来自墙后的压力由挡土板传给立柱，由锚杆与岩体之间的锚固力（锚杆的抗拔力）使挡土墙获得稳定。这种挡土墙适用于岩石路堑地段，或墙高较大，具有适当的锚固条件，而且石料缺乏或挖基困难的地区。

锚杆式挡土墙的施工要点如下：

①按照设计要求，在施工前应通过锚杆抗拔力试验对设计方案进行验证。

②锚杆应按设计尺寸下料、调直、除污和加工。

③钻孔前，应清除岩面上松动的石块，整平墙背坡面。根据设计孔径及岩土工程性质合理选择钻孔机具。孔轴应保持直线，钻孔后应将孔内的粉尘、石渣清理干净。

④普通砂浆锚杆应安装在孔位的中心，对未插入岩层的锚杆部分，必须按设计要求做防锈处理。在有水地段安装锚杆时，应把孔内的水排出或采用早强速凝药包式锚杆。锚杆宜先插入，后灌浆。采用孔底注浆法进行灌浆，应将灌浆管插至距孔底 50 ～ 100 mm，并随水泥砂浆的注入逐渐拔出；灌浆压强不宜小于 0.2 MPa；砂浆应随拌随用。砂浆锚杆安装后，不得进行敲击和摇动。

⑤砂浆达到设计强度的 75% 后方可安装肋柱和墙板。在安装墙板时，应边安装墙板边进行墙背回填及墙背排水系统施工。

4. 锚碇板式挡土墙

锚碇板式挡土墙由钢筋混凝土肋柱、钢筋混凝土墙面、钢拉杆、锚碇板等组成。锚碇板式挡土墙借助于埋在填土内的锚碇板的抗拔力抵抗土的侧压力，保持墙的稳定性。主要特点是构件断面尺寸小、工程量小，不受地基承载力的限制；构件可预制，有利于实现结构轻型化和施工机械化。锚碇板式挡土墙适用于在缺乏石料的地区修建墙高不大于 10 m 的路肩墙、路堤墙及桥台端墙。

锚碇板式挡土墙的施工要点如下：

①拉杆使用前应按规定取样试验，埋于土中的拉杆必须进行防锈处理。

②吊装时应保证肋柱不前倾。

③拉杆及锚碇板埋设时应注意：先填土后挖槽就位；挖槽时，锚碇板宜比设计位置高出 30 ～ 50 mm。锚碇板前方超挖部分宜用 C10 水泥混凝土或灰土回填夯实。

④肋柱、锚碇板上的锚头及螺丝杆应进行防锈处理和防水封闭。

⑤分级平台上应按设计要求进行封闭处理，并设 2% 的外倾排水坡面。

5. 加筋土式挡土墙

加筋土式挡土墙由墙面板、拉筋、填料（填土）、基础等组成。在垂直于墙面的方向上，按一定间隔和高度水平放置拉筋材料，然后填土压实，通过填土与拉筋之间的摩擦作用，把土的侧压力传给拉筋，从而使得填土与拉筋结合为一个稳定的整体。加筋土式挡土墙具有造价低、施工简便、工期短等特点，适用于一般地区的公路工程填方地段。施工工艺：基底处理→基础浇筑→预制墙板→安装墙板→调整墙板→铺设钢筋→填土碾压。

加筋土式挡土墙的施工要点如下：

①安装直立式墙面板时，应按不同填料和拉筋预设仰斜坡，仰斜坡度一般为 1∶0.02 ～ 1∶0.05，墙面不得前倾。

②拉筋应有粗糙面，并按设计要求呈水平铺设，当局部与填土不密贴时应铺砂垫平。对钢拉筋与钢材外露部分应做防锈处理。连续敷设的拉筋接头应置于其尾部，拉筋尾端宜用拉紧器拉紧，各拉筋的拉力大体均匀，避免拉动墙面板。

③墙背拉筋锚固段填料宜采用粗粒土或改性土等填料。墙背填土必须满足设计压实度的要求。

④填料的摊铺、碾压应从拉筋中部开始，平行于墙面碾压，先向拉筋尾部逐步进行，然后再向墙面靠近，严禁沿着平行于拉筋方向碾压。

⑤填土分层厚度及碾压遍数，应根据拉筋间距、碾压机具和密实度的要求通过试验确定，严禁使用羊足碾。靠近墙面板 1 m 范围内，应使用小型机具夯实或人工夯实，不得使用重型压实机械。

⑥当采用聚丙烯土工带时，拉带应平顺，不得出现打折、扭曲等现象，不得与硬质、棱角填料直接接触。

⑦施工过程中随时观测加筋土式挡土墙的异常变化，出现异常现象时，及时进行处理。

（二）抗滑桩

抗滑桩是一种用于处理滑坡或防止边坡下滑的钢筋混凝土结构，抗滑能力强，也是一种较为理想的抗滑设施；其缺点是造价高、投资大。

抗滑桩的施工要点如下：

①桩基开挖时，应对照设计图认真核对滑动面，当与实际情况设计不相符时，应及时进行处理。对滑坡的变形和移动进行全过程监测，仔细做好岩性资料编录。

②抗滑桩施工宜在旱季进行，将孔口地形整平，设好地表截、排水及防渗设施；雨期施工时，孔口应搭雨棚，做好锁口，在孔口地面上加筑适当高度的围埝，以防止雨水的灌入。

③桩基应分节开挖，每节的高度宜为 0.6 ～ 2.0 m，分节不宜过长；不得在土石层变化处和滑动面处分节；挖一节应立即支护一节。

④护壁混凝土应紧贴围岩灌注，灌注前要清除孔壁上松动的石块与浮土。如果围岩较松软、破碎或含水时，宜在护壁上设置泄水孔。

⑤下一节开挖应在上一节护壁混凝土终凝后进行。护壁混凝土模板的支撑应在混凝土强度达到能保持护壁结构不变形后方可拆除。

⑥在围岩松软、破碎和有滑动面的节段，应在护壁内顺滑动方向用临时横撑加强支护，并经常观察其受力情况，及时进行加固。

⑦开挖桩群应从两端沿滑坡主轴间隔开挖，在桩身强度不低于设计强度的 75% 的情况下方可开挖邻桩。

⑧灌注桩身混凝土前，应检查断面净空、清洗混凝土护壁。钢筋笼的搭接接头不得设在土石分界和滑动面处。桩身混凝土的灌注必须连续进行。

⑨桩间的支挡结构及与桩相邻的挡土、排水设施等，均应按设计要求与抗滑桩正确连接，配套施工。

第三章　路面施工技术

近年来，随着路面施工技术的不断发展，新的施工工艺及施工设备不断涌现，不仅提高了公路路面的施工质量、施工效率，还提高了公路施工的安全性。在路面施工中，在保证原材料质量合格、配合比准确、拌和均匀、摊铺平整、碾压密实、接缝平整等基础上，应尽可能采用施工机械化程度高、劳动强度低、施工效率高及效果好的新工艺，在提高施工质量的同时促进路面施工技术不断发展。

第一节　概述

路面是在路基顶面用各种混合料铺筑而成的层状构筑物，是道路的主要构造物。

路面施工是影响路面使用质量与寿命的重要环节之一，也直接关系到整条公路的使用。公路工程管理及技术人员，应熟练掌握目前工程上成熟且可靠的路面施工技术，同时必须进行合理的施工组织设计，做到路面设计、管理、监理和施工单位之间充分协调及配合，各司其职，做到精心组织、严格管理、认真施工，并且对施工中存在的问题进行分析，在持续解决问题中不断创新，促进路面施工技术不断发展。

一、路面结构分层及层位功能

路面结构按照各个层位功能的不同，可划分为 3 个层次，即面层、基层和功能层（垫层）。在路面结构设计过程中，根据公路等级及使用需要，不同路面的结构也有所不同。

（一）面层

面层是直接同行车和大气接触的表面层，承受较大行车荷载的垂直应力和起水平剪切力的作用，同时还受到降水的侵蚀和气温变化影响。因此，同其他层相比，面层应具备较高的结构强度以抵抗垂直应力作用、较高的抗变形能力以抵抗水平剪切力作用、较好的水稳定性以抵抗水损害和较好的温度稳定性以抵抗车辙，表面还应有良好的抗滑性和平整度。

修筑面层所用的材料主要有沥青混合料、水泥混凝土、沥青碎（砾）石等，其适用范围见表 3-1。

表 3-1　路面面层类型及适用范围

面层类型	适用范围
沥青混合料路面	高速公路、一级公路、二级公路、三级公路、四级公路
水泥混凝土路面	高速公路、一级公路、二级公路、三级公路、四级公路
沥青贯入、沥青碎石、沥青表面处治路面	三级公路、四级公路
砂石路面	四级公路

（二）基层

基层主要承受由面层传来的车辆荷载的作用力（包括垂直应力和拉应力），将垂直应力扩散到下面的垫层和土基中去，承受拉应力作用并维持良好的耐久性。因此，基层是路面结构中的承重层，应具有一定的强度和刚度，并具有良好的抵抗疲劳破坏能力。

基层遭受大气因素的影响虽然比面层小，但是仍然有可能经受地下水和通过面层渗入雨水的侵蚀，因此基层结构应具有足够的水稳定性。基层表面虽不直接供车辆行驶，但仍然要求有较好的平整度，这是保证面层平整性的基本条件。由于基层一般受到拉应力的作用，因此，必须保证基层的疲劳寿命满足设计要求。基层或底基层主要承受拉应力或拉应变，因此基层或底基层材料主要应考虑其抗疲劳特性。如果基层或底基层采用粒料类材料，则必须考虑垂直应力作用产生的永久变形。

修筑基层的材料主要有各种结合料（如石灰、水泥或沥青等）稳定土或稳定碎（砾）石、贫水泥混凝土、各种工业废渣（如煤渣、粉煤灰、矿渣、石灰渣等）和土、砂、石所组成的混合料等天然砂砾、各种碎石或砾石、片石、块石或圆石，以提高基层的整体抗冰冻、抗水侵害能力和承载能力。

（三）功能层（垫层）

为保证面层和基层不受路基水温状况变化所造成的不良影响，必要时应设置功能层，它的主要功能是加强路面结构层之间的联结、改善路基的湿度和温度状况。

修筑功能层材料的强度等级不一定高，但水稳定性和隔温性能要好。常用的功能层材料有三类：一是由松散粒料（如粗砂、砂砾、碎石等）组成的透水性材料层或防冻层；二是用水泥或石灰稳定土等修筑的稳定类材料层；三是用沥青或乳化沥青浇筑而成的封层、黏层、透层及应力吸收层。

二、路面分类

在国外，路面分类如下：

①有铺装路面。有铺装路面一般包含水泥混凝土路面和沥青混凝土路面。

②简易铺装路面。简易铺装路面包含表面处治、沥青碎石、沥青贯入式路面形式。

③未铺装路面。砂石路面［砂石路面是以砂、石为骨料，以土、水、灰为结合料，通过一定的配比铺筑而成的路面，包括级配砂（砾）石路面、泥结碎石路面、水结碎石路面、填隙碎石路面及其他粒料路面］等归入未铺装路面。

在国内，主要从路面结构的力学特性的相似性出发，将路面结构划分为柔性路面、刚性路面和半刚性路面三类。

在工程现场，一般习惯于按照面层所用的材料进行分类，如沥青路面、水泥混凝土路面、砂石路面等。下面主要介绍常用的沥青路面和水泥混凝土路面。

（一）沥青路面

根据基层类型，沥青路面可分为柔性基层沥青路面、半刚性基层沥青路面、刚性基层沥青路面及组合式基层沥青路面。

1. 柔性基层沥青路面

柔性基层沥青路面的总体结构刚度较小，在车辆荷载作用下产生的表面变形较半刚性基层沥青路面大。虽然路面结构某一层的抗拉强度较低，但通过合理的结构组合和厚度设计可以保证路面结构整体具有很强的抵抗荷载作用能力，同时通过各结构层将车辆荷载传递给路基，可使路基承受的压应力控制在一定范围内。路基路面结构主要靠抗压强度和抗剪强度承受车辆荷载的作用。柔性基层沥青路面主要包括各种未经处理的粒料基层和各类沥青层组成的路面结构。

2. 半刚性基层沥青路面

用水泥、石灰等无机结合料处治的土或碎（砾）石及含有水硬性结合料的工业废渣修筑的基层，在前期具有柔性基层的力学性质，而后期的强度和刚度均有较大幅度增长，但是最终的强度和刚度仍小于水泥混凝土。由于这种材料的刚度处于柔性基层与刚性基层之间，因此把这种基层和铺筑在它上面的沥青面层统称为半刚性基层沥青路面。这种路面结构是目前我国高速公路采用的主要结构形式。

3. 刚性基层沥青路面

刚性基层主要是指以水泥混凝土为基层、沥青混凝土为面层的路面结构，这种路面结构有时也称为复合式路面结构。水泥混凝土具有强度高、稳定性好等特点，沥青混凝土具有行车舒适、噪声小等特点。这种路面可以避免各自的缺点，具有良好的使用性能和耐久性。普通混凝土（JPCP）、钢筋混凝土（JRCP）基层沥青路面，由于接缝处存在反射裂缝，对使用性能有一定的影响；连续配筋混凝土（CRCP）基层沥青路面由于连续配筋将水泥混凝土裂缝宽度约束在一定范围内（一般要求小于1 mm），故其有良好的使用性能和耐久性，但必须采取措施保证沥青层与沥青层、沥青层与水泥混凝土层之间有良好的黏结状态。

4. 组合式基层沥青路面

组合式基层沥青路面的结构特点主要是沥青路面的基层含有无机结合料稳定材料、水泥混凝土材料等刚度较大或相对较大的材料，但是在沥青层与刚度相对较大的材料之间夹有柔性材料，如沥青混凝土层＋级配碎石＋无机结合料稳定材料层路面结构、沥青混凝土层＋级配碎石＋普通水泥混凝土材料层路面结构、沥青混凝土层＋级配碎石＋碾压式水泥混凝土材料层路面结构等。

（二）水泥混凝土路面

水泥混凝土路面主要指用水泥混凝土（包括普通混凝土、钢筋混凝土、连续配筋混凝土、钢纤维混凝土、预应力混凝土、装配式混凝土、碾压混凝土）做面层的路面结构。水泥混凝土强度高，与其他筑路材料相比，抗弯拉强度高，并且有较高的弹性模量，故呈现出较大的刚性。在车辆荷载作用下，水泥混凝土结构层处于板体工作状态，竖向弯沉较小，路面结构主要靠水泥混凝土板的抗弯拉强度承受车辆荷载。由于板体的扩散分布作用，传递给基础的单位压力较柔性路面小得多。

第二节　路面基层（底基层）施工技术

路面基层直接位于沥青混凝土面层或水泥混凝土面板之下，是路面结构体系中的主要承重层或下承层，在路面结构中起着"承上启下"作用。路面基层可以是一层或多层，也可以是一种材料或多种材料。基层由多层构成时，除最上一层外的其他层被称为"底基层"，在此情况下，最上一层相应地被称为"基层"。应注意鉴别基层概念在不同情况下的内涵。

通常按照基层材料差异，将基层分为四类——无机结合料稳定类基层、粒料类基层、沥青结合料类基层和水泥混凝土类基层，它们的材料类型及适用交通等级见表 3-2。

表 3-2　基层的材料类型及适用交通等级

基层类型	材料类型	适用交通等级
无机结合料稳定类基层	水泥稳定级配碎石或砾石、水泥粉煤灰稳定级配碎石或砾石、石灰粉煤灰稳定级配碎石或砾石	各交通荷载等级的基层和底基层
	水泥稳定未筛分碎石或砾石、石灰粉煤灰稳定未筛分碎石或砾石、石灰稳定未筛分碎石或砾石	轻交通荷载等级的基层、各交通荷载等级的底基层
	水泥稳定土、石灰稳定土、石灰粉煤灰稳定土	轻交通荷载等级的基层、各交通荷载等级的底基层
粒料类基层	级配碎石	重及以下交通荷载等级的基层、各交通荷载等级的底基层
	级配碎石、未筛分碎石、天然砂砾、填隙碎石	中等和轻交通荷载等级的基层、各交通荷载等级的底基层

基层类型	材料类型	适用交通等级
沥青结合料类基层	密级配沥青碎石、半开级配沥青碎石、开级配沥青碎石	极重、特重和重交通荷载等级的基层
	沥青贯入碎石	重及以下交通荷载等级的基层
水泥混凝土类基层	水泥混凝土或贫混凝土	极重、特重交通荷载等级的基层

目前，我国高等级公路的基层使用最多的是水泥稳定碎石、水泥稳定砂砾，其次是二灰碎石、二灰砂砾，其他还有水泥稳定砂掺碎石、水泥稳定砂砾掺碎石，个别也有粉煤灰土加水泥。底基层以石灰土为最多，其次还有水泥稳定土、水泥石灰稳定土、水泥石灰粉煤灰稳定土等。

一、无机结合料稳定类基层施工

（一）一般规定

①无机结合料稳定类基层施工宜在气温较高的季节组织。无机结合料稳定类基层施工期的日最低气温应在 5 ℃以上。在有冰冻的地区，应在第一次重冰冻（一般气温在 –5 ～ –3 ℃）到来的 15 ～ 30 d 之前完成施工。

②宜避免在雨季施工，且不应在雨天施工；也不适宜在高温季节施工。

③无机结合料稳定类基层在过分潮湿路段上施工时应采取措施，降低潮湿程度、消除积水。

④在正式施工前，必须铺筑试验段，对施工工艺进行总结，试验段的质量检查频率应是正常路段的两倍。

⑤压实厚度不应超过 20 cm，设计厚度超过 20 cm 时，应分层铺筑，最小压实厚度为 10 cm。压实厚度可根据所选用的压路机种类、吨位确定。

混合料摊铺应保证足够的厚度，碾压成型后每层的摊铺厚度宜不小于 16 cm，最大厚度应不大于 20 cm。具有足够的摊铺能力和压实功率时，可增加碾压厚度，具体的摊铺厚度应根据试验结果确定。大厚度摊铺施工时，应增加相应的拌和能力。

（二）原材料选择

1. 水泥

①强度等级为 32.5 或 42.5 的普通硅酸盐水泥、矿渣硅酸盐水泥或火山灰质硅酸盐水泥等均可使用。早强、快硬及受潮变质的水泥不应使用。

②所用水泥的初凝时间应大于 3 h，终凝时间应大于 6 h 且小于 10 h。

2. 石灰

①石灰技术要求应符合表 3-3 和表 3-4 的要求。

表 3-3　生石灰技术要求

指标	钙质生石灰			镁质生石灰			试验方法
有效氧化钙加氧化镁含量 /%	I	II	III	I	II	III	T0813
未消化残渣含量 /%	≥85	≥80	≥70	≥80	≥75	≥65	T0815
钙镁石灰的分类界限，氧化镁含量 /%	≤7	≤11	≤17	≤10	≤14	≤20	T0812

表 3-4　消石灰技术要求

指标		钙质生石灰			镁质生石灰			试验方法
有效氧化钙加氧化镁含量 /%		≥65	≥60	≥55	≥60	≥55	≥50	T0813
含水率 /%		≤4	≤4	≤4	≤4	≤4	≤4	T0815
细度	0.60 mm 方孔筛的筛余 /%	0	≤1	≤1	0	≤1	≤1	T0814
	0.15 mm 方孔筛的筛余 /%	≤	≤20	—	≤13	≤20	—	T0814
钙镁石灰的分类界限，氧化镁含量 /%		≤4			>4			T0812

②高速公路和一级公路用石灰应不低于 II 级技术要求，二级公路用石灰应不低于 III 级技术要求，二级以下公路用石灰宜不低于 III 级技术要求。

③高速公路和一级公路的基层，宜采用磨细消石灰。

④二级以下公路使用等外石灰时，有效氧化钙含量应在 20% 以上，且混合料强度应满足要求。

3. 粉煤灰等工业废渣

①干排或湿排的硅铝粉煤灰和高钙粉煤灰等均可用作基层或底基层的结合料。

②各等级公路的底基层、二级及以下公路基层使用的粉煤灰，通过率指标不满足要求时，应进行混合料强度试验；强度指标达到相关要求时，方可使用。

③煤矸石、煤渣、高炉矿渣、钢渣及其他冶金矿渣等工业废渣可用于修筑基层或底基层，使用前应崩解稳定，宜通过不同龄期条件下的强度和模量试验以及温度收缩或干湿收缩试验评价混合料性能。

④水泥稳定煤矸石不宜用于高速公路和一级公路。

⑤工业废渣类作为集料使用时，公称最大粒径应不大于 31.5 mm，颗粒组成宜有一定级配，且不宜含杂质。

4. 水

①基层材料用水应符合现行国家标准《生活饮用水卫生标准》（GB 5749—2022），饮用水可直接作为基层、底基层材料拌和与养生用水。

②拌和使用的非饮用水应进行水质检验，技术要求应符合规定。养生用非饮用水可不检验不溶物含量，其他指标应符合规定。

5. 粗集料

①用作被稳定材料的粗集料宜采用各种硬质岩石或砾石加工成的碎石，也可直接采用天然砾石。

②基层、底基层的粗集料规格要求宜符合规定。

③高速公路和一级公路极重、特重交通荷载等级基层的 4.75 mm 以上粗集料应采用单一粒径的规格料。

④作为高速公路、一级公路底基层和二级及以下公路基层、底基层稳定材料的天然砾石材料宜满足要求，并满足级配稳定、塑性指数不大于 9 的要求。

⑤应选择适当的碎石加工工艺，用于破碎的原石粒径应为破碎后碎石公称最大粒径的 3 倍以上。碎石生产设备应包括二次或以上破碎方式的碎石生产线（其中至少有一次采用反击式或圆锥式破碎方式）、除尘设备、振动喂料机和三层以上的振动筛。

⑥碎石加工中，根据筛网放置的倾斜角度和工程经验，应选择合理的筛孔尺

寸。粒径尺寸与筛孔尺寸的对应关系宜符合规定。根据破碎方式和石质的不同，可适当调整筛孔尺寸，调整范围宜为 1 ～ 2 mm。

⑦用作级配碎石或砾石的粗集料应采用具有一定级配的硬质石料，且不应含有黏土块、有机物等。

⑧级配碎石或砾石用作基层时，高速公路和一级公路公称最大粒径应不大于 26.5 mm，二级及以下公路公称最大粒径应不大于 31.5 mm；用作底基层时，公称最大粒径应不大于 37.5 mm。

6. 细集料

①细集料应洁净、干燥、无风化、无杂质，并有适当的颗粒级配。

②高速公路和一级公路用细集料技术要求应符合规定。

③对 0 ～ 3 mm 和 0 ～ 5 mm 细集料应分别严格控制大于 2.36 mm 和大于 4.75 mm 的颗粒含量。对 3 ～ 5 mm 细集料应严格控制小于 2.36 mm 的颗粒含量。

④对于高速公路和一级公路，细集料中小于 0.075 mm 的颗粒含量应不大于 15%；二级及以下公路，细集料中小于 0.075 mm 的颗粒含量应不大于 20%。

⑤级配碎石或砾石中的细集料可使用细筛余料，或专门轧制的细碎石集料。

⑥天然砾石或粗砂作为细集料时，其颗粒尺寸应满足工程需要，且级配稳定，超尺寸颗粒含量超过现行行业标准《公路路面基层施工技术细则》（JTG/T F20—2015）或实际工程的规定时应筛除。

（三）厂拌法施工

厂拌法是目前国内技术条件较成熟，也是使用最广泛的方法，因此对于无机结合料稳定类基层的厂拌法施工内容必须完全掌握。

1. 稳定土拌和厂建设

（1）场地布置

①施工总体布置合理，拌和厂要选在空旷、干燥、交通便利，并远离工厂、居民区、经济农作物及畜牧业集中的区域，避免对当地居民的生产、生活和居住环境带来不利影响。

②拌和厂场地面积要根据项目工程量、拌和设备型号、施工工期、材料供应速度计算确定。拌和厂占地面积应满足施工需要，一般不小于 15 000 m²（特殊路段地理条件受限时可分成几个拌和厂），并将生活区及工作区分开。

③拌和厂场地要有良好排水、防水措施。堆料仓内应纵向每隔 5 ～ 10 m，横向每隔 15 ～ 20 m 设盲沟，坡度不小于 0.5%，盲沟应与场地排水明沟相连。

在堆料仓前后应设置排水明沟，保持排水通畅，场地内不允许积水。

④要求对基层堆料场地进行硬化（厚度不小于20 cm）。设专人每天对拌和厂、场区道路等及时进行洒水清扫，减少扬尘对集料的二次污染。

⑤拌和厂场地内应设有安全防护措施，配备消防设备。

（2）原材料堆放和质量管理

①项目经理部要采取有效措施，按原材料质量管理程序进行检验。不合格材料不得进入料场。

②不同规格砂石材料要严格分档、隔离堆放，严禁混堆。各档材料间应设置高于2 m的硬分隔墙，2 m以上部分可采用软隔离；分隔墙顶面高度应高于料堆坡脚至少50 cm，料堆形状为梯形。砂石材料堆放时应防止离析。

③基层4.75 mm及以下集料须设防雨棚或覆盖防雨油布，防雨棚仓储面积至少大于2 000 m²并满足实际施工需要；袋装水泥应在室内架空堆放。

（3）拌和厂场地内施工标牌

①拌和厂场地内施工标牌要结合监理规程有关原材料及混合料报验制度的规定，在材料堆放处设立原材料品名牌及报验牌。在拌和设备前设混合料配合比标牌，并严格按施工配合比施工。

②不同规格的材料应设置明显的标识牌，原材料报验牌上应注明材料品名、用途、规格、产地、检验时间、检验结果、监理工程师是否同意使用等内容。

2. 混合料组成设计

①无机结合料稳定材料组成设计应包括原材料检验、混合料的目标配合比设计、混合料的生产配合比设计和施工参数确定4部分。

②无机结合料稳定材料应满足现行行业标准《公路工程无机结合料稳定材料试验规程》（JTG E51—2009）规定的强度要求。

③高速公路和一级公路应验证所用材料的7 d龄期无侧限抗压强度与90 d或180 d龄期弯拉强度的关系。

④水泥稳定类材料强度要求较高时，宜采取控制原材料技术指标和优化级配设计等措施，不宜单纯通过增加水泥剂量来提高材料强度。

3. 施工准备

（1）路基交验

路面基层开始施工前，应按照规范规定进行路基质量验收及交接，交验合格后方可开始进行路面结构施工。

路基交验时，首先要对填方路基上路床（路基顶面以下 30 cm）、挖方路基换填（土质路段不少于 80 cm，石质路段不少于 50 cm）的填筑质量、软土地基路段的月沉降量进行检查。软土地基路段的月沉降量必须符合设计和现行行业标准《公路路基设计规范》（JTG D30—2015）的要求（应保证连续 2 个月的月沉降量小于 5 mm，软基沉降必须由第三方进行监测），否则不得进行路基交验。

路面施工单位进场后，建设单位、监理单位应督促路基施工单位及时与路面施工单位进行路基交验。路基交验完成后，必须报经省（市）质监局（站）抽检并认可合格后，方可开始路面施工。应对线形和外形尺寸、纵向高程、平整度、横坡、弯沉值、压实度等指标进行检查。

（2）技术准备

根据施工安排,完成路面基层(底基层)施工技术和安全交底等相关技术工作。

（3）机械设备准备

①施工机械：无机结合料稳定类基层施工机械主要有拌和楼、摊铺机、压路机、自卸汽车、装载机、洒水车、水泥钢制罐仓。

②检验试验仪器配备。开工前要求加强对拌和楼、检测仪器等设备的标定工作，监理、建设单位必须对标定情况进行检查、核验，确保拌和及检测数据真实可靠。施工过程中应加强对拌和楼、检测仪器等设备的检修、维护，以便能及时发现设备存在的问题。对拌和楼筛网应经常进行检查，发现堵塞和破损现象应及时清理和更换，以便更好地控制配合比。基层集料加工场的石料破碎机必须配备振动预筛喂料装置（筛网长度不小于 2 m），以减少集料中的泥土含量。

（4）材料准备

按照施工实际需要进行原材料采购，其中基层（底基层）集料宜结合公路等级、集料最大粒径等，按要求进行分档采购及存储。经试验检测合格，拌和厂建设完成后，提前进行备料工作。原材料储备应足够（一般不低于合同段设计总量的 30%），以满足大规模连续施工需要。

4. 施工试验段

正式开工前，应先进行试验路段施工。试验段应选择在经验收合格的下承层进行，其长度为 200 ～ 500 m。试验段施工的主要目的如下：

①验证用于施工的混合料配合比。

②确定铺筑的松铺厚度和松铺系数。

③确定标准施工方法，包括混合料配比的控制方法，混合料摊铺方法和适用

机具（包括摊铺机行进速度、摊铺厚度控制方式、梯队作业时摊铺机间隔距离），含水量的增加和控制方法，压实机械选择和组合、压实顺序、速度和遍数（至少应选择两种确保能达到压实标准的碾压方案），拌和、运输、摊铺和碾压机械的协调和配合。

④确定每一碾压作业段的合适长度（一般建议 50～80 m）。

⑤确定质量检验内容、检验频率及检验方法。试验路段的检验频率应是标准中规定生产路面的 2～3 倍。

当使用的原材料和混合料、施工机械、施工方法及试验路段各检验项目的检测结果都符合规定，可按以上内容编写试验路段总结报告（报告中应明确混合料试件 7 d 无侧限抗压强度的上下限、水泥用量上下限），经监理审批后即可作为申报正式路面施工开工的依据。试验路段总结报告经批准后，混合料级配、水泥剂量不得进行改变。由特殊原因要调整时，应重新进行混合料组成设计和试验路段验证，并报经监理单位审批。

5. 混合料拌和

①开始拌和前，拌和厂的备料应至少能满足 3～5 d 的摊铺用料。石灰应在使用前一周充分消解，并全部通过 1 cm 筛孔。

②每天开始搅拌前，应检查场内各处集料的含水量，计算当天的施工配合比，外加水与天然含水量的总和要比最佳含水量略高。同时，在充分估计施工富余强度时要从缩小施工偏差入手，不得以提高无机结合料（水泥、石灰、粉煤灰等）用量的方式提高路面基层强度。

③无机结合料添加装置应配有高精度电子自动计量器，电子自动计量器应经有资质的计量部门进行标定后方可使用。

④拌和楼出料不允许采取自由跌落式落地成堆、装载机装料运输的办法。一定要配备带活门漏斗的料仓，成品混合料先装入料仓内，由漏斗出料装车运输。装车时车辆应前后移动，分 3 次或 5 次装料，避免混合料离析。

6. 混合料运输

①运输车辆在每天开工前，要检验其完好情况，装料前应将车厢清洗干净。运输车辆数量一定要满足拌和出料与摊铺需要，并略有富余。

②应尽快将拌成的混合料运送到铺筑现场。车上的混合料应覆盖，防止水分损失、扬尘及遗撒。

③运输车辆中途出现故障，必须立即以最短时间排除；当车内水泥稳定混合

料不能在水泥初凝时间内运到工地摊铺压实，必须予以废弃。拌和好的二灰混合料不得过夜，应当天碾压成型。

7. 混合料摊铺

①每一层基层摊铺施工前，应检查下承层施工质量（高程、中线偏位、宽度、横坡度、平整度、反射裂缝、压实度、月沉降速率等）。外观检查中，对于有松散、严重离析的路段应进行返工处理。对裂缝应做相应封闭处理，对裂缝严重的路段应做返工处理。

②摊铺前应对下结构层表面洒水或喷洒水泥净浆使下结构层表面湿润。

③可采用单机或多机呈梯队联合摊铺。采用两台摊铺机进行梯队作业时，两台摊铺机前后间距宜控制在 10 m 以内，前台摊铺机采用路侧钢丝和设置在路中的导梁控制路面高程，后台摊铺机采用路测钢丝、路中滑靴控制高程和厚度，前后两台摊铺机应重叠 50 ～ 100 mm。

开始摊铺的前一天应测量放样，按摊铺机宽度与传感器间距，即直线上间隔 10 m、平曲线（匝道）为 5 m 进行测量放样并及时打设好高程控制线支架。根据松铺系数算出松铺厚度，决定控制线高度，挂好控制线。用于摊铺机摊铺厚度控制线钢丝的拉力应不小于 800 N。

④待摊铺机前备有足够数量的摊铺料时（一般为 5 辆）开始进行摊铺作业，运料车按每车 10 m 间距停放在基层外侧排队等待，待接到指令后，方可倒车行驶至摊铺机前，距摊铺机 20 ～ 30 cm 处停车，防止碰撞摊铺机。摊铺机迎上推动卸料车辆前行，此时，卸料车辆将车厢缓慢顶起 1/2，摘下挡位（挂空挡），在摊铺机的推动下，边行走边顶升车厢卸料，卸料速度与摊铺机铺筑速度相协调。运输车辆在摊铺机前安排 2 名辅助工及时清除摊铺机行走履带下的混合料。

⑤混合料摊铺时采用两台摊铺机进行梯队作业，摊铺宜连续，两台摊铺机应保证其速度一致、摊铺厚度一致、松铺系数一致、路拱坡度一致、摊铺平整度一致、振动频率一致等，两台摊铺机的摊铺接缝应平整。如拌和楼生产能力较小，应采用最低速度摊铺，禁止摊铺机停机待料。摊铺机的摊铺速度一般宜在 1 m/min 左右。

⑥摊铺机的螺旋布料器应有 2/3 埋入混合料中，以防止混合料离析。

⑦摊铺机在安装、操作时应采取混合料防离析措施，如降低布料器前挡板的离地高度。在摊铺机后面应设专人消除离析现象，应该铲除局部粗集料"窝"，并用新拌混合料填补。

⑧混合料从加水拌和到碾压成型，施工延迟时间不得超过水泥初凝时间（普

通水泥约 2 h，专用固基水泥约 4 h），否则要设置施工横缝。

⑨摊铺机操作手要随时注意观察摊铺机的工作状态和摊铺质量，发现异常情况及时调整。

⑩在摊铺机后专设 2 名辅助工，及时处理摊铺层出现的局部缺陷。

8. 混合料碾压

①对水泥稳定材料或水泥粉煤灰稳定材料，宜在 2 h 之内完成碾压成型，应取混合料初凝时间与容许延迟时间较短的时间作为施工控制时间。石灰稳定材料或石灰粉煤灰稳定材料层宜在当天碾压完成，最长不应超过 4 d。

②每台摊铺机后面，应紧跟三轮或双钢轮压路机、振动压路机和轮胎压路机进行碾压，一次碾压长度一般为 50 ～ 80 m。碾压段落必须层次分明，设置明显的分界标志，有专人指挥，并有监理旁站。

③碾压程序和碾压遍数应遵循试验路段确定的程序与工艺，驱动轮朝向摊铺机方向，按由路边向路中、先轻后重、先下部密实后上部密实、低速行驶及轮迹重叠碾压的原则，避免出现推移、起皮和漏压现象。压实时，遵循初压（遍数适中，压实度达到 90%）→轻振动碾压→重振动碾压→稳压的程序，压至无轮迹为止。注意初压要充分，振压不起浪、不推移。碾压过程中，可用核子仪初查压实度，不合格时，重复再压（注意检测压实时间）。碾压完成后用灌砂法检测压实度。

④对于压路机碾压速度，第 1 ～ 2 遍为 1.5 ～ 1.7 km/h，以后各遍应为 1.8 ～ 2.2 km/h。压路机须增设限速装置。

⑤对于水泥（二灰）稳定碎石类基层，为保证边缘压实度，要求在基层边缘进行方木或型钢模板支撑，且应有一定超宽（碾压到边缘 30 cm 范围，以每次 10 cm 向外推进）。

⑥压路机碾压不到的部位用小型振动机械施振密实。

⑦压路机倒车应自然停车，无特殊情况，禁止刹车；换挡要轻且平顺，不要拉动基层。在第一遍初步稳压时，倒车后应原路返回。换挡位置应在已压好的段落上，在未碾压的一头换挡倒车位置错开呈齿状。出现个别壅包时，应进行铲平处理。

⑧压路机停车要错开，相隔间距不小于 3 m，应停在已碾压好的路段上。

⑨严禁压路机在刚完成的或正在碾压的路段上调头和急刹车。

9. 接缝设置

①水泥稳定类混合料摊铺时，应连续作业，如因故中断时间超过 2 h，则应设横缝。

②不同施工日期的施工段落也要设置横缝，要特别注意桥头搭板前无机结合料基层的碾压质量。

③横缝应与路面车道中心线垂直设置，接缝断面应是竖向平面。其设置方法如下：

a. 压路机碾压完毕，沿端头斜面开到下承层上停机过夜。

b. 第二天将压路机沿斜面开到前一天施工的基层上，用 3 m 直尺纵向放在接缝处，定出基层面离开 3 m 直尺的点作为接缝位置。沿横向断面垂直挖除坡下部分混合料，清理干净后，摊铺机从接缝处起步摊铺。

c. 压路机沿接缝横向碾压，由前一天压实层逐渐推向新铺层，碾压完毕再纵向正常碾压。

d. 碾压完毕，接缝处纵向平整度应符合规范规定。

④应清除横向和纵向接缝浮料后涂刷水泥浆，加强新老混合料间的黏结。

⑤两台摊铺机并行摊铺时，应避免出现纵向接缝。不能避免出现纵向接缝的情况下，纵缝必须垂直相接，严禁斜接，并按下述方法处理：

a. 在前一幅摊铺时，在靠后一幅的一侧用方木或钢模板做支撑。方木或钢模板的高度应与稳定土层的压实厚度相向。

b. 养生结束后，在摊铺另一幅之前，拆除支撑木（或板），应避免出现纵向接缝。如摊铺机的摊铺宽度不够、必须分两幅摊铺时，宜采用两台摊铺机一前一后相隔 5～8 m 同步向前摊铺混合料，并一起进行碾压。

10. 养生

①无机结合料稳定材料层碾压完成并经压实度检查合格后，应及时养生。无机结合料稳定材料的养生期宜不少于 7 d，养生期宜延长至上层结构开始施工前 2 d。

养生可采取洒水养生、薄膜覆盖养生、土工布覆盖养生、铺设湿砂养生、草帘覆盖养生、洒铺乳化沥青养生等方式，宜结合工程实际情况选择适宜的方式。养生期间应封闭交通，除洒水车和小型通勤车辆外严禁其他车辆通行。

②洒水养生宜作为水泥稳定材料的基本养生方式，并应符合下列规定：

a. 每天洒水次数应视气候而定。高温期施工，宜上下午各洒水 2 次。

b. 养生期间，稳定材料层表面应始终保持湿润。

c. 对于石灰稳定或石灰粉煤灰稳定材料层应注意表层情况，必要时，可用两轮压路机补充压实。

③薄膜覆盖养生应符合下列规定：

a. 混合料摊铺碾压成型后，可覆盖薄膜，薄膜厚度宜不小于 1 mm。

b. 薄膜之间应搭接完整，避免漏缝。薄膜覆盖后应用砂土等材料呈网格状堆填，局部薄膜破损时，应及时更换。

c. 养生至上层结构层施工前 1 ～ 2 d，方可将薄膜掀开。

d. 对蒸发量较大的地区或养生时间大于 15 d 的工程，在养生过程中应适当补水。

④土工布养生应符合下列规定：

a. 宜采用透水式土工布全断面覆盖，也可铺设防水土工布。

b. 铺设过程中应注意缝间的搭接，不应留有间隙。

c. 铺设土工布后，应注意洒水，每天洒水次数应视气候而定。高温期施工，上、下午宜各洒水一次。

d. 养生至上层结构层施工前 1 ～ 2 d，方可将土工布掀开。

e. 养生过程中应采取有效措施防止土工布破损。

⑤铺设湿砂养生应符合下列规定：

a. 砂层厚度宜为 70 ～ 100 mm。

b. 砂铺匀后，宜立即洒水，并在整个养生期间保持砂的潮湿状态，不得用湿黏性土覆盖。

c. 养生结束后，应将覆盖物清除干净。

⑥草帘覆盖养生应符合下列定：

a. 全断面铺设草帘。

b. 草帘铺设后应注意洒水，每天洒水的次数应视气候而定。高温期施工，上、下午宜各洒水一次，每次洒水应将草帘浸润。

c. 必要时可采用土工布与草帘双层覆盖养生。

⑦对沥青面层厚度大于 20 cm 的结构或二级及以下公路无机结合料稳定材料的基层，可采用洒铺乳化沥青方式养生，并应符合下列规定：

a. 表面干燥时，宜先喷洒少量水，再喷洒沥青乳液。

b. 采用稀释沥青时，宜待表面略干时再喷洒沥青。

c. 采用乳液养生前，应将基层清扫干净。

d. 沥青乳液的洒用量宜采用 0.8 ～ 1.0 kg/m²，分两次喷洒。

e. 第一次喷洒时，宜采用沥青含量约 35% 慢裂沥青乳液，第二次宜喷洒浓度较大的沥青乳液。

f.不能避免施工车辆通行时,应在乳液破乳后撒布粒径4.75～9.5 mm小碎石,做成下封层。

11. 交通管制

①无机结合料稳定材料养生期间应封闭交通,高等级公路养生期间不得通行。

②无法安排施工便道而需要车辆通行时,应符合下列规定:

a.合理安排施工工序,保障7～15 d的养生期。

b.宜在硬路肩或临时停车带的位置划出专门车道,由专人指挥车辆通行,小型车辆和洒水车的行驶速度应小于40 km/h。

c.无机结合料稳定材料应适当提高早期强度。

d.限定载重车辆的轴载应不大于13 t。

③无机结合料稳定材料类养生7 d后,施工需要通行重型货车时,应有专人指挥,按规定的车道行驶,且车速应不大于30 km/h。

④级配碎石、级配砾石基层未做透层沥青或铺设封层前,严禁开放交通。

二、粒料类基层施工

粒料类基层也称为柔性基层、无机结合料基层,公路工程中常指级配碎石、级配砾石及填隙碎石等材料。

级配碎石可用于各级公路的基层和底基层。级配碎石可用作较薄沥青面层与半刚性基层之间的中间层。级配砾石、级配碎（砾）石以及符合级配、塑性指数等技术要求的天然砂砾,可适用于轻交通二级及以下公路的基层以及各级公路的底基层。填隙碎石可用于各等级公路的底基层和二级以下公路的基层。

（一）级配碎（砾）石施工

级配碎（砾）石施工主要有人工路拌法和集中厂拌法。集中厂拌法的施工步骤与无机结合料稳定类路面基层集中厂拌法的施工步骤类似。

（二）填隙碎石施工

1. 一般要求

①填隙碎石可采用干法或湿法施工。干旱缺水地区宜采用干法施工。单层填隙碎石的压实厚度宜为公称最大粒径的1.5～2.0倍。填隙碎石施工时,应符合下列规定:

a.填隙料应干燥。

b. 宜采用振动压路机碾压。碾压后，表面骨料间的空隙应填满，但表面应看得见骨料。填隙碎石层上为薄沥青面层时，宜使骨料棱角外露 3 ～ 5 mm。

c. 碾压后基层的固体体积率宜不小于 85%，底基层的固体体积率宜不小于 83%。

d. 填隙碎石基层未洒透层沥青或未铺封层时，不得开放交通。

②填隙碎石施工前，应按有关规定准备下承层和施工放样。

③应根据各路段基层或底基层的宽度、厚度及松铺系数，计算各段需要的骨料数量，并应根据运料车辆的车厢体积，计算每车料的堆放距离。填隙料用量宜为骨料质量的 30% ～ 40%。

④材料装车时，应控制每车料的数量基本相等。

⑤应由远到近将骨料按计算的距离卸置于下承层，应严格控制卸料距离。

⑥用平地机或其他合适的机具将骨料均匀地铺在预定范围内，表面应平整，并有规定的路拱。应同时摊铺路肩用料。

⑦应检验松铺材料层厚度，不满足要求时应减料或补料。

2. 填隙碎石干法施工

①初压宜用两轮压路机碾压 3 ～ 4 遍，使骨料稳定就位。初压结束时，表面应平整，并具有规定的路拱和纵坡。

②填隙料应采用石屑撒布机或类似的设备均匀地撒铺在已压稳的骨料层上，松铺厚度宜为 25 ～ 30 mm；必要时，可用人工或机械扫匀。

③应采用振动压路机慢速碾压，将全部填隙料振入骨料间的空隙中。无振动压路机时，可采用重型振动板。路面两侧宜多压 2 ～ 3 遍。

④再次撒布填隙料，松铺厚度宜为 20 ～ 25 mm，应用人工或机械扫匀。

⑤同第③条，再次振动碾压；局部多余的填隙料应扫除。

⑥碾压后，应对局部填隙料不足之处进行人工找补，并用振动压路机继续碾压，直到全部空隙被填满，应将局部多余的填隙料扫除。

⑦填隙碎石表面空隙全部填满后，宜再用重型压碾压 1 ～ 2 遍。碾压过程中不应有任何蠕动现象。碾压之前，宜在表面洒少量水，洒水量宜不少于 3 kg/m²。

⑧需分层铺筑时，应将已压成的填隙碎石层表面骨料外露 5 ～ 10 mm，然后在其上摊铺第二层骨料，按第①～⑦条要求施工。

（3）填隙碎石湿法施工

①开始工序应与填隙碎石干法施工第①～⑦条要求相同。

②骨料层表面空隙全部填满后，宜立即用洒水车洒水，直到饱和。

③宜用重型压路机跟在洒水车后碾压。应将湿填隙料及时扫入出现的空隙中。必要时，宜再添加新的填隙料。

④应洒水碾压至填隙料和水形成粉浆，粉浆应填塞全部空隙，并在压路机轮前形成微波纹状。

⑤碾压完成的路段应让水分蒸发一段时间，结构层变干后，应将表面多余的细料以及细料覆盖层扫除干净。

⑥需分层铺筑时，宜待结构层变干后，将已压成的填隙碎石层表面填隙料扫除一些，使表面骨料外露 5 ～ 10 mm，然后在其上摊铺第二层骨料。

第三节　沥青路面施工技术

一、沥青路面层位及类型

（一）沥青路面层位

沥青路面主要有面层、基层（底基层）和功能层。其中沥青路面面层可分为两层或三层铺筑，如高速公路沥青面层总厚度18 ～ 20 cm，可分为上、中、下三层铺筑，并根据各分层要求采用不同的级配。

相对于其他类型的路面结构，沥青路面面层还有三个用于增强及保护面层寿命的处理层，分别是透层、黏层和封层。

（二）沥青路面类型

1. 按技术品质和使用情况分类

（1）沥青混凝土路面

沥青混凝土路面是指由适当比例的各种不同大小颗粒的集料、矿物和沥青，加热到一定温度后拌和，经摊铺压实而成的路面面层。采用相当数量的矿粉是沥青混凝土路面的一个显著特点。较高的黏结力使路面具有较高的强度，可以承受比较繁重的车辆交通。但沥青混凝土路面的允许拉应变值较小，会产生规则的横向裂缝，因而要求匹配强度较高的基层。较小的空隙率使沥青混凝土路面透水性小、水稳性好、耐久性高，有较强的抵抗自然因素的能力，使用年限在15～20年。沥青混凝土路面适用于各级公路及城市道路路面，多用于高等级道路。

（2）沥青碎石路面

用一定级配或同粒径的碎石与沥青拌和而成的混合料，称为沥青碎石混合料，用其铺成的面层称为沥青碎石面层。沥青碎石又被称为黑色碎石。

用沥青碎石作为面层的路面高温稳定性好，路面不易产生波浪，冬季不易产生冻缩裂缝，行车荷载作用下裂缝少；路面较易保持粗糙，有利于高速行车，对石料级配和沥青规格要求较宽，材料组成设计比较容易满足要求；沥青用量少，且不用矿粉，造价低。但其孔隙较大，路面容易渗水和老化。热拌沥青碎石面层适用于三、四级公路路面。

我国按矿料的最大粒径对沥青碎石混合料进行分类，共分为6种类型，并在最大粒径之前冠以字母LS，即粒径LS-35、LS-30（粗粒式），粒径LS-25、LS-20（中粒式），粒径LS-15、LS-10（细粒式）。LS 35表示最大粒径为35 mm的沥青碎石混合料。中粒式、粗粒式沥青碎石宜用作沥青混凝土面层下层、联结层和整平层。

沥青玛蹄脂（沥青、填料、砂和纤维稳定剂组成）碎石混合料简称SMA，是一种新型混合料，具体来说，它是一种由间断级配集料构成粗集料嵌挤骨架，并由沥青玛蹄脂填充骨架孔隙而组成的沥青混合料，具有良好的抗剪切变形性能、抗疲劳开裂性能和耐久性，并具有良好的抗滑和降低噪声的性能，但工程造价较高，适用于承受特重和重交通荷载等级公路。经常应用于高速公路、一级公路和其他重要公路的表面层。

（3）沥青贯入式路面

沥青贯入式路面是指用沥青贯入碎（砾）石作为面层的路面，即把沥青浇洒在铺好的主层集料上，再分层撒布嵌缝石屑和浇洒沥青，分层压实，形成一个较致密的沥青结构层。沥青贯入式路面的强度和稳定性主要由石料相互嵌挤作用构成。厚度通常为4～8 cm，但乳化沥青贯入式路面的厚度不宜超过5 cm。当贯入式上部加铺拌和的沥青混合料封层时，总厚度宜为6～10 cm，其中拌和层的厚度宜为2～4 cm。

沥青贯入式路面需要2～3周的成型期，在行车碾压与重力作用下，沥青逐渐下渗包裹石料，填充孔隙，形成整体的稳定结构层，温度稳定性好，热天不易出现推移、壅包，冷天不宜出现低温裂缝。贯入式路面最上层应撒布封层料或加铺拌和层。

沥青贯入式路面适用于二级及以下公路的沥青面层，也可以作为沥青混凝土路面的联结层。

（4）沥青表面处治路面

沥青表面处治路面是指用沥青和集料按层铺法或拌和法在具有一定强度的基层或面层上铺筑而成、厚度不超过 3 cm 的沥青路面。沥青表面处治路面厚度一般为 1.5 ~ 3.0 cm。层铺法可分为单层式、双层式、三层式。单层式表面处治路面厚度为 1.0 ~ 1.5 cm，双层式表面处治路面厚度为 1.5 ~ 2.5 cm，三层式表面处治路面厚度为 2.5 ~ 3.0 cm。沥青表面处治路面的使用寿命不及沥青贯入式路面，设计时一般不考虑其承重强度，其作用主要是对非沥青承重层起保护和防磨耗作用。

沥青表面处治路面适用于三级、四级公路的沥青面层和在旧沥青面层上加铺罩面层或抗滑层、磨耗层等。

2. 按组成结构分类

（1）密实 - 悬浮结构

采用连续密级配矿料配置沥青混合料时，一方面，矿料颗粒由大到小连续分布，并通过沥青胶结作用形成密实结构；另一方面，较大一级的颗粒只有留出充足的空间才能容纳下一级较小的颗粒，这样粒径较大的颗粒往往就被较小一级的颗粒挤开，造成粗颗粒之间不能直接接触，也就不能相互支撑形成嵌挤骨架结构，而是彼此分类悬浮于较小的颗粒和沥青胶浆中间，形成密实 - 悬浮结构。工程常用的 AC-I 型沥青混凝土就是这种结构的典型代表。

（2）骨架 - 空隙结构

采用连续开级配矿料与沥青组成沥青混合料时，由于矿料多集中在较粗的粒径上，所以粗粒径的颗粒可以相互接触，彼此支撑，形成嵌挤的骨架但因很少含有细颗粒，粗颗粒形成的骨架孔隙无法填充，从而压实后在混合料中留下较多的孔隙，形成骨架 - 空隙结构。工程中使用的沥青碎石混合料（AN）和排水沥青混合料（OGFC）是典型的骨架空隙型结构。

（3）密实 - 骨架结构

采用间断型密级配矿料与沥青组成沥青混合料时，由于颗粒集中在级配范围的两端，缺少中间颗粒，因此一端的粗颗粒相互支撑嵌挤形成骨架，另一端较细的颗粒填充于骨架留下的空隙中间，使整个矿料结构呈现密实状态，形成密实 - 骨架结构。沥青玛蹄脂碎石混合料是一种典型的骨架密实型结构。

3. 按矿料级配分类

（1）密级配沥青混凝土混合料

密级配沥青混凝土混合料是指由各种粒径的颗粒级配连接、相互嵌挤密实的矿料与沥青拌和而成，且压实后的剩余孔隙率小于 10% 的混凝土混合料。剩余空隙率为 3%～6%（行人道路 2%～6%）的是 I 型密实式改性沥青混凝土混合料；剩余空隙率为 4%～10% 的是 II 型半密实式改性沥青混凝土混合料。代表类型有沥青混凝土、沥青稳定碎石。

（2）半开级配沥青混合料

半开级配沥青混合料是指由适当比例的粗集料、细集料及少量填料（或不加填料）与沥青拌和而成，压实后剩余空隙率在 10% 以上的半开式改性沥青混合料。代表类型有改性沥青稳定碎石，用 AM 表示。

（3）开级配沥青混合料

开级配沥青混合料是指矿料级配主要由粗集料组成，细集料和填料较少，采用高黏度沥青结合料黏结形成，压实后空隙率大于 15% 的开式沥青混合料。代表类型有排水式沥青磨耗层混合料，以 OGFC 表示；另有排水式沥青稳定碎石基层，以 ATPCZB 表示。

（4）间断级配沥青混合料

间断级配沥青混合料是指矿料级配组成中由缺少 1 个或几个档次而形成的沥青混合料。代表类型有沥青玛蹄脂碎石混合料。

4. 按矿料粒径分类

（1）砂砾式沥青混合料

砂砾式沥青混合料是指矿料最大粒径等于或小于 4.75 mm（圆孔筛 5 mm）的沥青混合料，也称为沥青石屑或沥青砂。

（2）细粒式沥青混合料

细粒式沥青混合料是指矿料最大粒径为 9.5 mm 或 13.2 mm（圆孔筛 10 mm 或 15 mm）的沥青混合料。

（3）中粒式沥青混合料

中粒式沥青混合料是指矿料最大粒径为 16 mm 或 19 mm（圆孔筛 20 mm 或 25 mm）的沥青混合料。

（4）粗粒式沥青混合料

粗粒式沥青混合料是指矿料最大粒径为 26.5 mm 或 31.5 mm（圆孔筛 30 ～ 40 mm）的沥青混合料。

（5）特粗粒式沥青混合料

特粗粒式沥青混合料是指矿料最大粒径等于或大于 37.5 mm（圆孔筛 45 mm）的沥青混合料。

5. 按施工温度分类

（1）热拌热铺沥青混合料

热拌热铺沥青混合料是指沥青与矿料经加热后拌和，并在一定的温度下完成摊铺和碾压过程的混合料。

（2）冷拌（常温）沥青混合料

冷拌（常温）沥青混合料是指采用乳化沥青或稀释沥青在常温下（或者加热温度很低）与料拌和，并在常温下完成摊铺和碾压过程的混合料。

（3）温拌沥青混合料

温拌沥青混合料是指一类拌和温度介于热拌沥青混合料（150 ～ 180℃）和冷拌（常温）沥青混合料之间，性能达到（或接近）热拌沥青混合料的新型节能减排沥青混合料。

6. 按施工工艺分类

按施工工艺的不同，沥青路面可分为路拌法和厂拌法。

（1）路拌法

路拌法是指在路上用机械将矿料和沥青材料就地拌和摊铺、碾压密实形成沥青面层的方法。此类面层所用的矿料若为碎（砾）石则称为路拌沥青碎（砾）石，所用的矿料若为土则称为路拌沥青稳定土。路拌沥青面层通过就地拌和，沥青材料在矿料中的分布比层铺法均匀，路面成型期较短。但因所用的矿料为冷料，需使用黏稠度较低的沥青材料，故混合料的强度较低。

（2）厂拌法

厂拌法是指将规定级配的矿料和沥青材料用专用设备加热拌和，然后送到工地摊铺碾压形成沥青路面的方法。矿料中细颗粒含量少，不含或含少量矿粉，混合料为开级配的（空隙率在10%～15%），称为厂拌沥青碎石；若矿料中含有矿粉，混合料是按最佳密实级配配制的（空隙率在10%以下），则称为沥青混凝土。

厂拌法按混合料铺筑时温度的不同，可分为热拌热铺方法和热拌冷铺方法两种。热拌热铺是将混合料在专用设备中加热拌和后立即趁热运到路上摊铺压实的方法。如果混合料加热拌和后储存一段时间再在常温下运到路上摊铺压实，则为热拌冷铺方法。

二、沥青路面原材料要求

（一）一般规定

①沥青路面使用的各种材料运至现场后必须取样进行质量检验，经评定合格后方可使用，不得以供应商提供的检测报告或商检报告代替现场检测。

②沥青路面集料的选择必须经过认真的料源调查，确定料源应尽可能就地取材。材料质量应符合使用要求，石料开采必须注意环境保护，防止破坏生态平衡。

③集料粒径规格以方孔为准。不同料源、品种、规格的集料不得混杂堆放。

（二）道路石油沥青

①道路石油沥青等级及适用范围应符合表 3-5 规定。道路石油沥青的质量应符合现行行业标准《公路沥青路面施工技术规范》（JTG F40—2004）的相关要求。

表 3-5　道路石油沥青等级及适用范围

道路石油沥青等级	适用范围
A 级沥青	各个等级的公路，适用于任何场合和层次
B 级沥青	高速公路、一级公路沥青下面层及以下层次，二级及以下公路的各个层次；用作改性沥青、乳化沥青、改性乳化沥青、稀释沥青的基质沥青
C 级沥青	三级及以下公路的各个层次

②沥青路面采用的沥青标号，宜按照公路等级、气候条件、交通条件、路面类型及在结构层中的层位及受力特点、施工方法等，结合当地的使用经验，经技术论证后确定。

对高速公路、一级公路，夏季温度高、高温持续时间长、重载交通、山区及丘陵区上坡路段、服务区、停车场等行车速度慢的路段，尤其是汽车荷载剪应力大的层次，宜采用稠度大、黏度大的沥青，也可提高高温气候分区的温度水平选用沥青等级；对冬季寒冷地区或交通量小的公路、旅游公路宜选用稠度小、低温延度大的沥青；对温度日温差、年温差大的地区宜注意选用针入度（标准圆锥体在规定温度和规定时间内，垂直贯入沥青试样中的深度）指数大的沥青。当高温要求与低温要求发生矛盾时，应优先考虑满足高温性能的要求。

　　当缺乏所需标号的沥青时，可采用不同标号掺配的调和沥青，其掺配比例由试验决定。掺配后的沥青质量应符合现行行业标准《公路沥青路面施工技术规范》（JTG F40—2004）的相关要求。

（三）乳化沥青

　　①乳化沥青适用于沥青表面处治路面、沥青贯入式路面、冷拌沥青混合料路面修补裂缝及喷洒透层、黏层与封层等。乳化沥青的品种及适用范围宜符合表3-6的规定。

表 3-6　乳化沥青的品种、代号及适用范围

品种	代号	适用范围
阳离子乳化沥青	PC-1	表面处治、贯入式路面及下封层用
	PC-2	透层油及基层养护用
	PC-3	黏层油用
	BC-1	稀浆封层或冷拌沥青混合料用
非离子乳化沥青	PA-1	表面处治、贯入式路面及下封层用
	PA-2	透层油及基层养护用
	PA-3	黏层油用
	BA-1	稀浆封层或冷拌沥青混合料用
阴离子乳化沥青	PN-2	透层油用
	BN-1	与水泥稳定集料同时使用（基层路拌或再生）

　　②乳化沥青质量应符合现行行业标准《公路沥青路面施工技术规范》（JTG F40—2004）中"道路用乳化沥青技术要求"的规定。

　　③乳化沥青类型应根据集料品种及使用条件选择。阳离子乳化沥青可适用于各种集料品种，阴离子乳化沥青适用于碱性石料。乳化沥青的破乳速度、黏度宜根据用途与施工方法选择。

　　④制备乳化沥青用的基质沥青，对于高速公路和一级公路，宜符合道路石油沥青 A、B 级沥青的要求，其他情况可采用 C 级沥青。

⑤乳化沥青宜存放在立式罐中，并保持适当搅拌。储存期以不离析、不冻结、不破乳为度。

（四）液体石油沥青

①液体石油沥青适用于透层、黏层及拌制冷拌沥青混合料。根据使用目的与场所，可选用快凝、中凝、慢凝的液体石油沥青，其质量应符合现行行业标准《公路沥青路面施工技术规范》（JTG F40—2004）中"道路用液体石油沥青技术要求"的规定。

②液体石油沥青宜采用针入度较大的石油沥青，使用前按先加热沥青后加稀释剂的顺序，掺配煤油或轻柴油，经适当的搅拌、稀释制成。掺配比例根据使用要求由试验确定。

③液体石油沥青在制作、储存、使用的全过程中必须通风良好，并有专人负责，确保安全。基质沥青的加热温度严禁超过 140 ℃，液体沥青的储存温度不得高于 50 ℃。

（五）改性沥青

①改性沥青可单独或复合采用高分子聚合物、天然沥青及其他改性材料制作。

②各类聚合物改性沥青质量应符合现行行业标准《公路沥青路面施工技术规范》（JTG F40—2004）中"聚合物改性沥青技术要求"的规定，其中 PI（针入度指数）值可作为选择性指标。当使用"聚合物改性沥青技术要求"以外的聚合物及复合改性沥青时，可通过试验研究制订相应的技术要求。

③制造改性沥青的基质沥青应与改性剂有良好的配伍性，其质量宜符合表3-5中 A 级或 B 级道路石油沥青的技术要求。供应商在提供改性沥青质量报告时，应提供基质沥青质量检验报告或沥青样品。

④天然沥青可以单独与石油沥青混合使用或与其他改性沥青混融后使用。沥青的质量要求宜根据其品种参照相关标准和成功的经验执行。

⑤用作改性剂丁苯胶乳（SBR）的固体物含量宜少于 45%，使用中严禁长时间遭暴晒或冰冻。

⑥改性沥青剂量以改性剂占改性沥青总量的白分数计算，胶乳改性沥青剂量应以扣除水以后的固体物含量计算。

⑦改性沥青宜在固定式工厂或在现场设厂集中制作，也可在拌和厂现场制作和使用，改性沥青的加工温度不宜超过 180 ℃。胶乳类改性剂和制成颗粒的改性剂可直接投入拌和缸中生产改性沥青混合料。

⑧用溶剂法生产改性沥青母体时，挥发性溶剂回收后的残留量不得超过 5%。

⑨现场制造的改性沥青最好随配随用，需做短时间保存或运送到附近工地时，使用前必须搅拌均匀，在不发生离析的状态下使用。改性沥青制作设备必须设有随机采集样品的取样口，采集的试样宜立即在现场灌模。

（六）改性乳化沥青

①改性乳化沥青宜按表 3-7 选用。

②改性乳化沥青质量应符合现行行业标准《公路沥青路面施工技术规范》（JTG F40—2004）中"改性乳化沥青技术要求"的规定。

表 3-7　改性乳化沥青品种、代号及适用范围

品种		代号	适用范围
改性乳化沥青	喷洒型改性乳化沥青	PCR	黏层、封层、桥面防水黏结层用
	拌和用乳化沥青	BCR	改性稀浆封层和微表处用

（七）粗集料

①沥青面层使用的粗集料包括碎石、破碎砾石、筛选砾石、钢渣、矿渣等，但高速公路和一级公路不得使用筛选砾石和矿渣。粗集料必须由具有生产许可证的采石场生产或施工单位自行加工。

②粗集料应该洁净、干燥、表面粗糙，质量应符合要求。当单一规格集料质量指标达不到要求，而按照集料配合比计算的质量指标符合要求时，工程上允许使用。受热易变质的集料，宜采用经拌和机烘干后的集料进行检验。

③沥青混合料用粗集料规格应按现行行业标准《公路沥青路面施工技术规范》（JTG F40—2004）中"沥青混合料用粗集料规格"的规定生产和使用。

④采石场在生产过程中必须彻底清除覆盖层及泥土夹层。生产碎石用的原石不得含有土块、杂物，集料成品不得堆放在泥土地上。

⑤高速公路、一级公路沥青路面表面层（或磨耗层）的粗集料磨光值应符合现行行业标准《公路沥青路面施工技术规范》（JTG F40—2004）中"粗集料与沥青的黏附性、磨光值的技术要求"的规定。除沥青玛蹄脂碎石混合料路面、排水沥青混合料路面外，允许在硬质粗集料中掺加部分较小粒径的磨光值达不到要求的粗集料，其最大掺加比例由磨光值试验确定。

⑥粗集料与沥青的黏附性应符合现行行业标准《公路沥青路面施工技术规范》（JTG F40—2004）中"粗集料与沥青的黏附性、磨光值的技术要求"的规定。当使用不符合要求的粗集料时，宜掺加消石灰、水泥或用饱和石灰水处理后使用。必要时可同时在沥青中掺加耐热、耐水、长期性能好的抗剥落剂，也可采用掺加改性沥青的措施，使沥青混合料的水稳定性检验达到要求。掺加外加剂的剂量由沥青混合料的水稳定性检验确定。

⑦破碎砾石应采用粒径大于 50 mm、含泥量不大于 1% 的砾石轧制，破碎砾石的破碎面应符合现行行业标准《公路沥青路面施工技术规范》（JTG F40—2004）中"粗集料对破碎面的要求"的规定。

⑧筛选砾石仅适用于三级及以下公路的沥青表面处治路面。

⑨经过破碎且存放期超过 6 个月以上的钢渣可作为粗集料使用。除吸水率允许适当放宽外，各项质量指标应符合现行行业标准《公路沥青路面施工技术规范》（JTG F40—2004）中"沥青混合料用粗集料质量技术要求"的规定。钢渣在使用前应进行活性检验，要求钢渣中的游离氧化钙含量不大于 3%，浸水膨胀率不大于 2%。

（八）细集料

①沥青面层的细集料可采用天然砂、机制砂、石屑。细集料必须由具有生产许可证的采石场、采砂场生产。

②细集料应洁净、干燥、无风化、无杂质，并有适当的颗粒级配，其质量应符合要求。对于细集料的洁净程度，天然砂以小于 0.075 mm 含量的百分数表示，石屑和机制砂以砂当量（适用于 0 ～ 4.75 mm）或亚甲蓝值（适用于 0 ～ 2.36 mm 或 0 ～ 0.15 mm）表示。

③天然砂可采用河砂或海砂，通常宜采用粗、中砂，其规格应符合要求。砂的含泥量超过规定时应水洗后使用，海砂中贝壳类材料必须筛除。开采天然砂必须取得当地政府主管部门的许可，并符合水利及环境保护要求。热拌密级配沥青混合料中天然砂的用量通常不宜超过集料总量的 20%，沥青玛蹄脂碎石混合料和排水沥青混合料不宜使用天然砂。

④石屑是采石场破碎石料时通过 4.75 mm 或 2.36 mm 的筛下部分，其规格应符合要求。采石场在生产石屑的过程中应具备抽吸设备，高速公路和一级公路的沥青混合料宜将 S14 与 S16 组合使用，S15 可在沥青稳定碎石基层或其他等级公路中使用。

⑤机制砂宜采用专用的制砂机制造，并选用优质石料生产，其级配应符合S16的要求。

（九）填料

①沥青混合料的矿粉必须采用石灰岩或岩浆岩的强基性岩石等憎水性石料经磨细得到的矿粉，原石料中的泥土杂质应除净。矿粉应干燥、洁净，能自由地从矿粉仓流出，其质量应符合要求。

②拌和机粉尘可作为矿粉的一部分回收使用。但每盘用量不得超过填料总量的25%，掺有粉尘填料的塑性指数不得大于4%。

③粉煤灰作为填料使用时，用量不得超过填料总量的50%，粉煤灰的烧失量应小于12%，与矿粉混合后的塑性指数应小于4%，其余质量要求与矿粉相同。高速公路、一级公路沥青面层不宜采用粉煤灰作填料。

（十）纤维稳定剂

①在沥青混合料中掺加的纤维稳定剂宜选用木质素纤维、矿物纤维等。

②纤维应在250℃干拌温度下不变质、不发脆，使用纤维必须符合环保要求，不危害身体健康。纤维必须在混合料拌和过程中能充分分散均匀。

③矿物纤维宜采用玄武岩等矿石制造，易影响环境及造成人体伤害的石棉纤维不宜直接使用。

④纤维应存放在室内或有棚盖的地方，松散纤维在运输及使用过程中应避免受潮，不结团。

⑤纤维稳定剂的掺加比例以沥青混合料总量的质量百分率计算。通常情况下，用于沥青玛蹄脂碎石混合料路面的木质素纤维不宜低于0.3%，矿物纤维不宜低于0.4%，必要时可适当增加纤维用量。纤维掺加量的允许误差宜不超过 ±5%。

三、热拌沥青混合料路面施工

（一）一般规定

①沥青混合料集料的最大粒径宜从上至下逐渐增大，并应与压实层厚度相匹配。对热拌热铺密级配沥青混合料，沥青层一层的压实厚度不宜小于集料公称最大粒径的2.5～3倍，对沥青玛蹄脂碎石混合料和排水沥青混合料等嵌挤型混合料不宜小于公称最大粒径的2～2.5倍，以减少离析，便于压实。

②石油沥青加工及沥青混合料施工温度应根据沥青标号及黏度、气候条件、铺装层厚度确定。

a.普通沥青结合料的施工温度宜通过在 135 ℃及 175 ℃条件下测定的黏度－温度曲线确定。缺乏黏温曲线数据时，可参照范围选择，并根据实际情况确定使用高值或低值。当表中温度不符实际情况时，容许做适当调整。

b.聚合物改性沥青混合料的施工温度应根据实践经验选择，通常宜比普通沥青混合料施工温度提高 10 ～ 20 ℃。当采用冷态胶直接喷入法拌和改性沥青混合料时，集料烘干温度应进一步提高。

c.沥青玛蹄脂碎石混合料的施工温度应视纤维品种和数量、矿粉用量不同，在改性沥青混合料基础上做适当提高。

③热拌沥青混合料面层施工前，应对混合料进行配合比设计，配合比设计分目标配合比设计、生产配合比设计和生产配合比验证三个阶段。在施工过程中，不得随意变更经设计确定的标准配合比。对同一拌和场两台拌和机，如果使用相同品种的矿料和沥青，可使用同一目标配合比，但每台拌和机必须独立进行生产配合比设计。矿料和沥青产地、品种等发生变化时，必须重新进行设计。

④热拌沥青混合料面层施工应采用集中厂拌混合料、摊铺机摊铺、压路机碾压施工工艺。

⑤正式施工前，必须铺筑试验段，对施工工艺进行总结。试验段质量检查频率应是正常路段的两倍。

⑥沥青面层应在不低于 10 ℃气温下进行施工，同时严禁雨天、路面潮湿情况下施工。施工期间应注意天气变化，已摊铺沥青层因遇雨未进行压实的应予以铲除。雨天过后，下卧层完全干燥后方可进行沥青面层施工。

（二）施工工艺流程

1. 施工准备

①沥青混合料面层施工前的技术、机械、试验检测仪器、料场与材料及作业面等各项准备可参照沥青路面施工技术细则执行。

②应对沥青混合料拌和机、摊铺机、压路机等各种施工机械和设备进行调试，对机械设备的配套情况、技术性能、计量设备等进行检查或标定。

③应准备施工过程中所需要的各种记录表格和现场温度、厚度检测设备。根据摊铺长度估算当日生产吨位，明确拌和场、施工现场、试验室责任联系人，实现拌和场与施工现场畅通联系、动态控制。

④铺筑沥青面层前，应检查基层或下卧沥青层质量，不符合要求的不得铺筑沥青面层。下卧层已被污染时，必须清洗或经铣刨处理后方可铺筑沥青混合料。

⑤根据施工方案确定的高程及厚度控制方式进行测量放线，恢复中线、设置边桩，中面层桥头处和下面层摊铺前，中分带、路肩外侧直线段宜每 10 m 设一边桩，平曲线段宜每 5 m 设一个边桩，中、上面层在中分带、路肩外边缘设置指示标志，应明显标记出施工桩号，用白灰画出各结构层的边缘线。

2. 试验段施工

高速公路和一级公路沥青路面在施工前应铺筑试验段。其他等级公路在缺乏施工经验或初次使用重大设备时，也应铺筑试验段。当同一施工单位在材料、机械设备及施工方法与其他工程完全相同时，也可利用其他工程的结果，不再铺筑新的试验路段。

试验段开工前 28 d 安装好试验仪器和设备，配备好的试验人员报请监理工程师审核。各层开工前 14 d 在监理工程师批准的现场备齐全部机械设备进行试验段铺筑，以确定松铺系数、施工工艺、机械配备、人员组织、压实遍数，并检查压实度、沥青含量、矿料级配、沥青混合料马歇尔各项技术指标等。

①试验段应选在具有代表性的主线直线段，采用两种或两种以上的试铺碾压方案，每种方案长度通常不小于 250 m。

②热拌热铺沥青混合料路面试验段铺筑包括试拌和试铺两个阶段，需要确定以下试验内容：

a. 根据各种机械施工能力相匹配的原则，确定适宜的施工机械，依据生产能力结合实际工程决定机械数量与组合方式。

b. 通过试拌确定拌和数量、时间、温度及上料速度等参数，考查计算机打印装置的可信度；验证沥青混合料生产配合比的设计是否合理，提出生产用的标准配合比和最佳沥青用量。

c. 通过试铺，检验沥青混合料的施工性能，评价沥青混合料是否利于摊铺和压实，要求沥青混合料均匀不离析、不结块；通过试铺，确定树立铺机的摊铺温度、摊铺速度、初步振捣夯实的方法和强度、自动找平方式，以及压实机具的压实顺序、碾压温度、碾压速度及遍数，建立用钻孔法与核子密度仪无破损检测路面密度的对比关系，确定压实度的标准检测方法；通过试铺，确定透层油的喷洒方式和效果、摊铺、压实工艺，确定松铺系数；采用适宜的施工缝处理方法（详见本节接缝处理）；检测试验段的渗水系数和路面平整度。

3. 沥青混合料拌和

沥青混合料可采用间歇式拌和机或连续式拌和机拌制。高速公路和一级公路宜采用间歇式拌和机拌和。连续式拌和机使用的集料必须稳定不变，一个工程从多处进料、料源或质量不稳定时，不得采用连续式拌和机。

①沥青混合料。在施工过程中，应安排专人对沥青拌和机进行日常检查维护，确保拌和机运转正常。拌和厂应符合下列规定：

a. 拌和厂设置必须符合国家有关环境保护、消防、安全等规定。

b. 拌和厂与工地现场距离应充分考虑交通堵塞的可能，确保混合料的稳定下降不超过要求，且不致因颠簸造成混合料离析。

c. 拌和厂应具有完备的排水设施。各种集料必须分隔储存，细集料场应设防雨顶棚，料场及场内道路应做硬化处理，严禁泥土污染集料。

d. 拌和机宜备有保温性能好的成品储料仓，储存过程中混合料降温不得高于10 ℃，且不能有沥青滴漏。道路石油沥青混合料的储存时间不得超过72 h，改性沥青混合料的储存时间不宜超过24 h，沥青玛蹄脂碎石混合料只限当天使用，排水沥青混合料宜随拌随用。

②高速公路和一级公路施工用的间歇式拌和机须配备计算机设备，拌和过程中逐盘采集并打印各个传感器的材料用量和沥青混合料拌和量、拌和温度等各种参数，随时在线检查矿料级配和油石比，并定期对拌和机的计量和测温进行校核。每个台班结束时打印出一个台班的统计量，按现行行业标准《公路沥青路面施工技术规范》（JTG F40—2004）规定的方法进行沥青混合料生产质量及铺筑厚度的总量检验。总量检验资料有异常波动时，应立即停止生产，分析原因。

③拌和时间。道路石油沥青混合料每盘的拌和周期一般不少于45 s，其中干拌时间一般不少于5 s；改性沥青混合料拌和时间适当延长，改性沥青玛蹄脂碎石混合料拌和周期一般为60～70 s。拌和时间应根据具体情况由试拌确定，保证沥青均匀裹覆。

④生产添加纤维的沥青混合料时，纤维必须在混合料中充分分散，拌和均匀。拌和机应配备同步投料装置。松散的絮状纤维可与沥青同时或稍后喷入拌和锅，拌和时间宜延长5 s以上。颗粒纤维可与粗集料同时加入，干拌5～10 s。工程量很小时，也可分装成塑料小包由人工直接投入拌和锅。

⑤使用改性沥青时，应随时检查沥青泵、管道、计量器是否受堵，堵塞时应及时清洗。

⑥沥青和集料的加热温度以及沥青混合料的出厂温度应符合规定，集料温度应比沥青温度高10～15 ℃。每天开始几盘集料应提高加热温度，并干拌几锅集料废弃，再正式加沥青拌和混合料。

⑦沥青混合料出厂时，应逐车检测沥青混合料的质量和温度，目测检查混合料有无异常，如混合料有无花白、冒青烟和离析等现象。若有异常，应查明原因，及时调整。出厂时，应记录出厂时间，签发运料单。

4. 混合料运输

①热拌沥青混合料宜采用大吨位的车辆运输，一般应不小于 15 t。车辆数量应根据运输距离、摊铺速度确定，适当留有富余，摊铺机前方应有不少于 5 辆运料车等候卸料为宜，以确保现场连续摊铺需要。

②运输车辆在每天使用前后，要检验其完好性，装料前应将车厢清洗干净。为防混合料黏在车厢底板上，可涂刷隔离剂或一薄层油水（柴油：水＝1：3）混合液，但不得有余液积聚在车厢底部。

③拌和机或储料仓向运料车放料时，料车应"前、后、中"移动，分 3～5 次装料。

④运料车应采用厚苫布覆盖严密，苫布至少应下挂到车厢板的一半，卸料过程中宜继续覆盖直到卸料结束。在气温较低时，运料车车厢侧面应加装保温层，确保混合料温度稳定。

⑤采用数字显示插入式热电偶温度计检测沥青混合料的出厂温度和运到现场温度，插入深度要大于 150 mm。在运料卡车侧面中部设专用检测孔，孔口距车厢底面约 300 mm。测试方法应符合现行行业标准《公路路基路面现场测试规程》（JTG 3450—2019）的规定。

⑥运输到摊铺现场的混合料，如温度不符合要求或遭雨淋，应做废弃处理。

⑦运料车进入摊铺现场时，轮胎上不得黏有泥土等可能污染路面的脏物，否则应将轮胎清洗后方可进入施工现场。

⑧卸料过程中，运料车在摊铺机前 10～30 cm 处停住，运料车不得撞击摊铺机，卸料过程中运料车应挂空挡，靠摊铺机推动前进。

有条件时，运料车可将混合料卸入转运车经二次拌和后向摊铺机连续均匀地供料。运料车每次卸料必须倒净，尤其是改性沥青或沥青玛蹄脂碎石混合料，如有剩余，应及时清除，防止硬结。

沥青玛蹄脂碎石混合料及排水沥青混合料在运输、等候过程中，如沿车厢板滴漏，应采取措施予以避免。

5. 混合料摊铺

热拌沥青混合料应采用沥青摊铺机摊铺。在喷洒有黏层油的路面上铺筑改性沥青混合料或沥青玛蹄脂碎石混合料时，宜使用履带式摊铺机。

①沥青混合料摊铺时应单幅一次性摊铺，可采用两台或多台摊铺机梯队同时摊铺作业，也可采用一台摊铺机摊铺。两台摊铺机摊铺时，摊铺机必须为同一机型，新旧程度和性能相近，以保证铺筑均匀、一致。

②摊铺机开工前应提前 0.5～1 h 预热熨平板，使其温度不低于 100 ℃。铺筑过程中，应使熨平板的振捣或夯锤压实装置有适宜的振动频率和振幅，以保证面层的初始压实度达 85% 左右。熨平板连接应紧密，避免摊铺的混合料出现划痕。

③沥青混合料底面层摊铺与桥面上下铺装层摊铺时，应采用钢丝引导控制高程的方式，简称走钢丝。钢丝为扭绕式，直径不小于 3 mm，钢丝拉力大于 800 N，每 10 m 设一钢丝支架。采用两台摊铺机进行摊铺施工时，靠中央分隔带侧摊铺机在前，其左架设钢丝，摊铺机上安装横坡仪或在右侧架设铝合金导梁控制摊铺层横坡；后面摊铺机右侧架设钢丝，左侧在摊铺好的层面上走"雪橇"控制高程。中、上面层应采用非接触式平衡梁控制摊铺高度和厚度。两台摊铺机摊铺层的纵向热接缝应采用斜接缝，避免出现缝痕。两台摊铺机前后距离不应超过 10 m。

④调好螺旋布料器两端的自动料位器，并使料门开度、链板送料器速度和螺旋布料器转速相匹配。螺旋布料器内混合料表面以略高于螺旋布料器 2/3 高度为宜，熨平板挡板前混合料高度应在全宽范围内保持一致，避免离析现象。

⑤摊铺机作业方向应与路面车辆行驶方向一致，摊铺速度应控制在 2～6 m/min，改性沥青摊铺速度宜放慢至 1～3 m/min。摊铺速度应根据拌和机的产量、施工机械配套情况及摊铺厚度、摊铺宽度予以调整，做到缓慢、均匀、连续摊铺，做到每天仅在收工时停机一次。

⑥面层压实前，禁止人员踩踏。一般不宜人工整修，若出现局部离析等特殊情况，应在技术人员指导下，由施工人员进场找补或更换混合料。

⑦在桥隧过渡段应严格按照设计要求进行施工，提前做好工作面准备，处理好欠压实、松散、不平整等问题，并扫除松散材料和所有杂物。

⑧摊铺过程中，应随时检测松铺厚度，发现异常应立即调整。

⑨中央分隔带路缘石应在摊铺面层前完工，铺筑时应在靠近路缘石位置适量多铺混合料，并确保该处沥青混合料压实度。

⑩在路面狭窄和加宽部分、平曲线半径过小的匝道、斜交桥头等摊铺机不能摊铺的部位，可辅用人工摊铺混合料。人工摊铺应严格控制操作时间、松铺厚度、平整度等。

⑪沥青混凝土路面施工的最低气温应根据铺筑层厚度、气温、风速及下卧层表面温度来确定。考虑施工需要，应根据下卧层表面温度调整沥青混合料的最低摊铺温度，且要满足规定的温度要求。每天施工开始阶段宜采用较高温度的混合料。温度测试仪器可选用手持式红外测温仪或数字插入式测温仪。

⑫摊铺过程中的其他注意事项如下：

a. 运料车辆在卸料更换时应做到快捷、有序，保证摊铺机料斗不脱料，尽量减少摊铺机料斗在摊铺过程中拢料。注意摊铺机接斗的操作程序，以减少粗集料离析。摊铺机集料斗应在刮板尚未露出、尚有约 10 cm 厚热料时拢料，拢料必须在运料车刚退出时进行，而且应该做到料斗两翼刚恢复原位时，下一辆运料车即可开始供料，做到连续供料，并避免粗集料集中。

b. 沥青混合料摊铺作业时，摊铺机驾驶台及作业现场要视野开阔。清除障碍物作业时，无关人员不得在驾驶台上停留，驾驶员不得擅离岗位。运料车向摊铺机卸料时，应同步进行，动作协调，防止互相碰撞，驾驶摊铺机应平稳。弯道作业时，熨平装置的端头与路缘石的间距不得小于 10 cm，以免发生碰撞。

c. 遇到机器故障、下雨等原因不能连续摊铺时，必须及时将情况通知拌和组并报告技术负责人。摊铺遇雨时，必须立即停止施工，并清除已摊铺尚未压实成型的混合料。遭雨淋的混合料应废弃，不得卸入摊铺机摊铺。雨后在下承层未充分干前，不得继续摊铺。摊铺过程中由于各种原因停机超过 1 h，必须做施工缝处理。

d. 施工现场应备有涂抹乳化沥青的毛刷和散装的乳化沥青，以便对黏层受破坏的位置进行涂刷找补。

e. 施工人员不得随意在铺筑层内走动，防止将泥土、杂物带入已铺筑的沥青路面上，减少对铺筑路面的污染。

6. 混合料压实

沥青混凝土路面施工中，对沥青混凝土必须进行压实，其目的是提高沥青混凝土混合料的强度稳定性以及疲劳特性。所以，压实质量的好坏直接影响沥青路面的平整度和密实度。

沥青混凝土路面压实度的校核采取重点对碾压工艺进行过程控制、综合采用钻孔抽检压实度和核子密度仪法测定压实度的方法。碾压工艺的控制包括压路机的配置（台数、吨位及机型）、排列和碾压方式、压路机与摊铺机的距离、碾压温度、碾压速度、压路机洒水（雾化）情况、碾压段长度、掉头方式等。

①碾压设备配置。沥青混合料面层施工应配备足够数量的压路机。当施工温度低、风速大、碾压层薄时，应增加压路机数量。沥青混合料面层压实应采用重型压路机，双钢轮压路机应不小于 12 t。轮胎压路机应不小于 25 t。必要时应采用 30 t 以上的轮胎压路机进行碾压作业，排水沥青混合料面层压实宜采用小于 12 t 双钢轮压路机。压路机使用性能良好，不得出现漏油现象。

②应选择合理的压路机组合方式及碾压步骤。初压应在混合料不产生推移、开裂且较高温度下进行。初压一般采用双钢轮压路机，密级配沥青混合料和高性能沥青混合料复压宜采用轮胎压路机，沥青玛蹄脂碎石混合料、排水沥青混合料复压宜采用双钢轮压路机；终压采用双钢轮压路机。

③碾压原则。为避免碾压时混合料推挤产生臃包，碾压时驱动轮应朝向摊铺机；碾压路线及方向不应突然改变；压路机起动、停止必须减速缓行，不得刹车制动；压路机折回位置应呈阶梯状，不应在同一横断面。

④碾压工序流程（遍数）。沥青混合料面层压实应按初压、复压、终压（包括成型）三个阶段进行。压路机应以缓慢而均匀的速度碾压，压路机的适宜碾压速度随初压、复压、终压及压路机的类型而不同。

⑤压实注意事项。压实注意事项如下：

a. 碾压现场应设专岗对碾压温度、碾压工艺进行管理和检查，做到不漏压、不超压。初压、复压、终压段落应设置明显标志。

b. 在当天碾压完成的沥青混合料面层上，不得停放压路机及其他施工设备，并防止矿料、油料和杂物散落在沥青混合料面层上。

c. 宜用沾有隔离剂的拖布擦涂轮胎，防止沥青混合料黏轮，禁止使用柴油、机油等作为压路机隔离剂。

d. 钢轮压路机碾压过程中，应使用洁净的可饮用水作为隔离剂，喷水量不宜过大，使钢轮表面湿润不黏轮为度。

e. 碾压成型的面层外观应均匀。压实完成 12 h 后或路面温度低于 50 ℃时，方能允许施工车辆通行。

7. 接缝处理

沥青混凝土路面接缝形式主要有纵缝、横缝、新旧路面的接缝等各类施工缝。施工缝往往由于压实不足，容易产生台阶、裂缝、松散等病害，影响路面的平整度和耐久性，施工时必须十分注意。

沥青混凝土路面施工必须接缝紧密、连接平顺，不得产生明显的接缝离析，上下层的裂缝应错开 15 cm（热接缝）或 30～40 cm（冷接缝）。相邻两幅及上下层的横向接缝均应错位 1 m 以上。接缝施工应用 3 m 直尺检查，确保平整度符合要求。

（1）纵向接缝处理要求

①采用梯队作业方（两台或两台以上同时作业）式摊铺形成的纵缝属于热接缝。施工时将已铺混合料部分留 10～20 cm 宽暂不碾压，作为后续摊铺部分的高程基准面，后摊铺部分完成后跨缝碾压，以消除缝迹。

②冷接缝一般是指新铺层与经过压实后已铺层的纵向搭接。当半幅施工或特殊原因导致产生纵向冷接缝时，宜采用加设挡板或加设切刀切齐的方式，也可采用在沥青混合料尚未冷却前用镐刨除边缘留下毛茬的方式，但不宜在冷却后采用切割机做纵向切缝。加铺另半幅前应在接缝处涂刷少量沥青，摊铺时重叠在已铺层上 5～10 cm，再铲走铺在前半幅上的混合料。

碾压方式一：压路机位于热混合料上，由边向中进行碾压，接缝处留下 10～15 cm，再做跨缝挤压。

碾压方式二：碾压时，压路机在已压实路面上行走，碾压新铺热混合料宽度为 15 cm 左右，然后碾压新铺筑部分。

（2）横向接缝处理要求

横间接缝形式有斜接缝、阶梯形接缝和平接缝。高速公路和一级公路的表面层横向接缝应采用垂直的平接缝，以下各层可采用自然碾压的斜接缝，沥青层较厚时也可做阶梯形接缝。其他等级公路的各层均可采用斜接缝。横向接缝宜错开 1 m 以上。

①斜接缝的搭接长度与层厚有关，宜为 0.4～0.8 m。搭接处应洒少量沥青，混合料中的粗集料颗粒应予剔除，并补上细料，搭接平整，充分压实。阶梯形接缝的台阶经铣刨而成并洒黏层沥青，搭接长度不宜小于 3 m。

②平接缝宜趁尚未冷透时用凿岩机或人工垂直刨除端部层厚不足的部分，使工作缝成直角连接。当采用切割机制作平接缝时，宜在铺设当天混合料冷却但尚未结硬时进行。刨除或切割不得损伤下层路面。切割时留下的泥水必须冲洗干净，待干燥后涂刷黏层油。铺筑新混合料接头应使接茬软化，压路机先进行横向碾压，再纵向碾压成为一体，充分压实，连接平顺。

（3）横接缝的处理方法

①平整度检查。首先用 3 m 直尺检查端部平整度，不符合要求时，垂直于路中线切齐清除。清理干净后在端部涂黏层沥青接着摊铺。摊铺时调整好预留高度，接缝处摊铺层施工结束后再用 3 m 直尺检查平整度。

②横向接缝碾压。先用双轮双振压路机进行横向碾压，碾压时压路机位于已压实的混合料层上伸入新铺层的宽度为 15 cm，然后每压一遍向新铺混合料方向移动 15 ～ 20 cm，直至全部在新铺层上为止，再改为纵向碾压。

（三）施工质量检查与验收

①除按现行行业标准《公路工程质量检验评定标准　第一册　土建工程》（JTG F80/1—2017）要求的频率认真做好各种原材料的检验外，还应做好针对施工温度、矿料级配、压实度等的试验工作。

②在施工过程中随时检查铺筑厚度、平整度、宽度、横坡度、高程。

四、温拌沥青混合料路面施工

温拌沥青混合料（WMA）是拌和温度介于热拌沥青混合料（150 ～ 180 ℃）和冷拌沥青混合料（常温）之间，性能达到热拌沥青混合料（HMA）要求的新型沥青混合料。

温拌技术是一种高节能低排放的新型环保路面技术，降低了矿料、沥青加热温度及混合料施工温度，减少了气体和烟尘的排放量，从环境保护角度上看，一定程度上缓解了因修筑沥青路面造成空气污染以及温室气体排放的压力；气体排放量降低，间接象征了重要费用的节约，沥青拌和厂选址也更加灵活；对人体健康造成的影响也大大降低，提高了工作效率，尤其对封闭空间如隧道施工时非常有利；拌和过程中，沥青烟有毒物质的排放减少了 87%，摊铺过程中，未产生难闻的烟雾和气味，显著降低了沥青气味，降低了对环境的污染和对施工人员健康的损害，减缓了沥青因拌和温度过高的老化速度，延长了沥青路面的使用寿命。

温拌沥青混合料路面施工目前没有行业的统一规范，各地都在积极探索相应的施工技术。温拌沥青混合料路面的施工工艺流程、质量控制要点与热拌沥青混合料路面基本相同，施工质量检查与验收完全遵循热拌热铺沥青混合料的质量标准。

温拌沥青混合料路面施工关键技术的主要区别在于温拌沥青混合料生产过程中温拌沥青混合料添加剂（简称"温拌剂"）的添加及施工过程中施工温度的控制。

多年来，经过国内外学者的大量研究，相继出现了多种温拌技术，应用最为广泛的是有机添加剂温拌技术、沸石温拌技术、乳化沥青温拌技术和表面活性温拌技术。每种温拌技术的原理不同，效果也不尽相同，但其本质都是降低沥青在施工过程中的高温黏度，进而实现在较低温度下沥青混合料的拌和与压实。

1. 有机添加剂温拌技术

沥青中加入的有机降黏剂与沥青有较好的相容性，能够降低沥青的施工温度，不影响或改变沥青混合料的使用性能。目前，世界范围内最具代表性的有机添加剂为固体石蜡（Sasobit）。它是德国沙索蜡（Sasol Wax）公司于 1997 年开发的一种新型聚烯烃类沥青普适改性剂，主要成分为正烷烃和异烷烃，其碳原子个数为 37～115，熔点在 100 ℃左右，外观为白色或淡黄色的小颗粒。

当热沥青中加入固体石蜡温拌剂时，固体石蜡分子会进入沥青质－胶质片状分子之间，形成新的聚集体。此时沥青中的分子结构由较高层次转化为较低层次，释放出胶团结构中所裹覆的饱和成分，引起胶团体系的分散度增加，降低沥青的黏度。同时在形成 H 键的过程中，—CH 烷基长链舒展地露在芳香片的外侧，形成降黏剂溶剂化层，使沥青质聚集体外围形成一个非极性的环境，阻碍了沥青质或胶质芳香片的重新聚集，起到了屏蔽作用，减小了聚集体的尺寸，有利于降低黏度。

2. 沸石温拌技术

沸石是网状的硅酸盐组合，其结构中有巨大的相互连通的空间。这些空间形成了各种尺寸较长、较宽的通道，可以容纳较大的阳离子以及相对较大的分子，使离子和分子更容易地进出沸石结构，便于水汽挥发。目前，沸石降黏技术的代表就是德国万喜路桥（Eurovia）公司开发的沥青－矿物技术。该技术采用的是一种极细的白色粉末状的人工合成沸石，实为含结晶水占 21% 左右的硅铝酸钠。将沸石加入热集料中，同时喷入沥青，沸石挥发出的水蒸气使沥青体积膨胀形成泡沫沥青，可以使沥青与集料在较低的温度下拌和均匀。

3. 乳化沥青温拌技术

乳化沥青温拌技术是用一种特殊的高浓度乳化沥青温拌剂替代普通热沥青进行混合料拌和的技术。这种高浓度乳化沥青温拌剂采用了化学外加剂和沥青分散技术，当它与热集料拌和时，乳液中的水以蒸汽形式释放出来，降低了拌和与压实时沥青的黏度，并使其形成与热拌沥青混合料相当的裹附性能。

4. 表面活性技术

表面活性剂的分子结构一般由极性部分（亲水部分）和非极性部分（亲油部分）组成。当把离子型表面活性剂水溶液加入沥青中搅拌均匀时，表面活性剂分子会在沥青微粒表面自由排列，亲油烃链端牢固地黏附在沥青微粒上，使沥青微粒表面带有一层电荷。亲水的离子基则与水接触，在沥青微粒表面形成一层水膜，降低了沥青微粒的表面张力，并且沥青微粒表面所带的电荷会使微粒与微粒之间产生静电排斥作用，此时沥青微粒会均匀地弥散在连续水相中，形成沥青微粒、表面活性剂和水的平衡状态。这种平衡状态阻碍了沥青微粒重新联结扩展成一片，降低了沥青的黏度，加上微量水的润滑和发泡作用，沥青与集料能在相对较低的温度下拌和。

在拌和与压实过程中，一方面由于水分逐渐蒸发，表面活性剂慢慢失去作用，沥青微粒发生逐点聚集；另一方面由于集料表面所带的电荷与沥青微粒表面的电荷发生中和，促使沥青与集料黏附。因此，当拌和和压实完毕时，沥青就会牢牢地裹附在集料表面。

表面活性技术的降黏机理相对较为简单，且添加剂本身的物理性能对胶结料和沥青混合料的性能影响较小，推广起来比较容易。

五、冷拌沥青混合料路面施工

1. 一般规定

①冷拌沥青混合料适用于三级及以下的公路沥青面层、二级公路罩面层，以及各级公路沥青路面的基层、联结层或整平层。冷拌改性沥青混合料可用于沥青路面的坑槽冷补。

②冷拌沥青混合料宜采用乳化沥青或液体沥青拌制，也可采用改性乳化沥青，各种结合料类型及规格应符合要求。

③冷拌沥青混合料宜采用密级配沥青混合料。当采用半开级配的冷拌沥青碎石混合料路面时，应铺筑上封层。

2. 冷拌沥青混合料配合比设计

①冷拌沥青混合料可参照相应的矿料级配使用，并根据已有的成功经验经试拌确定设计级配范围和施工配合比。

②乳化沥青碎石混合料的乳液用量应根据当地实践经验以及交通量、气候、集料情况、沥青标号、施工机械等条件确定，也可按热拌沥青混合料的沥青用量折算。实际的沥青残留物数量可较同规格热拌沥青混合料的沥青用量减少10%～20%。

3. 冷拌沥青混合料路面施工

①冷拌沥青混合料宜采用拌和厂机械拌和及沥青摊铺机摊铺的方式。缺乏厂拌条件时，也可采用现场路拌及人工摊铺方式。冷拌沥青混合料施工应注意防止混合料离析。

②当采用阳离子乳化沥青拌和时，宜先用水使集料湿润。若湿润后仍难以与乳液拌和均匀时，应改用破乳速度更慢的乳液，或用 1% ～ 3% 浓度的氯化钙水溶液代替水润湿集料表面。

③混合料适宜的拌和时间应根据实际情况调节并通过试拌确定。矿料中加进乳液后的机械拌和时间不宜超过 30 s，人工拌和时间不宜超过 60 s。

④已拌好的混合料应立即运至现场进行摊铺，并在乳液破乳前结束。在拌和与摊铺过程中已破乳的混合料，应予废弃。

⑤乳化沥青冷拌混合料铺后宜采用 6 t 左右的轻型压路机初压 1 ～ 2 遍，使混合料初步稳定，再用轮胎压路机或钢筒式压路机碾压 1 ～ 2 遍。当乳化沥青开始破乳、混合料由褐色转变成黑色时，改用 12 ～ 15 t 轮胎压路机碾压，将水分挤出，复压 2 ～ 3 遍后停止，待晾晒一段时间，水分基本蒸发后继续复压至密实为止。当压实过程中有推移现象时应停止碾压，待稳定后再碾压。当天不能完全压实时，可在较高气温状态下补充碾压。当缺乏轮胎压路机时，也可采用钢筒式压路机或较轻的振动压路机碾压。

⑥乳化沥青混合料路面的上封层应在压实成型、路面水分完全蒸发后加铺。

⑦乳化沥青混合料路面施工结束后宜封闭交通 2 ～ 6 h，并注意做好早期养护。开放交通初期，应设专人指挥，车速不得超过 20 km/h，不得刹车或掉头。

⑧冷拌沥青混合料施工遇雨应立即停止铺筑，以防雨水将乳液冲走。

六、冷补沥青混合料施工

1. 一般规定

①用于修补沥青路面坑槽的冷补沥青混合料宜采用适宜的改性沥青结合料制造，并具有良好的耐水性。

②冷补沥青混合料的矿料级配宜参照要求执行。沥青用量应通过试验并根据实际使用效果确定，通常宜为 4% ～ 6%。其级配应符合补坑的需要，粗集料级配必须具有充分的嵌挤能力，以便在未经充分碾压的条件下可开放通车碾压而不松散。

2. 冷补沥青混合料质量要求

冷补沥青混合料的质量应符合下列要求：

①制造冷补沥青混合料的集料必须符合热拌沥青混合料集料的质量要求。

②有良好的低温操作和易性。用于冬季寒冷季节补坑的混合料，应在松散状态下经 –10 ℃ 的冰箱保持 24 h 无明显的凝聚结块现象，且能便于铁铲拌和。

③有良好的耐水性。混合料按水煮法或水浸法检验的抗水剥落性能（裹覆面积）不得小于 95%。

④冷补沥青混合料应有足够的黏聚性，马歇尔试验稳定度宜不小于 3 kN。

七、透层、黏层及封层施工

（一）透层施工技术

1. 基本要求

①沥青路面各类基层都必须喷洒透层油，沥青层必须在透层油完全渗透基层后方可铺筑。基层上设置下封层时，透层油不宜省略。气温低于 10 ℃或大风天气，即将降雨时不得喷洒透层油。

②根据基层类型选择渗透性好的液体沥青、乳化沥青、煤沥青作透层油，喷洒后通过钻孔或挖掘确认透层油渗透入基层的深度宜在 5 mm（无机结合料稳定集料基层）～ 10 mm（无结合料基层），并能与基层联结成一体。透层油的质量应符合现行行业标准《公路沥青路面施工技术规范》（JTG F40—2004）的要求。

③透层油的黏度一般通过调节稀释剂用量或乳化沥青浓度得到适宜的黏度，基质沥青的针入度通常宜不小于 100。透层用乳化沥青的蒸发残留物含量允许根据渗透情况适当调整。当使用成品乳化沥青时，可通过稀释得到要求的黏度。透层用液体沥青的黏度通过调节煤油或轻柴油等稀释剂的品种和掺量经试验确定。

2. 施工技术要求

①在无结合料粒料基层上洒布透层油时，宜在铺筑沥青层前 1 ～ 2 d 洒布。

②用于半刚性基层的透层油宜紧接在基层碾压成型后表面稍变干燥，但尚未硬化的情况下喷洒。

③喷洒透层油前应清扫路面，遮挡防护路缘石及人工构造物避免污染，透层油必须洒布均匀。有花白遗漏应人工补洒，喷洒过量的立即撒布石屑或砂吸油，必要时做适当碾压。透层油洒布后不得在表面形成能被运料车和摊铺机黏起的油皮。透层油达不到渗透深度要求时，应更换透层油稠度或品种。

④透层油洒布后应不致流淌，应渗入基层一定深度，不得在表面形成油膜。

⑤透层油洒布后的养生时间应根据透层油的品种和气候条件以及试验确定，确保液体沥青中的稀释剂全部挥发，乳化沥青渗透且水分蒸发，然后尽早铺筑沥青面层，防止工程车辆损坏透层。

⑥喷洒透层油后一定要严格禁止人和车辆通行。

⑦透层油洒布后应待充分渗透，一般不少于 24 h 后才能摊铺上层，但也不能在透层油喷洒后很久不做上层施工，应尽早施工。摊铺沥青前，应将局部尚有多余的未渗入基层的沥青清除。

⑧对无机结合料稳定的半刚性基层喷洒透层油后，如果不能及时铺筑面层，并还需开放交通，应铺撒适量的石屑或粗砂，此时宜将透层油增加 10% 的用量。用 6～8 t 钢筒式压路机稳压一遍，并控制车速。摊铺上层时如发现局部沥青剥落，应予修补，还需清扫浮动屑或砂。

（二）黏层施工技术

1. 基本要求

①符合下列情况之一时，必须喷洒黏层油：

a.双层式或三层式热拌热铺沥青混合料路面的沥青层之间。

b.水泥混凝土路面、沥青稳定碎石基层或旧沥青路面层上加铺沥青层。

c.路缘石、雨水口、检查井等构造物与新铺沥青混合料接触面的侧面。

②黏层油宜采用快裂或中裂乳化沥青、改性乳化沥青，也可采用快、中凝液体石油沥青，其规格和质量应符合现行行业标准《公路沥青路面施工技术规范》（JTG F40—2004）的要求，所使用的基质沥青标号宜与主层沥青混合料相同。

③黏层油的品种和用量应根据下卧层的类型通过试洒确定，并符合要求。当黏层油上铺筑薄层大空隙排水路面时，黏层油的用量宜为 0.6～1.0 L/m^2。在沥青层之间兼作封层而喷洒的黏层油宜采用改性沥青或改性乳化沥青，其用量不宜少于 1.0 L/m^2。

2. 施工技术要求

①黏层油宜采用沥青洒布车喷洒，并选择适宜的喷嘴，洒布速度和喷洒量保持稳定。当采用机动或手摇的手工沥青洒布机喷洒时，必须由熟练的技术工人操作，均匀洒布。气温低于 10 ℃时不得喷洒黏层油，寒冷季节施工不得不喷洒时可以分成两次喷洒。路面潮湿时不得喷洒黏层油，用水洗刷后需要待表面干燥后喷洒。

②喷洒的黏层油必须呈均匀雾状，在路面全宽度内均匀分布成一薄层，不得有洒花漏空或呈条状，也不得有堆积。喷洒不足的要补洒，喷洒过量处应予刮除。喷洒黏层油后，严禁运料车外的其他车辆和行人通过。

③黏层油宜当天洒布，待乳化沥青破乳、水分蒸发完成，或稀释沥青中的稀释剂基本挥发完成后，紧跟着铺筑沥青层，确保黏层不受污染。

（三）封层的施工技术

1. 基本要求

封层宜选择在干燥和较热的季节施工，并在最高温度低于 15 ℃到来前半个月及雨季前结束。

2. 施工技术要求

①被磨损的旧路面上铺筑稀浆封层时，施工前应先修补坑槽、整平路面。

②封层施工时，其下承层应干燥。

③使用层铺法沥青表面处治铺筑上封层时，施工方法按层铺法表面处治工艺施工。

④使用层铺法沥青表面处治铺筑下封层时，施工工艺同上封层。矿料用量应根据矿料尺寸、形状、种类等情况确定，宜为 $5 \sim 8 \ m^3/1000 \ m^2$。

⑤采用集中拌和法施工上、下封层时，应按照热拌沥青混合料路面施工工艺进行。

⑥稀浆封层施工应使用稀浆封层铺筑机，其工作速度宜匀速铺筑，应达到厚度均匀、表面平整的要求。

⑦封层铺筑后，必须待乳液破乳、水分蒸发、干燥成型后方可开放交通。

第四节　水泥混凝土路面施工技术

水泥混凝土路面包括普通混凝土（素混凝土）路面、钢筋混凝土路面、连续配筋混凝土路面、预应力混凝土路面、装配式混凝土路面、钢纤维混凝土路面和混凝土小块铺砌路面等。目前所谓普通混凝土路面，是指除接缝区和局部范围（边缘和角隅）外不配置钢筋的混凝土路面。

水泥混凝土路面适用于高速公路、一级公路、二级公路、三级公路、四级公路。

相对于沥青混合料路面而言，水泥混凝土路面的优点是使用寿命长，强度高，稳定性好，耐久性好，养护费用少、经济效益高，有利于夜间行车，有利于带动当地建材业的发展。

相对于沥青混合料路面而言，水泥混凝土路面的缺点是对水泥和水的需要量大，有接缝，开放交通较迟，修复困难。

一、水泥混凝土路面用料要求

（一）水泥

①极重、特重、重交通荷载等级公路面层水泥混凝土应采用旋窑生产的道路硅酸盐水泥、硅酸盐水泥、普通硅酸盐水泥，中、轻交通荷载等级公路面层水泥混凝土可采用矿渣硅酸盐水泥。高温期施工宜采用普通水泥，低温期施工宜采用早强水泥。

②面层水泥混凝土所用水泥各龄期的实测抗折强度、抗压强度应符合规定。水泥进场时，每批量应附有化学成分、物理力学指标合格的检验证明，并通过混凝土配合比试验，根据其配制弯拉强度、耐久性和工作性优选适宜的水泥品种、强度等级。

③用机械化铺筑时，宜选用散装水泥。对于散装水泥的夏季出厂温度，南方不宜高于 65 ℃，北方不宜高于 55 ℃。对于混凝土搅拌时的水泥温度，南方不宜高于 60 ℃，北方不宜高于 50 ℃，且不宜低于 10 ℃。

当将贫混凝土和碾压混凝土用作基层时，可使用各种硅酸盐类水泥。不掺入粉煤灰时，宜使用 32.5 级以下水泥。掺入粉煤灰时，只能使用道路水泥、硅酸盐水泥、普通水泥。水泥的抗压强度、抗折强度、安定性和凝结时间必须检验合格。

（二）掺合料

①面层水泥混凝土可单独或复配掺用符合规定的粉状低钙粉煤灰、矿渣粉或硅灰等掺合料，不得掺用结块或潮湿的粉煤灰、矿渣粉和硅灰。粉煤灰质量不应低于 Ⅱ 级粉煤灰的要求。不得掺用高钙粉煤灰或 Ⅲ 级及以下低钙粉煤灰。粉煤灰宜用散装，进货应有等级检验报告。

②应确切了解所用水泥中已经加入的掺合料种类和数量，掺加于面层水泥混凝土中的矿渣粉、硅灰，其质量应符合规定。使用矿渣硅酸盐水泥时不得再掺加矿渣粉。高温期施工时，不宜掺用硅灰。

③各种掺合料在使用前，应进行混凝土配合比试配检验与掺量优化试验，确认面层水泥混凝土弯拉强度、工作性、抗磨性、抗冰冻性、抗盐冻性等指标满足设计要求。

（三）粗集料与再生粗集料

①粗集料应使用质地坚硬、耐久、干净的碎石、碎卵石或卵石，并应符合规定。

极重、特重、重交通荷载等级公路面层混凝土用的粗集料质量应不低于 II 级的要求，中、轻交通荷载等级公路面层混凝土可使用 III 级粗集料。

②硫化物及硫酸盐含量、碱活性反应、岩石抗压强度在粗集料使用前应至少检验一次。

③洛杉矶磨耗损失、磨光值仅在要求制作露石水泥混凝土面层时检测。

④用作路面和桥面混凝土的粗集料不得使用不分级的集料，应按最大公称粒径的不同采用 2～4 个粒级的集料进行掺配，并应符合合成级配的要求。卵石最大公称粒径不宜大于 19.0 mm，碎卵石最大公称粒径不宜大于 26.5 mm，碎石最大公称粒径不应大于 31.5 mm。贫混凝土基层粗集料最大公称粒径不应大于 31.5 mm，钢纤维混凝土与碾压混凝土粗集料最大公称粒径不宜大于 19.0 mm，碎卵石或碎石中粒径小于 75 μm 的石粉含量不宜大于 1%。

（四）细集料

①细集料应采用质地坚硬、耐久、洁净的天然砂或机制砂，不宜使用再生细集料。使用天然砂或机制砂时，应符合各自对应的质量标准。极重、特重、重交通荷载等级公路面层混凝土用的细集料质量应不低于 II 级要求，中、轻交通荷载等级公路面层混凝土可使用 III 级细集料。机制砂宜采用碎石为原料，并用专用设备生产，对机制砂母岩的抗压强度应满足相应的技术要求。

②细集料的级配要求应符合规范规定，路面和桥面用天然砂宜为中砂，也可使用细度模数为 2.0～3.5 的砂。同一配合比用砂的细度模数变化范围不应超过 0.3，否则，应分别堆放，并调整配合比中的砂率后使用。

（五）水

饮用水可直接作为混凝土搅拌和养护用水。非饮用水应进行水质检验，并符合现行行业标准《公路水泥混凝土路面施工技术细则》（JTG/T F30—2014）的规定，还应与蒸馏水进行水泥凝结时间与水泥胶砂强度的对比试验。对比试验的水泥初凝与终凝时间，其允许偏差不应大于 30 min，水泥胶砂 3 d 和 28 d 强度不应低于蒸馏水配制的水泥胶砂 3 d 和 28 d 强度的 90%。养护用水可不检验，但也应符合相关要求。

（六）外加剂

①外加剂主要有普通减水剂、高效减水剂、早强减水剂、缓凝高效减水剂、缓凝减水剂、引气减水剂、引气高效减水剂、引气缓凝高效减水剂、早强高效减

水剂、引气早强高效减水剂、早强剂、缓凝剂、引气剂、阻锈剂等。其产品质量应符合相应技术指标。供应商应提供有相应资质外加剂检测机构出示的品质检测报告，检验报告应说明外加剂的主要化学成分，认定对人员无毒副作用。

②引气剂应选用表面张力降低值大、水泥稀浆中起泡容量多、不溶残渣少的产品。有抗冰（盘）冻要求地区，各交通等级路面、桥面、路缘石、路肩及贫混凝土基层必须使用引气剂；无抗冰（盐）冻要求地区，二级及以上公路路面混凝土中应使用引气剂。

③各交通等级路面、桥面混凝土宜选用减水率大、坍落度损失小、可调控凝结时间的复合型减水剂。高温施工宜使用引气缓凝（保塑）（高效）减水剂，低温施工宜使用引气早强（高效）减水剂。选定减水剂品种前，必须与所用的水泥进行适应性检验。

④处在海水、海风、硫酸根离子环境的或冬季撒盐除冰的路面或桥面钢筋混凝土、钢纤维混凝土中宜掺阻锈剂。

（七）钢筋

①各交通等级混凝土路面、桥面和搭板所用钢筋网、传力杆、拉杆等钢筋应符合国家有关标准的技术要求。

②各交通等级混凝土路面、桥面和搭板所用钢筋应顺直，不得有裂纹、断伤、刻痕、表面油污和锈蚀。传力杆钢筋加工应锯断，不得挤压切断；断口应垂直、光圆，用砂轮打磨掉毛刺，并加工成圆锥形或半径为 2～3 mm 圆倒角。

（八）纤维

①用于公路混凝土路面和桥面的钢纤维除应满足现行行业标准《混凝土用钢纤维》（GB/T 39147—2020）的规定外，还应符合下列技术要求：

a. 单丝钢纤维抗拉强度不宜小于 600 MPa。

b. 钢纤维长度应与混凝土粗集料最大公称粒径相匹配，最短长度宜大于粗集料最大公称粒径的 1/3，最大长度不宜大于粗集料最大公称粒径的 2 倍，钢纤维长度与标称值的偏差不应超过 ±10%。

②路面和桥面混凝土中，宜使用防锈蚀处理的钢纤维；宜使用有锚固端的钢纤维，不得使用表面磨损前后裸露尖端导致行车不安全的钢纤维，不宜使用搅拌易成团的钢纤维。

（九）接缝材料

①应选用能适应混凝土面板膨胀和收缩、施工时不变形、弹性复原率高、耐久性好的胀缝板。高速公路、一级公路宜采用塑胶、橡胶泡沫板或沥青纤维板，其他公路可采用各种胀缝板。

②填缝材料应具有与混凝土板壁黏结牢固、回弹性好、不溶于水、不渗水、高温时不挤出、不流淌、抗嵌入能力强、耐老化龟裂，负温拉伸量大，低温时不脆裂、耐久性好等性能。填缝料有常温施工式和加热施工式两种，其技术指标应分别符合相关技术要求。常温施工式填缝料主要有聚（氨）酯、硅树脂类及氯丁橡胶泥类、沥青橡胶类等。加热施工式填缝料主要有沥青玛蹄脂类、聚氯乙烯胶泥类、改性沥青类等。高速公路、一级公路应优先选用树脂类、橡胶类或改性沥青类填缝材料，并宜在填缝料中加入耐老化剂。

③填缝时，应使用背衬垫条控制填缝形状系数。背衬垫条应具有良好的弹性、柔韧性、不吸水、耐酸碱腐蚀和高温不软化等性能。背衬垫条材料有聚氨酯、橡胶或微孔泡沫塑料等，其形状应为圆柱形，直径应比接缝宽度大 2～5 mm。

（十）其他材料

①当使用油毡、玻纤网和土工织物做防裂层及修补基层裂缝时，油毡、玻纤网和土工织物的物理力学性能及技术性能应符合相关技术规范规定。

②传力杆套（管）帽、沥青及塑料薄膜应符合下列要求：

a. 用于滑模摊铺传力杆自动插入装置（DBI）的传力杆塑料套管，其管壁厚度不应小于 0.5 mm，套管与传力杆应密切贴合。套管长度应比传力杆一半长度长 30 mm。

b. 用于胀缝传力杆端部的套帽宜采用镀锌管或塑料管，厚度不应小于 2.0 mm；要求端部密封不透水，内径宜较传力杆直径大 1.0～1.5 mm，塑料套帽长度宜为 100 mm 左右，镀锌套帽长度宜为 50 mm 左右，顶部空隙长度均不应小于 25 mm。

c. 用于滑动封层的石油沥青、改性沥青和乳化沥青，应符合相关技术规范的规定。

d. 用于滑动封层的软聚氯乙烯吹塑或压延塑料薄膜厚度不应小于 0.12 mm，拉伸强度不应小于 12.0 MPa，直角撕裂强度不应小于 400 N/mm。用于混凝土路顶养护塑塑料薄膜可为聚氯乙烯、聚乙烯、聚丙烯等品种，厚度不宜小于 0.05 mm。

③水泥混凝土面层用养护剂应采用由石蜡、适宜高分子聚合物与适量稳定剂、增白剂经胶体磨制成的水乳液，不得采用以水玻璃为主要成分的养护剂。养护剂宜为白色胶体乳液，不宜为无色透明乳液。使用养护剂时，高速公路、一级公路水泥混凝土面层应使用满足一级品要求的养护剂，其他等级公路可使用满足合格品要求的养护剂。

④水泥混凝土面层用节水保湿养护膜应由高分子吸水保水树脂和不透水塑料面膜制成。

⑤高温期施工时，宜选用白色反光面膜的节水保湿养护膜；低温期施工时，宜选用黑色或蓝色吸热面膜的产品。

二、施工方法的选择

目前，通常采用的水泥混凝土面层铺筑技术方法有现浇水泥混凝土路面施工和装配式水泥混凝土路面施工两类。现浇水泥混凝土路面是目前公路水泥混凝土路面最常见的一种，以小型机械设备施工法和滑模摊铺机施工法为主。装配式水泥混凝土路面是近年来发展起来的一种新型水泥混凝土路面结构，是根据路面纵横缝的布置情况提前将路面板在工厂批量生产，然后运输至现场安装。此法目前正处于试验探索及小范围应用阶段，其大面积推广使用还有待验证。

（一）现浇水泥混凝土路面施工方法

1. 小型机械设备施工

小型机械设备施工是一种传统水泥混凝土路面施工方式，其主要采用立模板、人工及小型设备铺筑及振捣混凝土、人工抹面及养护等方式进行水泥混凝土路面施工。该施工技术简单成熟，施工便捷，不需要大型设备，主要靠人工，机械化程度适中，设备投入少，技术容易掌握，应用范围较广。小型机械设备施工根据施工过程中，混凝土在施工范围内的铺筑方式又分为小型机具施工、三辊轴机械施工及碾压混凝土施工等。

2. 滑模摊铺机施工

滑模摊铺工艺是一种采用滑模摊铺机铺筑水泥混凝土面层的施工工艺。其特点是不架设边缘固定模板，布料、摊铺、振捣密实、挤压成型、抹面装饰等施工流程在摊铺机行进过程中连续完成。经过多年推广应用，滑模摊铺技术已经成为我国在公路水泥混凝土路面施工中广泛采用的一种成熟技术。

（二）装配式水泥混凝土路面施工方法

装配式水泥混凝土路面（PCP）即先在工厂中把混凝土预制成板块，然后运至工地现场装配而成的路面。这种路面的优点是混凝土板可以全年生产，不受气候影响，混凝土质量容易保证；施工进度快，铺筑完毕即可通车；损坏后易于拆换修理。因此，它较适用于城市道路、厂矿道路、大型基建场地、停车站场和软弱路基。装配式水泥混凝土路面的缺点是接缝多，整体性差，容易引起行车颠簸跳动，因而在公路上一般不宜采用。

为了便于吊装及搬运，装配式混凝土板一般做成 1～2 m 的正方形或矩形，也可做成边长为 1.2 m 的六角形。板厚一般为 0.12～0.18 m。近年来，有些国家还采用宽 3.5 m、长 3～6 m 的矩形板，但需有相应的运输和吊装机具配合。六角形板的强度和稳定性较好。为承受车轮荷载应力和吊装应力，装配式混凝土板可在边缘和角隅配置钢筋，有时亦可设全面网状钢筋。为提高板的质量，可采用预应力、真空作业、机械振捣或蒸汽养生等技术制作混凝土板。为加速板的硬结，在冬季可采用电热法或在铸模内安装管线，内通蒸汽或热水。有些国家还利用先张法或电热法施加预应力，做成装配式预应力混凝土板。

三、现浇水泥混凝土路面施工

现浇水泥混凝土路面施工工艺流程主要有现场清理→测量放线、垫高抄水平→制作模板及安装雨水、污水管网和井篦子→混凝土搅拌、运输→铺筑混凝土→接缝施工→混凝土振捣、整平→混凝土抹面、压实→切缝、清缝、灌缝→养护。

（一）模板及其架设与拆除

①施工模板应采用刚度足够的槽钢、轨模或钢制边侧模板，不应使用木模板、塑料模板等易变形模板。

②支模前，在基层上应进行模板安装及摊铺位置的测量放样，核对路面标高、面板分块、胀缝和构造物位置。

③纵横曲线路段应采用短模板，每块横板中点应安装在曲线切点上。

④模板安装应稳固、平顺、无扭曲，应能承受摊铺、振实、整平设备的负载行进，冲击和振动时不发生位移。

⑤模板与混凝土拌和物接触表面应涂脱模剂。

⑥模板拆除在混凝土抗压强度不小于 8.0 MPa 时方可进行。

（二）混凝土拌和物搅拌

①搅拌楼的配备，应优先选配间歇式搅拌楼，也可使用连续搅拌楼。

②每台搅拌楼投入使用前，必须进行标定和试拌。在标定有效期满或搅拌楼搬迁安装后，均应重新标定。施工中应每 15 d 校验一次搅拌楼计量精确度。搅拌楼配料计量偏差不得超过规定。不满足时，应分析原因，排除故障，确保拌和计量精确度。采用计算机自动控制系统的搅拌楼时，应使用自动配料生产，并按需要打印每天（周、旬、月）对应路面摊铺桩号的混凝土配料统计数据及偏差。

③应根据拌和物的黏聚性、均质性及强度稳定性试拌，从而确定最佳拌和时间。

④外加剂应以稀释溶液加入，其稀释用水和原液中的水量应从拌和加水量中扣除。

⑤拌和引气混凝土时，搅拌楼一次拌和量不应大于其额定搅拌量的 90%。纯拌和时间应控制在含气量最大或较大时。

（三）混凝土拌和物运输

①应根据施工进度、运量、运距及路况，选配车型和车辆总数。总运力应比总拌和能力略有富余，确保新拌混凝土在规定时间内运到摊铺现场。

②运输到现场的拌和物必须具有适宜摊铺的工作性。不同摊铺工艺的混凝土拌和物从搅拌机出料到运输、铺筑完毕的允许最长时间应符合时间控制的规定。不满足时，应通过试验加大缓凝剂或保塑剂剂量。

③运输过程中应防止混凝土漏浆、漏料和污染路面，途中不得随意耽搁。自卸车运输时应减小颠簸，防止拌和物离析。车辆起步和停车应平稳。

（四）混凝土的现场铺筑

1. 小型机具铺筑

（1）施工机具配置

小型机具施工是以人工为主，配以常用混凝土振捣及收面工具，主要以插入式振捣棒、平板振动器、提浆滚杠及抹面工具为主。

（2）混凝土浇筑

①施工前按照设计及规范要求安装模板。

②混凝土浇筑过程中应沿横断面连续振捣密实，并应注意路面板底、内部和

边角处不得欠振或漏振。振捣棒在每一处的持续时间应以拌和物全面振动液化、表面不再冒气浆为限，不宜过振，也不宜少于 30 s。振捣棒移动间距不宜大于 500 mm，至模板边缘的距离不宜大于 200 mm。应避免碰撞模板、钢筋、传力杆和拉杆。

③在振捣棒已完成振实的部位，可开始用振动板纵横交错 2 遍，全面提浆振实，每车道路面应配备 1 块振动板。

④振动板移位时，应重叠 100 ~ 200 mm。振动板在一个位置的持续时间应不少于 15 s。振动板须由两人提位振捣和移位。

⑤对于缺料的部位，应辅以人工补料找平。

⑥采用振动梁振实，每车道路面宜使用 1 根振动梁。振动梁应垂直路面中线沿纵向拖行，往返 2 ~ 3 遍，使表面泛浆均匀平整。

（3）整平饰面

①每车道路面应配备 2 根滚杠，每个作业面应配备 2 根滚杠。振动梁振实后，应拖动滚杠往返 2 遍提浆整平。

②拖滚后的表面宜采用 3 m 刮尺，纵横各 1 遍整平饰面，或采用叶片式或圆盘式抹面机往返 2 ~ 3 遍压实整平饰面。

③抹面机完成作业后，应进行清边整缝，清除黏浆，修补缺边、掉角。整平饰面后的面板表面应无抹面印痕，致密均匀，无露骨，平整度应达到规定要求。

④小型机具施工三、四级公路混凝土路面时，应优先在拌和物中掺外加剂。无掺外加剂条件时，应使用真空脱水工艺。该工艺适用于面板厚度不大于 240 mm 的混凝土面板施工。使用真空脱水工艺时，混凝土拌和物的最大单位用水量可比不采用外加剂时增大 3 ~ 12 kg/m³；拌和物适宜坍落度：高温天气为 30 ~ 50 mm，低温天气为 20 ~ 30 mm。

2. 三辊轴机械铺筑

三辊轴施工与小型机具施工工艺类似，不同之处在于配备了施工效率更高的一体化设备三辊轴机组。

3. 滑模摊铺机铺筑

滑模摊铺工艺宜用于高速公路、一级公路、二级公路普通水泥混凝土面层、配筋混凝土面层、纤维混凝土面层、钢筋混凝土桥面、隧道混凝土面层、混凝土路缘石、路肩石及护栏等的滑模施工。上坡纵坡大于 5%、下坡纵坡大于 6%、平面半径小于 50 m 或超高横坡超过 7% 的路段，不宜采用滑模摊铺机进行铺筑。

采用滑模摊铺机在基层上行走的铺筑方案时，基层侧边缘到滑模摊铺面层边缘的宽度不宜小于 650 mm。

①铺筑前的准备工作如下：

a. 摊铺段夹层或封层质量应检验合格，对于破损或缺失部位，应及时修复。表面应扫干净并洒水润湿，并采取防止施工设备和机械碾坏封层的措施。

b. 应检查并平整滑模摊铺机的履带行走区。行走区应坚实，不得存在湿陷等病害。应清除砖、瓦、石块、废弃混凝土块等杂物。

c. 摊铺前应检查并调试施工设备。滑模摊铺机首次作业前，应挂线对铺筑位置、几何参数和机架水平度进行设置、调整和校准，满足要求后方可用于摊铺作业。

d. 滑模摊铺面层前，应准确架设基准线。基准线架设与保护应符合下列规定：

滑模摊铺高速公路、一级公路时，应采用单向坡双线基准线；横向连接摊铺时，连接一侧可依托已铺成的路面，另一侧设置单线基准线。

滑模整体铺筑二级公路的双向坡路面时，应设置双线基准线，滑模摊铺机底板应设置为路拱形状。

基准线桩纵向间距直线段不宜大于 10 m，桥面铺装、隧道路面及竖曲线和平曲线路段宜为 5 ~ 10 m，大纵坡与急弯道可加密布置。基准线桩最小距离不宜小于 2.5 m。

基层顶面到夹线臂的高度宜为 450 ~ 750 mm。基准线桩夹线臂夹口到桩的水平距离宜为 300 mm。基准线桩应固定牢固。

单根基准线的最大长度不宜大于 450 m。架设长度不宜大于 300 m。

基准线宜使用钢绞线。采用直径为 2.0 cm 的钢绞线时，张线拉力不宜小于 1 000 N；采用直径为 3.0 cm 的钢绞线时，不宜小于 2 000 N。

基准线设置后，应避免扰动、碰撞和振动。多风季节施工，宜缩小基准线桩间距。

e. 当面层传力杆、胀缝钢筋采用前置支架法施工时，应在表面先准确安装和固定支架，保证传力杆中部对中缩缝切割位置，且不会因布料、摊铺而导致推移。支架可采用与锚固入基层的钢筋焊接等方法固定。

②混凝土布料要求如下：

a. 滑模摊铺机前布料，应采用机械完成。滑模铺筑无传力杆水泥混凝土路面时，布料可使用轻型挖掘机或推土机；滑模铺筑连续配筋混凝土路面、钢筋混凝土路面、桥面和桥头搭板，路面中设传力杆钢筋支架、胀缝钢筋支架时，布料应采用侧向上料的布料机或供料机；当面层传力杆、胀缝与隔离缝钢筋采用前置支架法施工时，不得在支架顶面直接卸料。传力杆以下的混凝土宜在摊铺前采用手持振捣棒振实。

b.布料高度应均匀一致，不得采用翻斗车直接卸料的方式，卸料、布料速度与摊铺速度协调一致，不得局部或全断面缺料。发生缺料时应立即停止摊铺。

c.采用布料机布料时，布料机和滑模摊铺机之间的施工距离宜为 5 ～ 10 m；现场蒸发率较大时，宜采用较小值。

d.坍落度为 10 ～ 30 mm 时，布料松铺系数宜为 1.08 ～ 1.15。

e.应保证滑模摊铺机前的料位高度位于螺旋布料器叶片最高点以下，最高料位高度不得高于松方控制板上缘。使用布料犁布料时，应按松方高度严格控制料位高度。

③滑模摊铺机的施工参数设定及校准应符合下列规定：

a.振捣棒应均匀排列，间距宜为 300 ～ 450 mm；混凝土摊铺厚度较大时，应采用较小间距。两侧最边缘振捣棒与摊铺边缘距离不宜大于 200 m。振捣棒下缘位置应位于挤压底板最低点以上。

b.挤压底板的前倾角宜设置为 3°，提浆夯板位置宜在挤压底板前缘以下 5 ～ 10 mm。

c.边缘超铺高度应根据拌和物稠度确定，宜为 3 ～ 8 mm；板厚较厚、坍落度较小时，边缘超铺高度宜采用较小值。

d.搓平梁前沿宜调整到与挤压底板后沿高程相同的位置；搓平梁的后沿应比挤压底板后沿低 1 ～ 2 mm，并与路面高程相同。

e.符合铺筑精度要求的摊铺机设置应加以固定和保护。当基底高程等摊铺条件发生变化，铺筑精度超出范围时，可由操作手在行进中通过缓慢微调加以调整。

④滑模摊铺机铺筑作业：

a.滑模摊铺机起步时，应先开启振捣棒，在 2 ～ 3 min 内调整振捣到适宜振捣频率（振捣频率应根据板厚、摊铺速度和混凝土工作性确定，以保证拌和物不发生过振、欠振或漏振。振捣频率可在 100 ～ 183 Hz 间调整，宜为 150 Hz），使进入挤压底板前缘拌和物振捣密实，无大气泡冒出破灭，方可开动滑模机平稳推进摊铺。当摊铺施工结束，摊铺机脱离拌和物后，应立即关闭振捣棒组。

b.滑模摊铺应缓慢、匀速、连续不间断地作业。滑模摊铺速度应根据板厚、混凝土工作性、布料能力、振捣排气效果等确定，可在 0.75 ～ 2.5 m/min 范围内选择，宜采用 1 m/min。滑模摊铺水泥混凝土面层时，严禁快速推进、随意停机与间歇摊铺。

c.摊铺过程中可根据拌和物的稠度大小，采取调整摊铺的振捣频率或速度等措施，保证摊铺质量稳定。当拌和物稠度发生变化时，宜先采取调整振捣频率的措施，后采取改变摊铺速度的措施。

d.摊铺中应经常检查振捣棒的工作情况和位置。面层出现条带状麻面现象时，应停机检查振捣棒是否损坏；振捣棒损坏时，应更换振捣棒。摊铺面层上出现发亮的砂浆条带时，应检查振捣棒位置是否异常；振捣棒位置异常时，应将振捣棒调整到正常位置。

⑤抹面。滑模摊铺过程中应采用自动抹平板装置进行抹面。对少量局部麻面和明显缺料部位，应在挤压板后或搓平梁前补充适量拌和物，由搓平梁或抹平板机械修整。滑模摊铺的混凝土面板在下列情况下可用人工进行局部修整：

a.用人工操作抹面抄平器，精整修补摊铺后表面的小缺陷，但不得在整个表面加薄层修补路面高程。

b.纵缝边缘出现的倒边、塌边、溜肩现象，应设置侧模或在上部支方形金属管进行边缘补料修整。

c.起步和纵向施工接头处，应采用水准仪抄平并采用大于 3 m 的靠尺边测边修整。

⑥滑模摊铺结束后的工作：

a.滑模摊铺结束后，必须及时清洗滑模摊铺机，进行当日保养等。

b.宜在第二天硬切横向施工缝，也可当天软做施工横缝。

c.应丢弃端部的混凝土和摊铺机振动仓内遗留下的纯砂浆，两侧模板应向内各收进 20 ～ 40 mm，收口长度宜比滑模摊铺机侧模板略长。施工缝部位应设置传力杆，并应满足路面平整度、高程、横坡和板长要求。

（五）接缝施工

普通水泥混凝土、钢筋混凝土、碾压混凝土和钢纤维混凝土的接缝，按平面位置分类，可分为纵向接缝和横向接缝。面板的平面布局宜采用矩形分块，其纵缝和横缝应垂直相交，纵缝两侧的横缝不得相互错位。

1. 纵缝施工

纵缝从功能上分为纵向施工缝和纵向缩缝两类，从构造上分为设拉杆平缝型和设拉杆假缝型。

①当一次铺筑宽度小于路面宽度时，应设置纵向施工缝，位置应避开轮迹，并重合或靠近车道线，构造可采用设拉杆平缝型。上部应锯切槽口，深度为30～40 mm，宽度为3～8 mm，槽内灌塞填缝料。采用滑模摊铺机施工时，纵向施工缝的拉杆可用摊铺机的侧向拉杆装置插入。采用固定模板施工方式时，应在振实过程中从侧模预留孔中手工插入拉杆。

②当一次铺筑宽度大于4.5 m时，应设置纵向缩缝，构造可采用设拉杆假缝型。锯切的槽口深度应大于纵向施工缝的槽口深度。纵缝位置应按车道宽度设置，并在摊铺过程中用专用拉杆插入装置插入拉杆。

③钢筋混凝土路面、桥面和搭板的纵缝拉杆可由横向钢筋延伸穿过接缝代替。钢纤维混凝土路面切开的纵向缩缝可不设拉杆，纵向施工缝应设拉杆。

④插入的侧向拉杆应牢固，不得松动、碰撞或拔出。若发生拉杆松脱或漏插，应在横向相邻路面摊铺前，钻孔重新植入。当发现拉杆可能被拔出时，宜进行拉杆拔出力（握裹力）检验。

⑤纵缝应与路线中线平行。纵缝拉杆应采用螺纹钢筋，设在板厚中央，并应对拉杆中部100 mm进行防锈处理。

2. 横缝施工

横缝从功能上分为横向缩缝、横向胀缝和横向施工缝。横向缩缝从构造上分为设传力杆假缝型和不设传力杆假缝型；横向胀缝通常采用固定的结构形式；横向施工缝从构造上分为设传力杆平缝型和设拉杆企口型，通常与横向缩缝、横向胀缝合设。

（1）横向缩缝

①普通水泥混凝土路面横向缩缝宜等间距布置，不宜采用斜缝。必须调整板长时，最大板长不宜大于6.0 m，最小板长不宜小于板宽。

②在特重和重交通公路、收费广场、邻近胀缝或路面自由端的三条缩缝应采用设传力杆假缝型，在其他情况下可采用不设传力杆假缝型。

③缩缝传力杆的施工方法可采用前置钢筋支架法或传力杆插入装置法。传力杆应采用光面钢筋。

④横向缩缝的切缝方式有全部硬切缝、软硬结合切缝和全部软切缝三种。切缝方式的选用，应由施工期间该地区路面摊铺完毕到切缝时的昼夜温差确定，可参照表3-8推荐的切缝方式选用。

表 3-8 根据施工温度推荐的切缝方式

昼夜温差／℃	切缝方式	缩缝切深
＜ 10	最长时间不得超过 24 h	硬切缝，1/5 ～ 1/4 板厚
10 ～ 15	软硬结合切缝，每隔 1 ～ 2 条提前软切缝，其余用硬切缝补切	软切深度不应小于 60 mm，不足者应硬切补深到 1/3 板厚，已断开的缝不补切
＞ 15	宜全部软切缝，抗压强度为 1 ～ 1.5 MPa，人可行走。软切缝不宜超过 6 h	软切缝深不小于 60 mm，未断开的缝应硬切补深到不小于 1/4 板厚

（2）横向胀缝

①邻近桥梁或其他固定构造物处或与其他道路相交处，应设置横向胀缝（简称"胀缝"）。

②普通混凝土路面、钢筋混凝土路面和钢纤维混凝土路面视集料的温度膨胀性大小、当地年温差和施工季节酌情设置胀缝。高温施工时，可不设胀缝；常温施工且集料温缩系数和年温差较小时，可不设胀缝；集料温缩系数或年温差较大，路面两端构造物间距不小于 500 m 时，宜设一道中间胀缝；低温施工且路面两端构造物间距不小于 350 m 时，宜设一道胀缝。

③普通混凝土路面的胀缝应设置补强钢筋支架、胀缝板和传力杆。钢筋混凝土和钢纤维混凝土路面可不设钢筋支架。胀缝宽 20 ～ 25 mm，使用沥青或塑料薄膜滑动封闭层时，胀缝板及填缝宽度宜为 25 ～ 30 mm。传力杆一半以上长度的表面应涂防黏涂层。端部应戴活动套帽，套帽材料与尺寸应符合有关规定的要求。胀缝板应与路中心线垂直、缝壁垂直，缝隙宽度一致，缝中完全不连浆。

④胀缝应采用前置钢筋支架法施工，也可采用预留一块面板，高温时再铺封的方法施工。采用前置法施工时，应预先加工、安装和固定胀缝钢筋支架，并在使用手持振捣棒振实胀缝板两侧的混凝土后再摊铺。宜在混凝土未硬化时，剔除胀缝板上部的混凝土，嵌入（20 ～ 25）mm × 20 mm 木条，整平表面。胀缝板应连续贯通整个路面板宽度。

（3）横向施工缝

每日施工结束或临时原因中断施工时，应设置横向施工缝，其位置应尽可能选在胀缝或缩缝处。横向施工缝设在缩缝处应采用设传力杆平缝型。施工缝设在胀缝处其构造与胀缝相同。确有困难需设置在缩缝之间时，横向施工缝应采用设拉杆企口缝型。

（六）抗滑构造施工

水泥混凝土路面抗滑构造是确保行车安全的一项关键技术措施。尤其是高等级公路，设计行车速度较高、抗滑构造指标不足时，路表面在雨天容易打滑，对行车安全很不利，极易出现交通事故。因此，各等级公路水泥混凝土路面的表面要求是"平而不滑"，既要求高平整度，又要求足够的细观抗滑构造。

目前，水泥混凝土路面抗滑构造主要通过拉毛处理、塑性拉槽和硬刻槽来实现。

1. 拉毛处理

水泥混凝土面层摊铺完毕或精整平表面后，使用钢支架拖挂 1～3 层叠合麻布、帆布或棉布，洒水湿润后做拉毛处理。布片接触路面的长度以 0.7～1.5 m 为宜，细度模数偏大的粗砂，拖行长度取小值；砂较细时，取大值。人工修整表面时，宜使用木抹。用钢抹修整过的光面，仍需进行拉毛处理，以恢复细观抗滑构造。

2. 塑性拉槽

当日施工进度超过 500 m 时，抗滑沟槽制作宜选用拉毛机械施工。没有拉毛机时，可采用人工拉槽方式。在混凝土表面泌水完毕 20～30 min 内应及时进行拉槽。拉槽深度应为 2～4 mm、槽宽 3～5 mm，每耙与槽间距为 15～25 mm。可采用等间距或非等间距抗滑槽，考虑减小噪声，宜采用后者。衔接间距应保持一致，槽深基本均匀。

3. 硬刻槽

特重和重交通混凝土路面宜采用硬刻槽，凡使用真空吸水或圆盘、叶片式抹面机精平后的混凝土路面、钢纤维混凝土路面必须采用硬刻槽方式制作抗滑沟槽。

硬刻槽机有普通手推式、支架式及自行式三种。刻槽方法也有等间距和不等间距两种。为降低噪声，宜采用非等间距刻槽，尺寸宜为槽深 3～5 mm、槽宽 3 mm，槽间距在 12～24 mm 随机调整。对路面结冰地区，硬刻槽的形状宜使用上宽 6 mm、下窄 3 mm 的梯形槽，目的是向上分散结冰冻胀力，保持槽口完好；硬刻槽机重量宜重不宜轻，一次刻槽最小宽度不应小于 500 mm。硬刻槽时不应掉边角，也不得中途抬起或改变方向，并保证硬刻槽到面板边缘。抗压强度达到

40% 后可开始硬刻槽，且宜在两周内完成。硬刻槽后应随即冲洗干净路面，并恢复路面养生。

（七）灌缝

水泥混凝土路面存在纵横向接缝，这些接缝的存在为雨水渗流入路面结构提供了通道，而水是路面及路面结构诱发病害的主要原因之一。因此，必须对水泥混凝土路面接缝进行填塞处理，又称为灌缝作业。各级公路水泥混凝土路面接缝在养生期满后必须及时灌缝，以提高路面板防水密封性、板间嵌锁和荷载传递能力。

1. 清缝

应先采用切缝机清除接缝中夹杂的砂石、凝结的泥浆等，再使用压力大于或等于 0.5 MPa 的压力水和压缩空气彻底清除接缝中的尘土及其他污染物，确保缝壁及内部清洁、干燥。缝壁检验以擦不出灰尘为灌缝标准。

路面胀缝和桥台隔离缝等应在填缝前，凿去接缝板顶部嵌入的木条。涂胶黏剂后嵌入胀缝专用多孔橡胶条或灌进适宜的填缝料。当胀缝宽度不一致或有啃边、掉角等现象时，必须灌缝。

2. 灌缝

使用常温聚氨酯和硅树脂等填缝料时，应按规定比例将两组分材料按 1 h 灌缝量混拌均匀后使用。填缝料配制要求随配随用。

使用加热填缝料时，应将填缝料加热至规定温度。加热过程中应将填缝料彻底熔化，搅拌均匀，并保温使用。

3. 灌缝质量控制

灌缝的形状系数宜控制宜为 1.5，钢筋混凝土、连续配筋混凝土面层、过渡板、搭板与桥面的灌缝形状系数为 1.0；灌缝深度宜为 15～20 mm，最浅不得小于 15 mm。先挤压嵌入直径 9～12 mm 多孔泡沫塑料背衬条，再灌缝。灌缝顶面热天应与板面齐平；冷天应填为凹液面，中心低于板面 1～2 mm。填缝必须饱满、均匀、厚度一致并连续贯通，填缝料不得缺失、开裂和渗水。

4. 灌缝料养护

常温施工式填缝料的养护期，低温天宜为 24 h，高温天宜为 12 h。加热施工式填缝料的养护期，低温天宜为 2 h，高温天宜为 6 h。在灌缝料养护期间应封闭交通。

（八）养护

①混凝土路面铺筑完成或软做抗滑构造完毕后立即开始养护。机械摊铺的各种混凝土路面、桥面及搭板宜采用喷洒养护剂同时保湿覆盖的方式养护。在雨天或养护用水充足的情况下，也可采用覆盖保湿膜、土工毡、土工布、麻袋、草袋、草帘等洒水湿养护方式，不宜使用围水养护方式。

②养护时间根据混凝土弯拉强度增长情况而定，不宜小于设计弯拉强度的80%，应特别注重前 7 d 的保湿（温）养护。一般养护天数宜为 14～21 d，高温天不宜小于 14 d，低温天不宜小于 21 d。对于掺粉煤灰的混凝土路面，最短养护日时间不宜少于 28 d，低温天应适当延长。

③混凝土板养护初期，严禁人、畜、车辆通行。在达到设计强度 40% 后，行人方可通行。在路面养护期间，平交道口应搭建临时便桥。面板达到设计弯拉强度后，方可开放交通。

第四章 桥梁上部结构施工技术

桥梁的上部结构施工是桥梁施工的重要组成部分,关系到桥梁结构的安全性、稳定性和使用效能的发挥。本章主要对桥梁上部结构的有关施工技术进行介绍,并对其适用范围、优缺点及注意事项进行分析和研究。

第一节 装配式桥梁施工技术

装配式桥梁施工技术,又称预制安装法,是指桥梁的桥跨结构在非桥址的位置提前集中预制生产,待桥梁下部结构施工完成并满足施工要求后,采用运梁机械将梁体运输至桥址位置并采用起重吊装机械将梁体安放至设计位置的一种施工方法。

装配式桥梁施工可分为预制整孔式安装和预制节段式块件拼装两种。前者主要是指装配式的简支梁或先简支后连续梁,如空心板梁、T形梁及中小跨径的箱梁等的安装,是先将板梁吊装就位,而后进行横向连接而使之成为整体。后者是指梁体(一般为箱梁)沿桥轴向分段预制成节段或节式块件,运到现场进行拼装(悬臂拼装),连续梁、T构、连续刚构和斜拉桥多运用这种方法进行施工。

一般来说,用预制安装法施工的装配式桥梁与就地浇筑的整体式桥梁相比,有如下特点:

①缩短了施工工期。构件预制可以提早进行,在下部结构施工的同时进行预制工作,做到上、下部结构平行施工。

②节约了支架、模板。装配式桥梁往往采用无支架或少支架施工。另外,构件在预制场或工厂内预制时,采用的模板和支架能做到尽量简便合理,并可更多地考虑反复使用周期。

③提高了工程质量。装配式桥梁构件在预制的过程中较易做到标准化和机械化，特别适合50 m跨径以下的套用标准图设计的简支梁的施工，可以大大提高经济效益。

④需要吊装设备。主要预制构件的自重，少则几吨或十几吨，一般为几十吨，这就要求施工单位有相应的吊装能力和设备。

目前，我国公路桥梁中的简支梁（板）和先简支后连续梁大都采用装配式施工，其主要施工程序包括梁（板）预制→预制构件运输→预制构件吊装→构件横纵向连接→桥面系施工。

一、先张法预制梁施工

在我国，先张法多用于30 m以下跨径的桥梁施工中，预应力钢束采用直线布置，且主要用于小跨径预应力混凝土空心板梁中。随着弯起器的应用，在先张法预制梁施工中也出现了配置折线形预应力筋的情况。

先张法预制梁施工工艺是在浇筑混凝土前张拉预应力筋，将其临时锚固在张拉台座上，然后立模浇筑混凝土，待混凝土达到规定的强度时，逐渐将预应力筋放松，这样就使预应力筋发生弹性回缩，而预应力筋与混凝土之间的黏结作用使混凝土获得预压应力。

（一）预制台座建造

台座是先张法施加预应力的主要设备之一，它承受预应力筋在构件制作时的全部张拉力。

张拉台座必须在受力后不倾覆、不移动、不变形。

1. 台座的类型

①墩式台座。墩式台座是先张法预应力构件应用最为广泛的一种台座形式。墩式台座靠自重和墩后的被动土压力来平衡张拉力所产生的倾覆力矩，并靠台座与其基底土壤间的摩阻力和反力抵抗水平滑移，适用于总张拉力为1 000～2 000 kN的张拉。在地质情况良好、台座张拉线较长的情况下，采用墩式台座可节约大量混凝土。

②基桩式台座。基桩式台座主要由基桩、横梁和台面组成，主要用桩的抗水平承载力来抵抗拉力。

③压杆式台座（框架式台座）。压杆式台座主要由压杆、横梁、台面组成。它既可以承受钢筋张拉时的反力，又可以作为构件在蒸汽养护中采用的养生槽。

压杆主要承受预应力张拉时的反力,一般用钢筋混凝土整浇而成。对于公路工程施工,由于预制场是临时性的,所以最好采用装配式的压杆,装配式的压杆可用钢管、钢箱等制成。这样便于拆除运输和重复使用,也便于按照地形条件、构件长度和工艺要求而改变台座长度。

在实际施工过程中应根据工程结构、工程环境及工期要求进行合理选择,不拘泥于常规的台座形式,并在满足台座强度、刚度、稳定的前提下创新设计其他轻型结构,如薄壁轻型、组合型等。

2. 台座构造

（1）底板（台面）

底板作为预制构件的底模,要求平整、光滑。一般采用在夯实平整的土基上浇筑 5 ～ 8 cm 厚的 C15/C20 素混凝土,每隔 10 ～ 20 m 留伸缩缝。其宽度由制作预应力构件的宽度决定,对底板要采取可防止沾污铺放在台座上的预应力筋的措施。模板隔离剂应选用非油质类的。

（2）承力架（支承架）

承力架为台座的主要受力结构,是台座的支承架。它要求承受全部张拉力,制造时要保证承力架变形小,经济、安全、便于操作。承力架形式很多,如框架式、墩式等。

（3）横梁

横梁是将预应力筋的张拉力传给承力架的横向构件,常用型钢或钢筋混凝土制作。横梁的断面尺寸由横梁的跨径、张拉力的大小决定,并应保证刚度和稳定的要求,受力后挠度应不大于 2 mm。

（4）定位板

定位板用来固定预应力筋,一般用钢板制成,连接在横梁上。它必须保证承受张拉力后,具有足够的强度和刚度。孔的位置应根据梁体预应力筋的位置设置,孔径比预应力筋大 2 ～ 4 mm,以便穿筋。

（5）固定装置

固定装置用于固定力筋位置并在梁预制后放松力筋,它设在非张拉端,仅用于一端张拉的先张台座。

（二）预应力筋安装

预应力筋（钢绞线）按计算长度切割,在失效段套上塑料管,放在台座上,线两端穿过定位钢板。卡上锚具，用液压千斤顶单束张拉，先张拉中间束，再向两边对称张拉。

（三）预应力钢筋张拉

1. 确定张拉方法

先张法通常采用一端张拉，另一端在张拉前要设置好固定装置或安放好预应力筋的放松装置，但也有采用两端张拉的方法。

先张法张拉预应力筋，分单根张拉和多根张拉，以及单向张拉和双向张拉。单根张拉设备比较简单、吨位要求小，但张拉速度慢，张拉顺序不应使台座承受过大的偏心力。多根张拉一般需有两个大吨位千斤顶，张拉速度快。数根预应力筋同时张拉时，必须使它们的初始长度一致，张拉后每根预应力筋的应力要均匀。因此，可在预应力筋一端选用螺丝杆锚具和横梁、千斤顶组成张拉端，另一端选用墩粗夹具为固定端，这样可以利用螺丝端杆的螺母调整各根力筋的初始长度。如果预应力筋直径较小，在保证每根预应力筋下料长度精确的情况下，可两端采用墩粗夹具。

2. 张拉设备的选用

桥梁工程中通常采用液压拉伸机作为预应力的张拉设备，它由千斤顶和配套的高压油泵、压力表及外接油管组成。施工时必须根据构件特点、张拉锚固工艺情况及预应力筋的规格和根数等情况选用张拉设备，一般主要选择适宜的张拉吨位及压力表。

3. 张拉设备的标定

实际中千斤顶的油缸与活塞有摩阻力存在，千斤顶和油压表在使用前必须通过标准压力计进行标定。根据标定数据，可采用一元线性回归分析法与直线插值法计算油压表读数，用以控制张拉力。张拉用的千斤顶、油压表、油泵应配套标定、配套使用，标定应在国家授权的法定计量技术机构定期进行。标定时，千斤顶活塞的运行方向应与实际张拉工作状态一致。当处于下列情况之一时，应重新进行标定：

①千斤顶使用时间超过 6 个月；

②张拉次数超过 300 次；

③使用过程中千斤顶或油压表出现异常情况，如油压表经过碰撞、指针不能退回零点等；

④千斤顶、油压表检修或更换配件后；

⑤张拉中预应力筋发生多根破断或张拉伸长值误差较大。

4. 张拉理论伸长值计算

预应力筋采用应力控制方法张拉，采用伸长值做校核。实际伸长值与理论伸长值的差值应符合设计规定；设计未规定时，其偏差应控制在 ±6% 以内，否则应暂停张拉，待查明原因并采取措施予以调整后，方可继续张拉。

5. 张拉操作注意事项

张拉前，应先安装定位板，检查定位板的力筋孔位置和孔径大小是否符合设计要求，然后将定位板固定在横梁上。检查预应力钢筋数量、位置、张拉设备和锚具后，方可进行张拉。

（四）混凝土浇筑

浇筑前，应会同监理工程师对模板、钢筋以及预埋件位置进行检查。

1. 混凝土的浇筑速度

为了保证浇筑混凝土的整体性，防止在浇筑上层混凝土时破坏下层混凝土，浇筑层次的增加应有一定的速度，要使次一层的浇筑能在先浇筑的一层混凝土初凝以前完成。

2. 混凝土的浇筑顺序

考虑主梁混凝土的浇筑顺序时，不应使模板和支架产生不利的下沉。为了使混凝土振捣密实，应采用相应的分层浇筑。当在斜面或曲面上浇筑混凝土时，一般应从低处开始。

①水平分层浇筑。对于跨径不大的简支梁，可在钢筋全部扎好以后，将梁和板沿一跨全长内水平分层浇筑，在跨中合龙。分层的厚度视振捣器的能力而定，一般为 0.15～0.3 m。当采用人工捣实时，可采用 0.15～0.2 m。

②斜层浇筑。跨径不大的简支梁混凝土的浇筑，还可用斜层法从主梁两端对称向跨中进行，并在跨中合龙。T梁和箱梁采用斜层浇筑的顺序。采用斜层浇筑时，混凝土的倾斜角与混凝土的稠度有关，一般为 20°～25°。

气候炎热时，混凝土入模温度不宜高于 28 ℃，还应避免模板和新浇混凝土受阳光直射。模板与钢筋温度以及周围温度不超过 40 ℃。

当室外日平均气温连续 5 d 低于 5 ℃时，按冬季施工进行。

（五）混凝土养护

混凝土浇筑完成后应及时进行养护。在养护期间，应使混凝土保持湿润、防止雨淋、日晒、受冻及受荷载的振动、冲击，以促使混凝土硬化，并在获得强度的同时，防止混凝土干缩引起的裂缝。为此，对于混凝土外露面，在表面收浆、凝固后，即用草帘等物覆盖，并应经常在覆盖物上洒水（或用水喷淋）养护。洒水养护时间一般不少于 7 d，可根据空气的湿度、温度和水泥品种及掺用的外加剂等情况，酌情延长或缩短。

当日平均气温低于 5 ℃或日最低气温低于 –3 ℃时，应按冬季施工要求进行养护。

（六）预应力放张

当混凝土达到设计规定的放张强度后（设计无规定时，混凝土的强度一般应大于混凝土设计强度等级值的 80%、弹性模量不低于混凝土 28 d 弹性模量的80%），可在台座上放松受拉的预应力筋（称为放张），对预制梁施加预应力。预应力放张通常采用砂箱放张法、千斤顶直接放张法、千斤顶再张拉放张法和氧气－乙炔切割法进行。

1. 砂箱放张法

采用砂箱作为放张装置，在张拉时将砂箱放置在非张拉端，张拉前将砂箱内装满干砂并使其顶着横梁。张拉时，砂箱内砂被压实承受横梁反力。放松预应力筋时，打开出砂口，人工用工具掏出砂箱内的砂，活塞缩回，逐渐放松预应力筋。

2. 千斤顶直接放张法

千斤顶放张法原理和砂箱放张法类似，在台座固定端的承力架与横梁之间张拉前就安放千斤顶，待混凝土达到规定放张强度后，即可让千斤顶同步回程，使拉紧的力筋慢慢回缩，将力筋放松。

3. 千斤顶再张拉放张法

在台座固定端设置螺杆或夹具和张拉架。张拉架顶紧横梁，让预应力筋锚固在张拉架上；放张时，再略微拉紧力筋，然后拧松螺母，再将千斤顶回油，力筋就慢慢回缩，张拉力即被释放。

4. 氧气－乙炔切割法

目前，工程中多用氧气－乙炔切割法，即直接用氧气－乙炔焰沿构件端部将锚固在台座上的预应力筋切断。这种放张预应力的方法快速、方便，但对预应力冲击很大，易产生裂缝和造成大批预应力损失。预热放张法是用氧气－乙炔焰轮流烘烤，随着温度的升高，烘烤部分产生局部伸长，然后熔割切断。氧割操作人员只允许沿横向站立，严禁站在预应力筋上进行操作。

预应力筋放松的速度不宜太快，以砂箱放松为宜。如采用千斤顶再张拉法放松，所施加的应力值不得超过原张拉时的控制应力。当采用单根放松时，应分阶段、对称相互交错地进行。每根预应力筋严禁一次放完，以免最后放松的预应力筋自行绷断。

二、后张法预制梁施工

后张法预制梁施工工艺是先浇筑留有预应力孔道的梁体，待混凝土达到规定强度后，再在预留孔道内穿入预应力筋进行张拉锚固（对后穿入预应力筋困难时，可在浇筑混凝土之前穿入），最后进行孔道压浆并浇筑梁端封头混凝土。

后张法生产预应力混凝土梁，不需要大型的张拉台座，便于桥梁工地现场施工，而且又适宜于配置曲线预应力筋的重、大型构件制作，因此在公路桥梁上应用广泛。

后张法预制梁施工中，普通钢筋制作与安装、模板支架的制作与安装、混凝土的浇筑及养护工序与普通钢筋混凝土梁施工中的相关工序及要求类型相同，在此不再做介绍。

（一）孔道预留

梁体内预留孔道的生产主要有埋置式制孔和抽拔式制孔两种方式。埋置式制孔主要采用金属波纹管和塑料波纹管。抽拔式制孔（俗称抽拔管）常用的有橡胶抽拔管、金属伸缩抽拔管和钢管等。

（二）预应力钢绞线穿束

①当梁体混凝土强度达到设计强度的 80% 时，方可进行穿束张拉。

②穿束前，可用空压机吹风等方法清除孔道内的污物和积水，以确保孔道畅通。

③箱梁钢绞线可采用钢套牵引法。穿束时钢绞线头缠胶带，防止钢绞线头被挂住。

（三）孔道压浆

孔道压浆能保护预应力筋不受锈蚀，并使预应力筋与混凝土梁体黏结成整体，从而既能减轻锚具的受力，又能提高梁的承载能力、抗裂性能和耐久性能。孔道压浆应比选压浆设备及压浆方法。预应力筋张拉锚固后，孔道应尽早压浆，且在48 h 内完成，否则应采取避免预应力筋锈蚀的措施。

1. 压浆的目的

孔道压浆的目的：一是保护钢绞线不生锈，延长结构使用年限，因此压浆要饱满、密实；二是作为媒介，在钢绞线松弛后，向梁体传递一部分应力，即增加钢筋与混凝土之间的黏结力。

2. 压浆工艺

普通压浆：压浆前先用压力清水冲洗将要压浆的孔道，再将水泥净浆从孔的一端压入，另一端排出浓浆后封闭。加大压力至 0.5 ~ 0.7 MPa，持续 2 ~ 5 min 后结束。

真空压浆：压浆前，先用真空泵抽吸预应力孔道中的空气，使孔道的真空度达到负压 0.1 MPa 左右，然后在孔道另一端用压浆泵以一定的压力将搅拌好的水泥浆体压入预应力孔道并产生一定的压力。由于孔道内只有极少数空气，浆体中很难形成气泡。同时，孔道内和压浆泵之间存在的正负压力差，大大提高了孔道内浆体的饱满和密实度，而且在水泥浆中，为了降低水胶比，需要添加专用的外加剂，从而减少了浆体的离析、析水和干硬收缩，同时提高了浆体的强度。

3. 孔道压浆一般要求

（1）压浆材料

①后张预应力孔道宜采用专用压浆料或专用压浆剂配制的浆液进行压浆。

②水泥应采用性能稳定、强度等级不低于 42.5 的低碱硅酸盐或低碱普通硅酸盐水泥。

③外加剂应与水泥具有良好的相容性，且不得含有氯盐、亚硝酸盐或其他对预应力筋有腐蚀作用的成分。减水剂应采用高效减水剂，且应满足现行国家标准《混凝土外加剂》（GB 8076—2008）中高效减水剂一等品的要求。

④矿物掺合料的品种宜为 I 级粉煤灰、磨细矿渣粉或硅灰，并应符合规范的规定。

⑤水不应含有对预应力筋或水泥有害的成分，每升水中不得含有 350 mg 以上的氯化物离子或任何一种其他有机物，宜采用符合国家卫生标准的清洁饮用水。

⑥膨胀剂宜采用钙矾石系或复合型膨胀剂，不得采用以铝粉为膨胀源的膨胀剂或总碱量 0.75% 以上的高碱膨胀剂。

⑦压浆材料中的氯离子含量不应超过胶凝材料总量的 0.06%，比表面积应大于 350 m²/kg，三氧化硫含量不应超过 6.0%。

（2）浆体

采用压浆材料配置的浆液，其性能应符合相关规定。

（3）压浆设备

①搅拌机的转速应不低于 1 000 r/min，搅拌叶的形状应与转速相匹配，其叶片的线速度不宜小于 10 m/s，最高线速度宜限制在 20 m/s 以内，且应能满足在规定时间内搅拌均匀的要求。

②用于临时储存浆液的储料罐亦应具有搅拌功能，且应设置网格尺寸不大于 3 mm 的过滤网。

③压浆机应采用活塞式可连续作业的压浆泵，其压力表的最小分度值应不大于 0.1 MPa，最大量程应使实际工作压力在其 25% ～ 75% 的量程。不得采用风压式压浆泵进行孔道压浆。

④真空辅助压浆工艺中采用的真空泵应能达到 0.10 MPa 的负压力。

4. 压浆施工

（1）准备

①应在工地试验室对压浆材料加水进行试配，各种材料的称量（均以质量计）应精确到 ±1%。经试配的浆液其各项性能指标应均满足现行行业标准《公路桥涵施工技术规范》（JTG T3650—2020）中"后张预应力孔道压浆浆液性能指标"的要求后方可用于正式压浆。

②应对孔道进行清洁处理。对抽芯成型的孔道应冲洗干净并应使孔壁完全湿润；金属和塑料管道在必要时亦应冲洗清除附着于孔道内壁的有害材料。对孔道内可能存在的油污等，可采用已知对预应力筋和管道无腐蚀作用的中性洗涤剂或皂液，用水稀释后进行冲洗；冲洗后，应使用不含油的压缩空气将孔道内的所有积水吹出。

③应对压浆设备进行清洗，清洗后的设备内不应有残渣和积水。

（2）压浆

①压浆过程中及压浆后 48 h 内，结构或构件混凝土的温度及环境温度不得低于 5 ℃，否则应采取保温措施，并应按冬季施工的要求处理。浆液中可适量掺用引气剂，但不得掺用防冻剂。当环境温度高于 35 ℃时，压浆宜在夜间进行。

②压浆时，对曲线孔道和竖向孔道应从最低点的压浆孔压入；对结构或构件中以上下分层设置的孔道，应按先下层后上层的顺序进行压浆。同一管道的压浆

应连续进行，一次完成。压浆应缓慢、均匀地进行，不得中断，并应将所有最高点的排气孔依次一一打开和关闭，使孔道内排气通畅。

③浆液自拌制完成至压入孔道的延续时间不宜超过 40 min，且在使用前和压注过程中应连续搅拌，对因延迟使用所致流动度降低的水泥浆，不得通过额外加水增加其流动度。

④对于水平或曲线孔道，压浆压力宜为 0.5 ～ 0.7 MPa；对于超长孔道，最大压力不宜超过 1.0 MPa；对于竖向孔道，压浆压力宜为 0.3 ～ 0.4 MPa。压浆的充盈度应达到孔道另一端饱满且排气孔排出与规定流动度相同的水泥浆为止。关闭出浆口后，宜保持一个不小于 0.5 MPa 的稳压期，该稳压期的保持时间宜为 3 ～ 5 min。

⑤采用真空辅助压浆工艺时，在压浆前应对孔道进行抽真空，真空度宜稳定在 –0.06 ～ 0.10 MPa。真空度稳定后，应立即开启孔道压浆端的阀门，同时启动压浆泵进行压浆。

⑥压浆时，每一工作班应制作留取不少于 3 组尺寸为 40 mm×40 mm×160 mm 试件，标准养护 28 d，进行抗压强度和抗折强度试验，作为质量评定的依据。

（3）压浆后

①压浆后应通过检查孔抽查压浆的密实情况，如有不实，应及时进行补压浆处理。

②压浆完成后，应及时对锚固端按设计要求进行封闭保护防腐处理。需要封锚的锚具，应在压浆完成后对梁端混凝土凿毛并将其周围冲洗干净，设置钢筋网浇筑封锚混凝土；封锚应采用与结构同强度的混凝土，并应严格控制封锚后的梁体长度。长期外露的锚具，应采取防锈措施。

③对后张预制构件，在孔道压浆前不得安装就位；压浆后，应在浆液强度达到规定的强度后方可移运和吊装。

④孔道压浆应填写施工记录。记录项目应包括压浆材料、配合比、压浆日期、搅拌时间、出机初始流动度、浆液温度、环境温度、稳压压力及时间，采用真空辅助压浆工艺时应包括真空度。

（四）封端

对设计需要进行锚端封闭的梁体，孔道压浆后应立即将梁端水泥浆冲洗干净，并将断面混凝土凿毛。对端部钢筋网的绑扎和封端板的安装，要妥善处理并确保固定，以免在浇筑混凝土时因模板移动而影响梁长。封端混凝土的强度等级应不低于梁体混凝土强度等级的 80%。浇完混凝土并静置 1 ～ 2 h 后，应按一般规定进行保湿养护。

对需封锚的锚具，压浆后应先将其周围冲洗干净并对梁端混凝土凿毛，然后设置钢筋网浇筑封锚混凝土。封锚混凝土的强度应符合设计规定，一般不宜低于构件混凝土强度等级的 80%。必须严格控制封锚后的梁体长度。长期外露的锚具，应采取防锈措施。

对后张预制构件，在管道压浆前不得安装到位，在压浆强度达到设计要求后方可移运和吊装。孔道压浆应填写施工记录。

三、预制梁的吊装

目前，预制安装法是简支梁经常采用的一种施工方法。预制梁的安装主要有架桥机法、跨墩龙门式吊车架梁法、自行式吊车架梁法和浮吊架设法等。

（一）一般规定

由于梁体长、笨重，起吊、运输都比较困难，因此要合理选择起吊、运输的工具和方法，以确保安全。梁体起吊时，混凝土强度应符合设计规定。压浆强度不得低于设计强度的 75%，封端混凝土强度不得低于设计强度的 50%；吊点、支点位置应经计算确定，其距离误差不得大于规定的 200 mm，无论起吊、运输或存放都要有防止倾覆措施。桥梁施工架梁前常需先卸后架，应有一处存梁场地。场地位置要慎重选择，一般可在车站、区间或桥头存放，也可在施工线路上选择适当地点存放。存梁场应有良好的排水系统和设施，宜优先采用大跨度吊梁龙门架装卸桥梁。采用滑道移梁时，滑道应有一定的强度和刚度，并满足移梁作业的需要。

（二）吊装方法

1. 架桥机法

架桥机可分为单导梁式、双导梁式、斜拉式和悬吊式等类型。其中双导梁式架桥机以高安全性、高效性及适应强的特点，在高速公路桥梁架设中广泛使用。

2. 跨墩龙门式吊车架梁法

跨墩龙门吊车安装适用于桥不太高，架梁孔数又多，地势平坦，沿桥墩两侧铺设轨道不困难，无水或浅水河滩区域安装预制梁。一台或两台跨墩龙门吊车分别设于待安装孔的前后墩位置，预制梁内平车顺桥向运至安装孔一侧，移动跨墩龙门吊车上的吊梁平车，对准梁的吊点放下吊架将梁吊起。当梁底超过桥墩顶面后，停止提升，用卷扬帆牵引吊梁平车慢慢横移，使梁对准桥墩上的支座，然后落梁就位，接着准备架设下一片梁。

山区预制梁易受场地影响。为满足施工进度需求，经常把预制梁场地设置在桥梁下狭小场地内，采用运梁车将桥下预制梁运至高低腿龙门吊下，利用高低腿龙门吊将预制梁提升到桥面，然后再用运梁小车把箱梁运到架桥机下面进行预制梁架设。

3. 自行式吊机架梁法

在桥不高、场内又可设置行车便道的情况下，用自行式吊车（汽车吊车或履带吊车）架设中、小跨径的桥梁十分方便。此法视吊装重量不同，还可采用单吊（一台吊车）或双吊（两台吊车）两种形式。其特点是机动性好，无须动力设备和准备作业，架梁速度快。

4. 浮吊架设法

在海上和深水大河上修建桥梁时，选用可回转的伸臂式浮吊架梁比较方便，也可用钢制万能杆件或贝雷钢架拼装固定的悬臂浮吊进行。此架梁方法高空作业较少、吊装能力大、工效高、施工较安全，但需要大型浮吊。由于浮吊船来回运梁航行时间长，需增加费用，一般采取用装梁船存梁后成批架设的方法。浮吊架梁时，需在岸边设置临时码头来移运预制梁。架梁时浮吊要仔细锚固，流速不大时，可用预先抛入河中的混凝土锚作为锚固点。

预制梁（板）的吊装常采用上述4种方法，除此之外，还有扒杆法（钓鱼法）、简易型钢导梁架设法等其他方法，在规范中明确严禁使用扒杆法施工。

第二节 现浇桥梁施工技术

现浇桥梁施工技术是指在桥址设计位置采用支架现浇法或悬臂浇筑法安装模板、绑扎及安装钢筋、浇筑混凝土的施工方法。

一、支架现浇法施工

（一）地基处理

为保证现浇梁体不产生过大的变形，除了保证支架本身的强度、刚度和稳定性外，支架的基础还必须坚实牢靠，并将其沉降控制在容许范围内。

满堂式支架由于其作用面积广，因此常采用碾压夯实、换填稳定土、桩基础或浇筑混凝土层对地基进行加固处理；正常情况下，常使用推土机配合平地机将支架范围内地基整平，并用5%白灰处理，用压路机碾压夯实，靠近墩柱1 m范围内用人工夯实，压实度不小于93%。如果存在"弹簧土"现象，原土清除后用灰土换填。为防止下雨浸泡地基而降低地基承载力，在压实的地基上铺设5 cm厚砂浆。若地基土层为淤泥和淤泥质土，不宜直接作为支架地基持力层，应在其上覆盖较好土层作为持力层，并采取避免对淤泥和淤泥质土扰动的措施。一般采用对地基进行3 m换填的办法，保证覆盖层的厚度满足地基持力结构要求。地基硬化处理后，加强基础范围内的排水工作，在两侧开挖排水沟，设流水槽，防止施工场内积水，以免造成地基不均匀沉降，影响支架稳定性。

梁式或梁柱式支架因其荷载较集中，可设置桩基础、混凝土扩大基础或直接支撑在墩台身或永久性基础上。

（二）支架搭设

地基处理达到要求后，首先测出支架地面高程，根据桥梁净空高度确定各单元块支架所需整平碾压处理的地基高程，按设计的支架平面位置进行立杆位置放样。横桥向设置10 cm×20 cm方木，以增加立杆与地基的接触面并保证受力均匀。

杆件安装时，立杆垂直度要求小于0.2%，以避免偏心受压；横杆水平度要求小于3%，同时检查锁定是否可靠。支架搭设好后，顶面采用调节范围不小于45 cm的可调节顶托作为支撑，顺桥向设左、中、右三个控制点，精确调出顶托高程，然后用明显的标记标明顶托伸出量，以便校验。最后再用拉线内插方法，依次调出每个顶托的高程。

顶托高程调整完毕后，在其上按设计间距安放纵横梁。横梁长度随桥梁宽度而定，比顶板一边各宽出至少50 cm，以支撑外模支架及供检查人员行走。安装纵横梁时，应注意横梁接头与纵梁接头错开，且在任何相邻两根横梁接头不在同一平面上。用底模高程（设计梁底高程＋支架变形＋前期施工误差调整量）来控制底模立模。

为增强支架体系的整体稳定性，顺桥向和横桥向按要求设置剪刀撑。

（三）支架预压

1. 预压目的

①验证现浇段支架安全性，消除支架、地基的非弹性变形。

②准确测量现浇施工中支架变形对梁板立模高程的影响值，以便为立模的预抬值提供依据。

2. 预压准备

①每阶段梁板预压前，对预压荷载及其分布情况进行详细计算，预压重力为底、腹板箱梁自重的 1 ～ 1.3 倍，并绘制出荷载分布平面图，以保证预压可准确模拟箱梁现浇时的支架受力状态。

②准备好预压设备、材料。

3. 预压方法

①砂袋：用编织袋装砂，一般不超过袋子体积的 2/3，以便码放。砂袋逐袋称重。

②水箱（袋）：预压液袋、水囊、水袋采用高密度聚乙烯制成，可折叠，将其充满水。桥梁预压水袋一般可重叠压两个。

③混凝土预制块：干码混凝土预制块密度按 2.4 t/m^3 计算，由此计算所需预制块堆码的高度。

④加载及支架沉降观测：加载时按照计算预压总荷载的 20%、40%、60%、80%、100%、120% 分级进行。中间每级加载完成后，对支架进行一次观测，最后一级加载完成后要进行 24 h 跟踪观测。每次观测都要根据观测记录计算支架在两次观测时间之间的沉降情况。

沉降观测包括地基沉降观测和杆件压缩沉降观测。测设时分别在地基、杆件顶端沿梁纵向每隔 3.0 m 设置一测点，横向设左、中、右三个测点，在预压前先将测点标出，并记录好高程，作为沉降观测的基准。具体观测方法为：用水准仪每隔 2 h 测一次地面各测点高程，并算出地面沉降量，此沉降量为不可恢复沉降，在计算支架的弹性变形时应减除。

同样，用水准仪每隔 2 h 观测一次支架各检测点高程，计算出支架沉降量并用此沉降量减去地面沉降量，作为支架的弹性变形量。立模时，应将支架的弹性变形量计入模板顶高程内。预压过程中，根据加载重力和压载时间进行观测、记录并分析出地基沉降量与杆件弹性压缩量，以此作为立模板的有效数据。

⑤卸载顺序及时间。预压持载时间根据支架观测情况确定，若沉降量或支架变形没有趋于平缓，则适当延长预压时间，直至支架变形及沉降均满足规范要求（连续两天沉降量小于 5 mm）即可卸载。卸载按预压总荷载的 20%、40%、60%、80%、100%、120% 逐级卸载，每级卸载完成都要对支架进行观测，计算支架的弹性变形情况。

⑥观测成果的整理。对预压完成后的支架变形观测成果进行整理，计算出支架、地基、底模板在每级加卸载后的弹性变形及非弹性变形，以此作为设置施工预拱度调整计算的依据。

（四）模板制作、安装

1. 底模板

底模板采用 18 mm 以上的高强度木胶板或 15 mm 以上的竹胶合板，安装前全面涂刷脱模剂。底板横坡按设计图纸规定设置，横向宽度要大于梁底宽度，梁底两侧模板要各超出梁底边线不小于 5 cm，以便于在底模上支立侧模。模板之间连接部位采用海绵胶条以防漏浆，模板之间的锚台不超过 1 mm。模板拼接缝要纵横成线，避免出现错缝现象。

底模板铺设完毕后进行平面放样，全面测量底板纵横向高程，纵横向间隔 5 m 检测一点，根据测量结果将底模板调整到设计高程。底板高程调整完毕后，再次检测高程，若高程不符合要求则进行二次调整。

在箱梁底板铺设的同时应安装桥梁支座。支座安装前，应对支座垫石的强度、高程、表面平整度进行全面检查，按照设计尺寸在垫石上画出十字线，将支座垫石清理干净，将画有十字线的支座准确地安放在支座垫石上，要求支座中心线同支座垫石中心线重合。如果支座垫石高于设计高程，应使用砂轮机进行打磨，直到符合设计要求；如果支座垫石低于设计高程，则要使用大于支座周边 2 cm 的钢板铺垫在支座下，并用环氧树脂粘贴。

2. 侧模板和翼缘板模板

侧模板和翼缘板模板采用 15 mm 以上的高强度竹胶板。根据测量放样定出箱梁底板边缘线，在底模板上弹墨线，然后安装侧模板。侧模板与底模板接缝处粘贴海绵胶条防止漏浆。在侧模板外侧背设纵横方木背肋，用钢管及扣件与支架连接，用以支撑固定侧模板。翼缘板底模板安装与箱梁底模板安装相同，外侧挡板安装与侧模板安装相同。挡板模板安装完毕后，全面检测高程和线形，确保翼缘板线形美观。

3. 箱室模板

如果箱梁混凝土分两次浇筑，那么箱室模板就应分两次安装。第一次用钢模板做内模板，用方木做横撑，同时用定位筋进行定位固定，并拉通线校正钢模板的位置和整体线形。当第一次混凝土达到一定强度后拆除内模，再用方木搭设小排架，在排架上铺设 2 cm 厚木板，然后在木板上铺一层油毛毡。油毛毡接头处相互搭接 5cm，用一排铁钉钉牢，防止漏浆。浇筑混凝土过程中派专人检查内模的位置变化情况。为方便内模拆除，在每孔的设计位置布设人孔。

如果采用一次性浇筑施工，内模和侧模采用方木或钢管做立杆，并设置两道横向顶丝钢管支撑。面板采用 15 mm 木胶合板，用钢管作为支架。每个箱室顶板设置 1 m×1 m 施工天窗，待施工结束取出内模，最后焊接天窗处的钢筋，用微膨胀混凝土封顶。

4. 钢筋加工、安装

钢筋加工时应按照设计要求尺寸进行下料、成型，钢筋安装时控制好间距、位置及数量。要求绑扎的钢筋要绑扎牢固，要求焊接的钢筋，可事先焊接的应提前成批次焊接，以提高工效。焊缝长度、饱满度等方面应满足规范要求。钢筋加工及安装应注意以下事项：

①钢筋在场内必须按不同钢种、等级、规格、牌号及生产厂家分别挂牌堆放。钢筋存放采用下垫上盖的方式，避免钢筋受潮生锈。

②钢筋在加工场内集中制作，运至现场安装。

③混凝土保护层厚度要符合设计要求。

④钢筋安装过程中，及时对设计的预留孔道及预埋件进行设置。设置位置要正确、固定要牢固。

⑤钢筋骨架焊接采用分层跳焊法，即从骨架中心向两端对称、错开焊接，先焊骨架下部，后焊骨架上部。钢筋焊接要调整好电焊机的电流量，防止电流量过大或操作不当造成咬筋现象。钢筋焊接优先采用双面焊接，双面焊接不具备施工条件时，采用单面焊接。钢筋焊接完毕后，将焊渣全部敲掉。

⑥钢筋安装位置与预应力管道或锚件位置发生冲突时，应适当调整钢筋位置，确保预应力构件位置符合设计要求。焊接钢筋时应避免钢绞线和金属波纹管道被电焊烧伤，防止发生张拉断裂和管道被混凝土堵塞而无法进行压浆。

钢筋加工安装完毕，经自检合格报请监理工程师抽检合格后，方可进行下一道工序施工。

（五）混凝土浇筑

①混凝土浇筑前，用人工及吹风机将模板内杂物清除干净，对支架、模板、钢筋和预埋件进行全面检查，同时对吊车、拌和站、罐车、发电机和振捣棒等机械设备进行检查，确保万无一失。

②混凝土浇筑应沿中心线，先中心、后两侧对称浇筑。混凝土分层厚度为30 cm，浇筑过程中，随时检查混凝土的坍落度。

③混凝土振捣采用插入式振捣棒，移动间距不应超过振捣棒作用半径的1.5倍，作用半径为振捣棒半径的8～9倍。

④振捣棒振捣时与侧模保持5～10 cm的距离，避免振捣棒接触模板和预应力管道等。振捣上层混凝土时，振捣棒要插入下层混凝土10 cm左右。对每一振动部位振捣至混凝土停止下沉，不再冒气泡，表面平坦、泛浆为止，避免漏振或过振，每一处振完后应徐徐提出振捣棒。

⑤混凝土浇筑过程中，安排专人跟踪检查支架和模板的情况，模板若出现漏浆现象，要用海绵条进行填塞。浇筑混凝土前，在1/2、1/4截面位置的底模板下挂垂线，每截面分左边、左中、中线、右中、右边设5道垂线。垂线下系钢筋棍，在地面对应位置埋设钢筋棍，在两根钢筋棍交错位置画上标记线，以此来观测混凝土浇筑过程中底板沉降情况。若发生异常情况立即停止浇筑混凝土，查明原因后再继续施工。

⑥箱梁浇筑可以分两次进行，也可以一次浇筑完成。箱梁混凝土分两次浇筑时，第一次浇筑底板和腹板，浇筑至肋板顶部；第二次浇筑顶板和翼板，两次浇筑接缝按施工缝处理。混凝土高度略高出设计腹板顶部1 cm左右，将顶面的水泥浆和松散混凝土凿除，露出坚硬的混凝土粗糙面，用水冲洗干净。

⑦第二次浇筑箱梁顶板混凝土时，在1/2、1/4、墩顶等断面处，从内侧向外侧间距5 m布设钢筋棍，将钢筋棍焊在顶层钢筋上，使顶端高程为顶板高程，以此控制顶板混凝土浇筑高程及横坡。混凝土经振实整平后进行真空吸水。真空吸水时间为10～15 min，以剩余水灰比检验真空吸水效果。真空吸水机开机后真空度逐渐增加，当达到要求的真空度（500～600 mm汞柱）开始正常出水后，真空度要保持均匀。结束吸水工作前，真空度逐渐减弱，要防止在混凝土内部留下出水通路，影响混凝土密实度。

真空吸水完毕后,用提浆辊滚压,使其表面出浆,便于抹面。提浆辊滚压后,紧跟着进行人工抹面。抹面时要架设木板,不得踩混凝土面,以免影响平整度。待抹面后约半小时,采用抹光机再次进行抹面整平,最后再人工进行收浆抹面。

混凝土收浆抹面后进行人工拉毛,采用钢丝刷横桥向拉毛,深度控制在 1 ～ 2 mm。要掌握好拉毛时间,早了带浆严重,影响平整度,晚了则拉毛深度不够;一般凭经验掌握,在混凝土表面用手指压时有轻微硬感时拉毛为宜,分两次抹面。第一次抹面对混凝土进行找平,在混凝土接近终凝、表面无泌水时,进行二次抹面收光,然后横桥向进行拉毛处理。

⑧浇筑箱梁顶板预留孔混凝土前,应清除箱内杂物,避免堵塞底板排水孔。主梁顶面预留孔四壁凿毛,填筑预留孔混凝土要振捣密实。

⑨混凝土养生采用土工布覆盖洒水养生,要保证混凝土表面始终处于湿润状态。养生时间不少于 7 d。用于控制张拉、落架的混凝土强度试块宜放置在箱梁室内,同条件进行养生。养生期内,桥面严禁堆放材料。

二、悬臂浇筑法施工

悬臂浇筑法又称悬臂挂篮法,是指采用移动式挂篮为主要施工设备,以桥墩为中心,两侧对称逐段利用挂篮浇筑混凝土,待混凝土达到一定强度后张拉预应力筋,再移动挂篮并进行下一节梁段的施工,一直推进到悬臂端为止。其主要特点是:

①悬臂浇筑法比满堂支架法具有更大的桥下净空。

②施工时不受季节、河流水位的影响,不影响桥下通航。

③减少了大量施工支架和施工设备,简化了施工程序,高度机械化,能循环重复作业。

悬臂浇筑法广泛应用于大跨径预应力混凝土连续梁施工。特别是对于桥址位于深山峡谷之中,不便使用支架现浇法的桥梁;或位于江河之上,水流湍急,需通航或有流冰、流木的桥梁;施工不能影响桥下交通的立交桥。

主梁各部分的长度视主梁形式和跨径、挂篮的形式及施工周期而定。0 号块长度一般为 5 ～ 10 m,悬臂浇筑节段长度一般为 2 ～ 6 m,支架现浇段长度 般为 2 ～ 3 个悬臂浇筑节段长度,合龙段长度一般为 2 m。

(一)0号块施工

0 号块即墩顶梁段,是为后续悬臂节段的施工提供安全、稳定的支撑,因此

0 号块施工是悬臂浇筑法施工的首要关键工作。同时，0 号块结构尺寸较大、构造复杂、质量大，预埋件、钢筋、各向预应力钢束及其孔道、锚具密集交错，梁顶面有纵横坡度，端面与待浇段密切相连，给施工带来了巨大的挑战，必须高度重视 0 号块的施工质量及安全。

墩顶 0 号块施工根据承台形式、墩身高度和地形情况，通常可选择落地支架和墩旁托架两种施工方法。当墩身高度较低，周围地形平坦且地基承载力满足要求时，可采用落地支架施工；当墩身较高，周围地形陡峻或无条件搭设满堂支架时宜选择墩旁托架，托架可分别支撑在承台、墩身或地面上，托架可采用型钢、万能杆件、贝雷桁架及六四军用桁架等组成，也可采用钢筋混凝土构件作临时支撑。

支架（托架）的顶面尺寸，视拼装挂篮的需要和拟浇梁段长度而定，横桥向宽度一般应比箱梁底板宽出 1.5～2.0 m，以便设立箱梁边肋外侧模板。支架（托架）顶面（或增设垫梁）应与箱梁底面纵向线形的变化一致。支架（托架）可在现场整体拼装，亦可分部在邻近场地或船上拼装再吊运就位整体组装。

（二）悬臂浇筑节段施工

1. 挂篮施工

（1）挂篮的功用

挂篮是悬臂浇筑法施工的主要机具，是一个能沿着轨道行走的活动脚手架。挂篮的主要功能有支承梁段模板，调整正确位置，吊运材料、机具，浇筑混凝土和在挂篮上张拉预应力筋。

挂篮悬挂在已经张拉锚固的箱梁梁段上，悬臂浇筑时箱梁梁段的模板安装、钢筋绑扎、管道安装、混凝土浇筑、预应力张拉、压浆等工作均在挂篮上进行。当一个梁段的施工程序完成后，挂篮解除后锚，移向下一梁段施工。因此，挂篮既是施工梁段的作业平台，又是预应力筋束张拉前梁段的承重结构。

（2）挂篮的设计

挂篮的合理设计是保证施工质量、加快施工进度的重要因素。在设计中要求挂篮的质量小、结构简单、受力明确、运行方便、坚固稳定、变形小、装拆方便，并尽量利用当地现有构件。

（3）挂篮的安装

①挂篮组拼后，应全面检查安装质量，并做载重试验，以测定其各部位的变形量，并设法消除永久变形。

②在起步长度内，梁段浇筑完成并获得要求的强度后，在墩顶拼装挂篮。有条件时，应在地面上先进行试拼装，以便在墩顶熟练有序地开展拼装挂篮工作。拼装时应对称进行。

③挂篮的操作平台下应设置安全网，防止物件坠落，以确保施工安全。挂篮应全封闭，四周设围护，上下应有专用扶梯，方便施工人员上下挂篮。

④挂篮行走时，必须在挂篮尾部压平衡重，以防倾覆。浇筑混凝土梁段时，必须在挂篮尾部将挂篮与梁进行锚固。

⑤挂篮运至工地后，应在试拼台上试拼，以发现由制作不精良及运输中变形造成的问题，保证正式安装时的顺利及工程进度。挂篮组拼后，应全面检查安装质量，并做载重试验，以测定其各部位的变形量，并设法消除其永久变形。

⑥挂篮操作应注意在 0 号块上安装梁顶滑道，然后安装支座及三角形组合梁，并将其梁尾部相连并锚固，配置压重，吊挂相应调带（杆）；将底模平台及侧模支架作为整体起吊，与相应吊点相联结，后下横梁则用吊杆支撑在箱梁底板上；从 2 号块开始，两挂篮分开作业，其尾部各安装接长梁，并将主梁后端锚固在箱梁顶面；挂篮锚固应有专人负责，以保证挂篮在每次变形时规律一致。

（4）挂篮的预压

为了确保悬臂现浇施工安全，通常对挂篮进行预压试验。对挂篮进行预压试验的目的主要如下：

①检验挂篮的承载能力和挠度值。

②通过模拟挂篮在悬臂施工时的加载过程来分析结构的弹性变形，消除其非弹性变形。

③通过其规律来指导挂篮施工中模板的预拱度值及其混凝土分层浇筑顺序。

2. 悬臂浇筑节段施工

（1）挂篮行走

当前一节段混凝土施工完毕后，需要将挂篮前移至下一个节段施工平台，称为挂篮行走。挂篮行走是一项危险性较大的关键工作，需要精心组织。目前，挂篮行走的方式主要有两种，即以千斤顶顶推法和倒链拖拉法，其中千斤顶顶推法以其施工方便、行走速度快、劳动强度低等特点被广泛使用。

（2）钢筋制作、安装

钢筋在钢筋棚集中加工，现场绑扎成型。混凝土浇筑前，钢筋表面必须清洁、无油污等，钢筋下料绑扎、固定必须严格按图施工。

（3）钢铰线下料、编束和穿束

按设计图表的下料长度下料，下料采用圆盘锯切割，使钢绞线的切割面为一平面，以便在张拉时检查断丝。编束后用 18～20 号铁丝绑扎牢固。为便于穿入，端部焊成锥体状，用铁皮包裹以防止穿坏波纹管。中短束采用人工穿束，长、曲线束采用卷扬机牵引，穿束前清除孔内杂物。

（4）混凝土施工

箱梁节块混凝土采用泵送一次浇筑成型。浇筑顺序为：横向对称进行，纵向由外向内分层浇筑。浇筑过程中两端平衡进行，混凝土自重偏差控制在 -3%～+3%。混凝土初凝后，及时覆盖无纺土工布并安装自动喷淋装置确保养护湿度，洒水养护不少于 7 d，随后用塑料薄膜覆盖 28 d。

（5）张拉、压浆、封端

详见 0 号块施工工艺要求。

3. 注意事项

①在 6 级以上大风、大雾和大雨天气下不得进行挂篮拼装、移动、拆除作业，雨后上挂篮前要做好防滑措施。挂篮设备经过大风、大雨后，要全面检查。

②挂篮走行必须在白天进行，严禁在夜间移动挂篮。

③挂篮设备施工时构部件不得任意改动，不得任意增减挂篮构部件。

④箱梁各阶段立模标高 = 设计标高 + 预拱度 + 挂篮满载后自身变形；后浇筑梁段应在已施工梁段有关实测结果的基础上做适当调整，以逐渐消除误差，保证结构线形匀顺。

⑤箱梁各阶段混凝土浇筑前，必须严格检查挂篮中线、挂篮底模标高，纵、横、竖三向应力管道，钢筋、锚头、人行道及其他预埋件的位置，认真核对无误后方可浇筑混凝土。

⑥各梁段施工加强梁体测量、观测，注意挠度变化。梁段悬臂浇筑时，T 构（悬臂浇筑连续梁或者连续刚构没有合龙以前的结构形态）两端施工荷载要尽可能保持平衡，并注意防止左右偏载。两端浇筑混凝土进度之差不得大于 2 m³，悬臂阶段混凝土应一次浇筑成型。

⑦张拉过程中，装锚、量尺工人必须正确佩戴安全绳，且张拉过程中千斤顶前方不得站人，以防止张拉过程中预应力钢筋断裂，千斤顶飞出伤人。

（三）支架现浇段（直线段）施工

边跨支架上的现浇部分，可在墩旁搭设临时墩支承平台，一般采用万能杆件、贝雷架等拼装，在其上整体或分段浇筑。

当与采用顶推法施工的连接桥相接时，可把现浇梁段临时锚固在顶推梁上，到位后再进行梁的连接。其步骤如下：

设置临时桩基→浇筑钢筋混凝土承台→加宽边墩混凝土承台和设置预埋件→拼装扇形全幅万能杆件支架→搭设型钢平台→加载试压→安装现浇底模和侧模，底模下设木楔调整块→测量底板高程（包含预抬量）和位置→绑扎底腹板钢筋、安装竖向预应力筋和底板纵向预应力管道及安装端模和腹板模→自检及监理工程师验收→浇筑底板和腹板混凝土→养生待强→安装内顶模→绑扎顶板底钢筋→安装纵向及横向预应力管道→绑扎顶板顶层钢筋→自检及监理工程师验收→浇筑顶板混凝土→养生凿毛→拆除端头模板→张拉竖向预应力筋和顶板横向预应力筋→拖移外侧模→拆除箱内模板。

（四）合龙段施工及体系转换

连续梁全梁施工的过程是先从各墩顶梁段（0 号段）开始完成每个 T 构单元（由墩顶梁段与桥墩构成）的施工，再将各 T 构单元拼接而形成整体连续梁，这种 T 构拼接的过程就是合龙。合龙是连续梁施工和体系转换的重要环节，合龙施工必须满足受力状态的设计要求和保持梁体线形，控制合龙段的施工误差。

1. 合龙段施工一般要求

①连续梁的合龙施工顺序为：边跨至中跨的顺序合龙、中跨至边跨的顺序合龙、先形成双悬臂刚构再顺序合龙、全桥一次性合龙。公路工程连续梁悬臂施工的合理施工顺序应按设计要求进行。设计无要求时，宜按照先边跨，后次边跨，最后中跨的顺序合龙。

②合龙施工前应对梁端悬臂梁段的轴线、高程和梁长受温度影响的偏移值进行观测，并应根据实际观测值进行合龙的施工计算，确定准确的合龙温度、合龙时间及合龙程序。

③对合龙段两端的悬臂梁段采取施加水平推力的方式调整梁体应力时，千斤顶施力应对称、均衡。

④合龙时，宜采取措施将合龙口两侧悬臂端予以刚性连接，再浇筑合龙段混凝土。合龙段混凝土宜在一天中气温最低且稳定的时间内浇筑，浇筑后应及时覆盖洒水养护。

⑤合龙时，在桥面上设置的全部临时施工荷载应符合施工控制的要求。对预应力混凝土连续梁，合龙后应在规定的时间内尽快拆除墩梁临时锚固装置，按设

计规定的程序完成体系转换和支座反力调整。

⑥合龙梁段混凝土应按设计采用微膨胀混凝土，混凝土强度等级宜较设计要求提高一级。

2. 合龙段施工方法

合龙段施工通常采用吊架或挂篮施工。其中合龙段锁定和合龙段配重是合龙段施工的两关键工作。

（1）合龙段锁定

合龙段锁定的目的是在合龙前将悬臂端与边跨现浇段做临时连接，使其保持相对固定，以防止合龙段混凝土在浇筑及早期硬化过程中发生明显的体积变化，确保合龙段接缝不会出现裂缝。合龙段锁定有内刚性支撑法、外刚性支撑法、刚性支撑和临时束共同作用法三种。

通常合龙段锁定采用刚性支撑和临时束共同作用法。该法一般采用焊接劲性骨架和张拉临时预应力束，达到对合龙段"既压又撑"。支撑劲性骨架采用"预埋组合型钢＋连接组合型钢＋预埋组合型钢"三段式结构，其断面面积及支承位置根据锁定设计确定。合龙时，在两预埋组合型钢之间设置连接组合型钢，并由连接钢板将连接组合型钢与预埋组合型钢焊接成整体。在合龙段和悬臂端上设置临时预应力束，通过张拉临时预应力束达到对合龙段的固定。临时预应力束按设计布置，并在劲性骨架顶紧后进行张拉，临时束张拉锚固后不压浆，合龙完毕后将拆除。

（2）配重的设置

配重的目的是保持结构在施工中整个梁体的受力和变形协调一致。配重按其作用可以分为两种：一是基本配重，二是附加配重。基本配重主要是指等量替换合龙段混凝土湿重，这是为了确保梁体的挠度能达到设计值而设置。附加配重则根据实际施工状况来定，浇筑时如果出现了重量偏差，就要施加附加配重。配重一般都是用水箱和砂袋来进行加载，根据经济、施工方便确定，在浇筑合龙段混凝土时随着浇筑同步释放压重。配重设置的方法主要有三种：等量配重法、等位移配重法、等弯矩配重法。

3. 体系转换

对于悬臂浇筑的桥梁结构，按照一定的顺序施工合龙和拆除支座、墩顶梁段临时锚固装置，将悬臂浇筑施工的静定结构转换为成桥状态的超静定连续梁，即为体系转换。公路工程连续梁悬臂浇筑施工中，体系转换步骤如下：边跨合龙段施工→拆除临时锁定装置和临时支座→形成两个单悬臂静定梁体系→中跨临时锁定→中跨合龙段施工→中跨预应力施工→完成连续梁体系转换。

其中，需要注意的是公路工程技术规范规定在合龙段完成后拆除墩梁临时锚固装置，而铁路规范规定在合龙段混凝土浇筑前拆除合龙段一侧的墩梁临时锚固装置，其临时锚固装置拆除的时间点不同，表示其体系转换的方式有差异，造成结构的内力有变化。两种情况下，箱梁内力变化差异不大。先拆除临时锚固装置后浇筑合龙段混凝土，箱梁线形能够准确控制；先浇筑合龙段混凝土后拆除临时锚固装置，箱梁线形控制难度较高。

（五）施工监控

悬臂浇筑法是一种自架设体系施工法，其在施工过程中必然给桥梁结构带来较为复杂的内力和位移变化。为使桥梁的线形和内力达到设计的预期值，桥梁施工监控成为十分关键的一环。当发现施工过程中监测实际值与计算的预计值相差过大时，应立即进行检查和分析原因，避免施工质量和安全事故的发生。

在采用悬臂浇筑法施工前应编写详细的监控方案，经批准审批后组织实施。监控的内容主要包括梁体的线形监控及施工应力、温度场、混凝土弹性模量、预应力的监控等。

（六）悬臂浇筑梁段混凝土注意事项

①挂篮就位后，安装并校正模板吊架，此时应对浇筑预留梁段混凝土进行抛高，以使施工完成的桥梁符合设计高程。抛高值包括施工期结构挠度、因挂篮重力和临时支撑释放时支座产生的压缩变形等。

②模板安装应核准中心位置及高程，模板与前一段混凝土面应平整密贴。如上一节段施工后出现中线或高程误差需要调整时，应在模板安装时予以调整。

③安装预应力预留管道时，应与前一段预留管道接头严密对准，并用胶布包贴，防止灰浆渗入管道。管道四周应布置足够定位钢筋，确保预留管道位置正确，线形平顺。

④浇筑混凝土时，可以从前端开始，应尽量对称平衡浇筑。浇筑时应加强振捣，并注意对预应力预留管道的保护。

⑤为提高混凝土早期强度，以加快施工速度，在设计混凝土配合比时，一般加入早强剂或减水剂。混凝土梁段浇筑一般以 5～7 d 为一个周期。为防止混凝土出现过大的收缩、徐变，应在配合比设计时按规范要求控制水泥用量。

⑥梁段拆模后，应对梁端的混凝土表面进行凿毛处理，以加强接头混凝土的连接。

⑦箱梁梁段混凝土浇筑，一般采用一次浇筑法。在箱梁顶板中部留一窗口，混凝土由窗口注入箱内，再分布到底模上。当箱梁断面较大时，考虑梁段混凝土数量较多，每个节段可分两次浇筑，先浇筑底板到肋板倒角以上，待底板混凝土达一定强度后再支内模，浇筑肋板上段和顶板。其接缝按施工缝要求进行处理。

⑧箱梁梁段分次浇筑混凝土时，为了不使后浇混凝土的重力引起挂篮变形，导致先浇筑混凝土开裂，应采取消除后浇混凝土引起挂篮变形的措施。

第三节　其他桥梁施工技术

桥梁按照结构形式分类，可分为梁桥、斜拉桥、悬索桥及拱桥，本节主要是针对斜拉桥、悬索桥及拱桥的常用施工技术进行简要的介绍。

一、斜拉桥施工

斜拉桥也称斜张桥、斜缆桥或牵索桥等，它是一个由基础、索、塔、梁四部分构件组成的超静定组合体系结构，由高强钢材制成的斜拉索从塔上斜向将主梁多点吊起，并将主梁的恒载和车辆荷载传至墩柱，再通过塔柱基础传至地基。主梁因斜拉索的作用而成为具有若干弹性支承点的连续梁，使其结构尺寸大大减小，自重显著减轻，既节省了材料，又大幅度地增大了桥梁的跨越能力。

斜拉桥上部结构的施工主要包括三部分，即索塔施工、主梁施工及斜拉索施工。

（一）索塔施工

斜拉桥索塔一般由基础、承台塔座、下塔柱、下横梁、中塔柱、上横梁、上塔柱（拉索锚固区）、塔顶建筑八部分或其中几部分组成。按建筑材料分，索塔通常分为钢筋混凝土索塔和钢索塔等。

1. 钢筋混凝土索塔施工

钢筋混凝土索塔施工可以采用支架现浇法、滑模及翻模法、预制吊装法等多种方法，其横梁可采用满堂支架法或托架现浇法施工。

①支架现浇法。这种方法工艺成熟，无须专用的施工设备，能适应较复杂的断面形式，锚固区的预留孔道和预埋件的处理也较方便，但其缺点是施工周期较长。跨度 200 m 左右的斜拉桥，一般塔高在 40 m 上下，支架现浇比较合适。

②滑模和翻模法。此种方法是斜拉桥索塔最常用的施工方法。这种方法的优点是施工速度快，适用于竖直或倾斜的高塔施工；缺点是对斜拉索锚固区预留孔道和预埋处理困难。

③预制吊装法。这种方法要求有较强起重能力的吊装设备，当桥塔不是太高时，可以加速施工进度，降低高空作业的难度和劳动强度。混凝土结构一般采用卧式预制，由绞车和滑轮配合锚在对岸山壁上的钢丝绳和滑轮进行吊装。

2. 钢索塔施工

钢索塔通常采用预制拼装，主要包括工厂分段加工和现场吊装两个阶段。

（1）工厂分段加工

钢索塔构件在工厂按照设计图纸和技术规范进行加工，加工完毕后的构件经过立体试拼装合格后方可出厂。

（2）现场吊装

钢索塔在现场吊装时常采用现场焊接接头、高强度螺栓连接、焊接和螺栓混合连接等形式进行装配，其操作应遵循一般钢结构的拼装要求，特别应注意尺寸的准确性，并使结构单元简化，减少拼装时的吊装次数。

（二）主梁施工

斜拉桥主梁施工方法与梁式桥基本相同，大体上可以分顶推法、平转法、支架法及悬臂法四种。

1. 顶推法

顶推法的特点是施工时需在跨间设置若干临时支墩，顶推过程中主梁反复承受正、负弯矩。该法较适用于桥下净空较低、修建临时支墩造价不大、支墩不影响桥下交通、抗压和抗拉能力相同，能承受反复弯矩的钢斜拉桥主梁的施工。对混凝土斜拉桥主梁而言，拉索水平分力能对主梁提供免费预应力。例如，在拉索张拉前顶推主梁，临时支墩间距又超过主梁负担自重弯矩能力时，为满足施工需要，需设置临时预应力束，在经济上不合算。

2. 平转法

平转法是将上部构造分别在两岸或一岸顺河流方向的支架上现浇，并在岸上完成所有的落架、张拉、调索等安装工作，然后以墩、塔为圆心，整体旋转到桥位合龙。平转法适用于桥址地形平坦、墩身矮和结构系适合整体转动的中小跨径斜拉桥。我国四川马尔康地区的金川桥（跨径为 68 m+37 m）就是采用平转法施工的，该桥采用塔、梁、墩固体体系的钢筋混凝土独塔斜拉桥，塔高 25 m，中跨为空心箱梁，边跨为实心箱梁。

3. 支架法

当所跨越的河流通航要求不高或岸跨无通航要求，且允许设置临时支墩时，可以直接在脚手架上拼装或浇筑主梁，也可以在临时支墩上设置便梁，在便梁上拼装或浇筑主梁。这种方法的优点是施工简单方便，且能确保主梁结构满足设计线形的要求。

4. 悬臂法

悬臂法既可以是在支架上修建边跨，然后中跨采用悬臂施工法施工的单悬臂法；也可以是对称平衡方式的双悬臂法。悬臂施工法分为悬臂拼装法和悬臂浇筑法两种。悬臂拼装法一般是先在塔柱区现浇一段放置起吊设备的起始梁段，然后用各种起吊设备从塔柱两侧依次对称安装节段，使悬臂不断伸长直至合龙。悬臂浇筑法是从塔柱两侧用挂篮对称逐段就地浇筑混凝土。我国大部分混凝土斜拉桥主梁都采用悬臂浇筑法施工。

综上所述，支架法和悬臂法是目前混凝土斜拉桥主梁施工的主要方法，前者适用于城市立交或净高较低的岸跨主梁施工；后者适用于净高很大的大跨径斜拉桥主梁施工。

（三）斜拉索施工

斜拉索是斜拉桥的一个重要组成部分，桥跨结构的重力和桥上活荷载绝大部分或全部通过斜拉索传递到塔柱上。斜拉索施工包括斜拉索的制作、斜拉索的运输、挂索、斜拉索张拉与索力测定。

1. 斜拉索的制作

为保证斜拉索质量，斜拉索制作一般不宜在施工现场制作，最好进行工厂化生产，并对斜拉索进行跟踪检验。斜拉索的防护分为永久防护和临时防护。临时防护为从出厂到开始永久防护的一段时间。永久防护为斜拉索钢材下料到桥梁营运期间，分为内防护和外防护。内防护是直接防止斜拉索锈蚀，外防护是保护内防护材料不致露出、老化等。

2. 斜拉索的运输

斜拉索在制索场制成后，暂时堆放在制索场并在安装前运到桥上。对小直径的短索来说，其运输困难不大，但对直径较大且已制作了刚性索套的长索来说，其运输困难是很大的。这不仅是由于大直径索比较重，更重要的是带有索套的索不允许有过小的弯曲半径，否则很容易导致索套开裂破坏。

在专门制索厂制作的斜拉索需经长途运输时，斜拉索可以盘绕成盘后用汽车或火车运送，盘绕外径不得小于索径的 250 倍。索表面应用麻条或纤维布两层缠包，以保护锚头不生锈。

3. 挂索

挂索是将斜拉索引架到桥塔锚固点和主梁锚固点之间的位置上，其作业方法一般有三种。

（1）在工作索道上引架

这种方法是先在斜拉索位置安装一条工作索道，斜拉索沿着工作索道引架就位。国外早期的斜拉桥较多采用这种方法，目前这种方法已很少使用。

（2）由临时钢索及滑轮吊索引架

这种方法是在待引架的斜拉索上先安装一根临时钢索的导向索。斜拉索挂在沿导向索滑动并与牵引索相连接的滑动吊钩上，用绞车引架就位。

（3）利用卷扬机或起重机直接引架

这种方法最为简捷，也特别适用于密索体系的悬臂施工。浇筑桥塔时，在塔顶预埋扣件，挂上滑轮组，利用桥面上的卷扬机和牵引绳通过转向滑轮和塔顶滑轮将斜拉索起吊，一端塞进箱梁，一端塞进桥塔。这种方法在吊装过程中可能会损伤索外的防护材料，需小心施工。

4. 斜拉索张拉与索力测定

斜拉索张拉是用千斤顶对斜拉索的索力进行调整。索力的大小，根据各个不同的工况，经计算后给定。要在施工中准确控制索力，首先掌握测定索力的方法。索力的测定方法有压力表测定千斤顶油压法、压力传感器测定法和振动频率法。

（四）施工控制

斜拉桥是高次超静定结构，为了确保斜拉桥在施工过程中结构的受力状态和变形处在设计值的安全范围内，成桥后的主梁线形符合预期的目标，并使结构处于理想的受力状态，故在施工过程中对其进行施工控制有着十分重要的必要性。

斜拉桥上部结构施工时应对其施工过程进行控制，应保证结构在施工过程中始终处在安全范围内，成桥后的线形、内力和索力应符合设计要求。施工控制的方法宜根据结构特点、施工方案和环境条件等因素综合选择确定。

斜拉桥的施工控制宜遵守以下原则：在主梁悬臂施工阶段以高程控制为主；在二期恒载施工阶段以索力控制为主。

施工控制应贯穿在斜拉桥施工全过程中，除施工应按规定的程序进行外，对各类施工荷载应加强管理，并应对施工过程中的变形、应力和温度等参数进行监控测试，且采集的数据应准确、可靠。监控测试应符合下列规定：

①宜选择无风或微风的天气进行测试，减小风对测量的不利影响。

②测试时应停止桥上的机械施工作业，消除机械设备的振动及不平衡荷载等对测试产生的不利影响。

③各种测试均应在尽可能短的时间内完成，应避免测试条件产生较大的变化。测量宜在夜间气温相对稳定的时段进行。

二、悬索桥施工

悬索桥是指以通过索塔悬挂并锚固于两岸（或桥两端）的缆索（或钢链）作为上部结构主要承重构件的桥梁。主缆吊索将荷载作用传递到索塔、锚碇。悬索桥中主要的锚碇、索塔、索鞍、主缆吊索与索夹、钢箱梁等构造部分使悬索桥具有跨径大、材料耗费较少、桥型轻巧优美等特点。

悬索桥施工的一般程序：基础施工→锚碇施工→索塔施工→主悬索施工→加劲梁施工→桥面工程及附属设施施工。

（一）施工准备

由于现代大跨度悬索桥的规模都很大，所处环境复杂多变，在施工前必须做好充分准备。准备工作内容包括施工场地的准备和加工件的制作。

1. 主索鞍、散索鞍和索夹制作

主索鞍是设置于悬索桥索塔塔顶，用于支撑主缆的永久性大型钢构件。主索鞍主要由鞍头（放置主缆索股的承缆槽）、鞍身（支撑鞍头的骨架）、上底座板（整个鞍体的支撑）、附属装置（下底座板、摩擦副、导向装置等）四部分组成。主索鞍的制作方式有全铸式、铸焊式、全焊式、假焊式等。散索鞍设置于锚碇前端，将锚面与主索之间的主缆分为锚跨和边跨，其主要功能是将主缆索股在竖直方向散开，引入锚固点。散索鞍的制作方式有全铸式、铸焊式、全焊式。索夹是

将上缆和吊索相连接的连接件，大跨悬索桥的索夹一般为两个半圆形的铸钢构件，由高强螺栓固定在主缆上。

2. 主缆制作

主缆是悬索桥的主要承重结构。主缆的形成有空中纺丝法（AS 法）和预制平行索股法（PPWS 法）两种，前者无须预先制作索股，直接在桥上架设。为便于主缆截面最终被压缩成圆形，PPWS 法是将丝股先排成六边形，再通过紧细挤压成圆形。

3. 吊索制作

吊索是连接主缆和加劲梁的主要构件，分为竖直吊索和斜用索两种，后者应用较少。竖直吊索一般采用镀锌钢丝绳制作。钢丝绳吊索的制作工艺流程：材料准备→预张拉→弹性模量测定→长度标记→切割下料→灌铸锥形锚块→灌铸热铸锚头→恒载复核→吊索上盘。

4. 锚头灌铸

悬索桥所用的锚头有主缆索股锚头和吊索锚头。锚头铸体一股采用锌铜合金材料。灌铸锚头的施工顺序如下：

①在索股端部的适当位置绑扎钢丝，以防止索股扭转和滑动。

②清洗索股端部钢丝和锚杯内壁的污物，同时测量锚杯容积，以控制灌铸量。

③将索股端部穿入锚杯并均匀散开，使其中心尽量与锚杯中心一致，用清洗剂清洗插入的钢丝和锚杯内壁并安装定位夹具，以保证钢丝的位置正确和锚固长度。

④将准备好的索股提升到灌锚架上，对锚具进行拉平、定位，以保证锚杯顶面与索股保持垂直，然后封底。利用预热罩对装好的锚杯进行预热，用坩埚电炉镕炼事先已配好的镀锌铜合金。

当锚杯预热温度到指定温度时开始灌铸，并通过称量法检查合金的实际灌铸量（不得小于理论值的 92%），灌铸后待合金温度降至 80 ℃时，用千斤顶从锚杯后面对灌铸的合金进行预压，使其变形量符合设计要求。

5. 加劲梁制造

加劲梁直接承受和传递车辆荷载、风荷载、温度荷载和地震作用，并控制着荷载的分布和大小。加劲梁常采用钢箱梁和钢桁梁。钢箱梁的制造过程：切割→

零件和部件矫正→部件及组拼件制造→梁段制造→梁段顶拼及验收→焊接。

钢桁梁的制造过程：切割→制孔→部件组装→梁段试装→焊接、铆接、栓焊接。

（二）锚碇施工

锚碇基础分为直接基础、沉井基础、复合基础和隧道基础等。锚碇施工包括主缆锚固体系施工、锚碇体施工和散索鞍安装。

1. 主缆锚固体系施工

在重力式锚碇中，锚固体系根据主缆在锚块中的锚固位置分为后锚式和前锚式两种结构形式。

后锚式是将索股直接穿过锚块，在锚块后面锚固；前锚式是索股锚头在锚块前锚固，通过锚固体系将主缆拉力作用到锚体上。前锚式锚固体系又分为型钢锚固体系和预应力锚固体系两种结构形式。

型钢锚固体系的施工程序：预制锚杆、锚梁→现场拼装支架→安装前锚梁→安装锚杆→精确调整位置→浇筑锚体混凝土。

预应力锚固体系的施工程序：基础施工→安装预应力管道→浇筑→锚体混凝土→管道中穿预应力筋→安装锚固连接器→张拉预应力筋→预应力管道压浆→安装、张拉索股。

2. 锚碇体施工

悬索桥的锚碇体属于大体积混凝土结构，尤其是重力式锚碇，因而要按大体积混凝土的施工方法进行施工。

3. 散索鞍安装

散索鞍的安装在底座板安装好后进行，而底座板通过在散索鞍混凝土基础中精确预埋的螺栓固定在基础上。散索鞍是重型构件，需要大型起重设备安装。安装时，可采用重型起重机，也可采用贝雷架或万能杆件架设的龙门架。隧道锚的散索鞍则采用整体拖运和溜放，再用千斤顶顶升就位。

（三）索塔施工

索塔按材料可分为钢筋混凝土塔和钢塔。钢筋混凝土塔一般为门式刚架结构，由箱形空心塔柱和模系梁组成。钢塔常见的结构形式有桁架式、刚架式和混合式等。

钢筋混凝土塔身施工时，其模板常采用滑模、爬模、翻模、辊模等形式。塔柱竖向主钢筋接长常采用冷弯套管连接、电渣焊、气压焊等方法。混凝土常采用泵送或吊罐运输。塔身施工到塔顶时，需预埋主索鞍钢框架支座螺栓和塔顶吊架、施工猫道预埋件。

（四）主缆施工

1. 牵引系统

牵引系统是架于两锚碇之间，跨越索塔并用于空中拽拉的牵引设备。它主要承担猫道架设、主缆架设和部分牵引吊运工作。牵引系统常用的有循环式和往复式两种形式。架设牵引索之前，通常是先将比牵引索细的先导索渡江（海、河），然后利用先导索架设牵引索。

2. 猫道

猫道是为架设土缆、紧缆、安装索夹、安装吊索以及空中作业所提供的脚手架。猫道承重索的线形与主缆基本一致，在架设过程中要注意左右边跨、中跨作业平衡，尽量减少对塔的变位影响，确保主缆架设质量。猫道上有横梁、面层、横向通道、扶手绳、栏杆立柱、安全网等。

3. 主缆架设

空中纺丝法的施工步骤：首先进行标准丝段架设，即把预先在工厂制作好的标准丝段引上猫道，并按设计位置架设就位；其次进行丝股架设，通过多次空中纺丝，使钢丝在散索鞍、主索鞍和猫道上的成型导具内按设计位置排列，形成丝股；最后进行丝段调整。

预制平行索股法的施工步骤：首先进行索股架设，利用拽拉器将索股牵引到对岸的锚碇处，并安装好索股前端的锚头引入装置；其次用塔顶和散索鞍顶横移装置将索股横移到规定的位置；再次进行索股整形，放入鞍座内；最后将锚头引入并锚固。

4. 紧缆

索股架设完成后，需通过紧缆工作，把索股群整形为圆形。

5. 安装索夹

紧缆完成后，在主缆上用螺栓将索夹安装就位。索夹安装的顺序是中跨从跨中向塔顶进行，而边跨从散索鞍向塔顶进行。

6. 架设吊索

架设吊索时，采用塔顶吊机将吊索提升到索塔顶部，再用缆索天车将其从放丝架上吊运到架设地点后进行安装。

（五）加劲梁架设

对于桁架式加劲梁，其架设办法可分为按架设单元的架设方法和按连接状态的架设方法。

按架设单元可分为按单根杆件、桁片（平面桁架）、节段（空间桁架）进行架设三种方法。这三种方法可以分别使用，也可以根据需要在同一座桥上采用多种方法。按连接状态架设可分为全铰法、逐次刚接法和有架设铰的逐次刚接法。

箱形加劲梁架设一般采用节段架设法，即在工厂预制成梁段，并进行预拼，将梁段运到现场后，用垂直起吊法架设就位，最后进行加劲梁焊接。

三、拱桥施工

拱桥是比较常见、具有我国民族传统特点的桥梁结构形式。条件适当时，拱桥是十分经济、合理、坚劲和美观的结构。

拱桥因为在跨径、材料、位置以及结构形式等方面存在差异，因此其施工方法也不同。拱桥的施工方法主要有拱架法、缆索吊装法、劲性骨架法和转体法。

（一）拱架法施工

施工时采取搭设临时性支架施工上部结构的方法，这种施工方法也称拱架法。其步骤是先使用钢材以及木材等材料搭设形成拱架，接着在拱架上完成主拱圈施工，待主拱圈及其拱上结构施工完毕后，再拆除拱架。

在拱架上对拱圈进行施工时，拱架会由于荷载不断加大而发生相应的变形，可能导致已施工完成的部分圬工出现裂缝。为了使各个施工环节的拱架获得均衡受力，使变形程度最低，保证拱圈质量，务必要使用合理的施工方法以及步骤。该种施工方法对那些跨度较小的桥梁较为合适，而且工艺简单，能对施工精度产生影响的因素不多，再加上施工控制力度不足而导致的不良后果也不是非常明显，因此人们易于将其重要性忽略。

（二）缆索吊装法施工

缆索吊装法就是通过缆索吊机开展水平运输工作，将拱圈节段垂直起吊并进行安装，利用悬扣（也可以是构成悬臂析桁架）进行分段安装，并于最后将拱圈合龙。缆索吊装法也称为无支架施工法，属于拱桥施工过程中经常使用的一种方法。其不仅跨越能力强，而且不论是水平还是垂直运输都灵活、机动，不会因为地形或者是施工场地等而受到影响，同时施工方便快捷。目前该方法主要应用于跨度较大的钢管混凝土拱桥建设过程中。

现今，采用缆索吊装法施工的拱桥单跨跨径极限值已经超过了500 m。从单跨缆索演变为双跨连续缆索，其单跨径极限值已超过400 m，吊装质量实现了75 t，可以对跨径160 m左右的分段预制箱形拱桥进行吊装。与此同时，缆索架桥设备不断改进，目前已开始成套生产。

（三）劲性骨架法施工

劲性骨架法就是以钢骨架作为拱圈的劲性拱架，采用现浇混凝土包裹骨架，最后形成钢筋混凝土拱桥。施工中，先将拱圈的全部受力钢筋按设计形状和尺寸制成，并安装就位合龙形成钢骨架，然后用系吊在钢骨架上的吊篮逐段浇筑混凝土。当骨架全部由混凝土包裹后，就形成钢筋混凝土拱圈（或拱肋）。用这种方法施工的钢骨架，不仅要满足拱圈的要求，在施工中还要起临时拱架的作用，因此，需有一定的刚性。一般选用劲性钢材（如角钢、槽钢、钢管等）作为拱圈的受力钢筋。劲性骨架法因能解决拱桥施工的"自架设问题"，目前主要用于大跨径拱桥中。这种埋入式拱架的方法在国内外已有施工实例，国外称为"米兰拱"。

采用劲性骨架法进行拱桥上部施工时，主要施工步骤：劲性钢骨架制作→劲性钢骨架安装→拱肋浇筑→横梁和吊杆安装。

（四）转体法施工

转体法是将拱圈或整个上部结构分成两个半跨，分别在河两岸利用地形或简单支架浇筑或预制装配成半拱。然后，利用动力装置将两半拱转动至桥轴线位置上或设计标高合龙成拱。转体法可减少大量的高空作业，施工安全，并可大幅度地减少对桥下交通的干扰。转体法可按转动方向分为三大类：竖向转体法、平面转体法和平竖结合转体法。

竖向转体法：拱肋制作时的平面位置相同，但拱肋在低位或靠山仰坡上制作，然后再从两边逐渐抬升或放倒预制拱肋搭接成桥。竖向转体法一般只在中、小跨径拱桥中使用。

平面转体法：将拱圈分成两个半跨，分别利用两岸地形立简单支架，现浇或预制拼装拱肋，安装拱肋横向联系，把扣索一端锚固在拱肋端部（靠拱顶附近），慢速将拱肋转体 180°（或小于 180°）合龙，最后再进行主拱圈和拱上建筑施工。关键设备是转盘。

平竖结合转体法：将竖向转体法与平面转体法结合是钢管混凝土拱桥施工中对转体法发展所做出的突出贡献，同时转体重量也有了极大的提高，它使转体法进入了新的发展阶段。

第五章 桥梁下部结构施工技术

桥梁下部结构主要是指桥梁支座以下的支撑结构，包括桥墩、桥台和墩台之下的基础，是将上部结构及其承受的交通荷载传入大地的构造物。桥梁下部结构的施工在整个桥梁建设过程中尤为关键，其施工质量高低决定了整个桥梁的建设水平。桥梁基础工程方案主要取决于其地基土的工程性质、水文地质条件、荷载特性、桥梁结构形式及使用要求等因素，基础工程设计类型目前常采用混凝土扩大基础、桩基础、沉井基础等。近年来，随着我国桥梁基础工程施工水平逐年提高，深、长、大直径基础应用更加广泛。

第一节 基础施工技术

桥梁基础作为桥梁构造物的重要组成部分，起着支承桥跨结构，保持体系稳定，把上部结构、墩台自重及车辆荷载传递给地基的重要作用。

桥梁基础可以根据埋置深度及施工工艺特点将其分为浅基础和深基础。一般将埋置深度较浅（通常在 5 m 以下），只需经过开挖、排水等普通施工程序就可以建造起来的基础称为浅基础，通常包括独立基础、条形基础、筏形基础和箱形基础；由于地层土质不良或建筑物荷载过大需将基层底面置于较深的（通常在 5 m 以上）良好的土层上，且施工较为复杂的基础称为深基础，如桩基础、沉井基础、沉箱基础和地下连续墙等。

实际上，浅基础和深基础没有绝对明确的尺寸界限，因此，大多数埋深较浅、一般可用较简便的方法来修建的均属于浅基础，而采用桩基、沉井、地下连续墙等某些特殊施工方法修建且利用较深土层承载的基础则称为深基础。所谓施工复杂，通常指施工需要专门的设备及经过专门培训的施工人员。对于某些特定情况，基础在土层内埋置深度较浅，但在水下部分较深，如深水中的桥墩基础，称为深水基础，在施工中应作为深基础考虑。本节下面仅对浅基础施工和深基础中的桩基础施工进行介绍。

一、浅基础施工

浅基础也称扩大基础或明挖基础，是指在原地面直接开挖修筑的一种桥涵基础，一般以片石（块石）、片石混凝土、素混凝土或钢筋混凝土建造。桥梁墩（台）常用的浅基础的平面形式有矩形、圆端形、圆形、八角形和 T 形等。

无论何种形式的浅基础，在实际施工过程中常根据工程地质和水文地质、开挖的深浅与大小以及有无水和水量大小等情况的不同，将其施工方法分为无支护开挖（直接开挖）法和支护开挖法。

公路工程桥梁的浅基础一般设于承载力较高的基岩上。

（一）基坑开挖前的准备

基坑开挖与自然条件联系较密切，应充分了解工程周围环境与基坑开挖的关系。在确保基坑及周围环境安全的前提下，合理确定施工方案，准确选用支护结构。

①了解工程地质及水文地质条件。在施工前应掌握工程地质报告，对基坑处的地质构造、土层分类及参数、地层描述、地质剖面图及钻孔柱状图应充分了解。

②工程周围环境调查。基坑开挖会引起周围地下水位下降，地表沉降会为周围建筑物、管线及地下设施带来影响，因此在基坑开挖前，应对周围环境进行调查，采取可靠措施将基坑开挖对周围环境的影响控制在允许的范围内。

③浅基础地基施工前，应对基坑边坡进行稳定性验算，并制订专项施工方案和安全技术方案。若基坑开挖需爆破，爆破作业的安全管理应符合现行国家标准的规定。

④基坑开挖时应对其边坡的稳定性进行验算，对于开挖深度超过 5 m 的特大型深基坑，除按照边开挖、边支护的原则开挖外，在施工开挖之前，应编写专项的边坡稳定监测方案。

⑤基坑的定位放样。在基坑开挖前，测量放样人员应根据施工技术人员提供的基坑开挖边线尺寸及位置计算出基坑边线控制点坐标，采用全站仪或 GPS 放样出基坑的开挖范围。

（二）引截地表水

基坑开挖前应先做好地面排水系统，在基坑坑顶外缘四周向外设置排水坡或设置防水梁，在适当距离处设截水沟，应采取防止水沟渗水的措施，避免影响坑壁稳定。在雨季施工过程中，特别注意地表水的截流，防止基坑大规模进水。

（三）基坑开挖

1．无支护开挖

当基坑所处区域土质条件较好，无水或有少量地下水，基坑深度较浅，施工期较短，基坑开挖不影响周边建筑物安全时，可采用无支护形式对基坑进行开挖并尽量在少雨季节施工。

（1）开挖形式的选择

常见的无支护基坑坑壁形式有垂直坑壁、斜坡和阶梯形坑壁、变坡度坑壁3种。

天然含水量接近最佳含水量，构造均匀，不致发生坍滑、移动或不均匀下沉土质的基坑开挖可采取垂直坑壁的形式。不同土质状态无支护垂直坑壁基坑容许深度见表5-1。

表 5-1　不同土质状态无支护垂直坑壁基坑容许深度

土的类别	容许深度 /m
密实、中密的砂类土和砾类土（充填物为砂类土）	1.00
硬塑、软塑的低液限粉土，低液限黏土	1.25
硬塑、软塑的高液限黏土，高液限黏质土夹砂砾土	1.50
坚硬的高液限黏土	2.00

附近无重要构筑设施、地下管线及施工场地许可的地区，基坑深度在 5 m 以内，土的湿度正常、土层构造均匀，基坑坑壁坡度可参考表5-2，采用斜坡开挖或按相应斜坡高、宽比值挖成阶梯形坑壁，每级台阶高度以 0.5 ～ 1.0 m 为宜。阶梯可兼作人工运土的台阶。

表 5-2　基坑坑壁坡度

土的类别	边坡坡度（高：宽）		
	坡顶无荷载	坡顶有静载	坡顶有动载
中密的砂土	1：1.00	1：1.25	1：1.50
中密的碎石类土（填充物为砂土）、砾类土	1：0.75	1：1.00	1：1.25
硬塑的黏质粉土、粉质土、粉土质砂	1：1.67	1：1.75	1：1.00
中密的碎石类土（填充物为黏性土）	1：0.50	1：0.67	1：0.75
硬塑的粉质黏土、黏土、黏质土	1：0.33	1：0.50	1：0.67
极软岩	1：0.25	1：0.33	1：0.67
老黄土	1：0.10	1：0.25	1：0.33
软质岩	1：0	1：0.1	1：0.25
硬质岩	1：0	1：0	1：0
软土（轻型井点降水后）	1：1.00	—	—

坑壁边缘应留有护道，静荷载距基坑边缘不小于 0.5 m；动载时，坑顶缘与动载间应留有大于 1 m 的护道。如地质、水文条件不良或动载过大，应进行基坑开挖边坡检算，根据检算结果确定采用增宽护道或其他加固措施。

基坑穿过不同土层时，坑壁边坡可按各层土质采用不同坡度。当下层土质为密实黏性土或岩石时，下层可采用垂直坑壁。在坑壁坡度变化处可视需要设不小于 0.5 m 宽的平台。

当开挖后，坑壁有失稳的可能时，可对边坡进行喷射混凝土、挂网喷射混凝土及施做土钉或锚杆等方式进行坑壁防护，并应符合下列规定：

①对基坑开挖深度小于 10 m 的较完整风化基层，可直接喷射混凝土加固坑壁。喷射混凝土之前应将坑壁上的松散层或岩渣清理干净。

②锚杆、预应力锚索和土钉支护，均应在施工前按设计要求进行抗拉拔力的验证试验，并确定适宜的施工工艺。

③采用锚杆挂网喷射混凝土加固坑壁时，各层锚杆进入稳定层的长度、间距和钢筋的直径均应符合设计要求。孔深小于或等于 3 m 时，宜采用先注浆后插入

锚杆的施工工艺；孔深大于 3 m 时，宜先插入锚杆后注浆。锚杆插入孔内后应居中固定，注浆应采用孔底注浆法，注浆管应插至距孔底 50 ～ 100 mm 处，并随浆液的注入逐渐拔出，注浆的压力不宜小于 0.2 MPa。

④采用预应力锚索加固坑壁时，预应力锚索（包括锚杆）编束、安装和张拉等的施工应符合规范规定。

⑤采用土钉支护加固坑壁时，施工前应制订专项施工技术方案和施工监控方案，配备适宜的机具设备。土钉支护中的开挖、成孔、土钉设置及喷射混凝土面层等施工可按现行行业标准规定执行。

⑥不论采用何种加固方式，均应按设计要求逐层开挖、逐层加固，坑壁或边坡上有明显出水点处应设置导管排水。

（2）土石方开挖

根据地质情况可采用人工、半机械和机械等开挖方法。对于岩石基坑，必要时可进行松动爆破结合人工开挖；对于各种大、中、小桥基础工程，首选采用机械进行开挖，条件困难时可选用风镐、铁镐等工具进行开挖。采用机械开挖时，基底应留 20 ～ 30 cm 土层改为人工开挖，避免机械施工时扰动基底土层。

2. 支护开挖

①基坑支护的形式。当基坑壁坡不易稳定并有地下水渗入，或放坡开挖场地受到限制，或基坑较深、放坡开挖工程数量较大，不符合技术经济要求时，可采用坑壁有支护的基坑。

②对坑壁采取支护措施进行基坑的开挖时，应符合下列规定：

a. 基坑较浅且渗水量不大时，可采用竹排、木板、混凝土板或钢板等对坑壁进行支护；基坑深度小于或等于 4 m 且渗水量不大时，可采用槽钢、H 型钢或工字钢等进行支护；地下水位较高，基坑开挖深度大于 4 m 时，宜采用锁口钢板桩或锁口钢管桩围堰进行支护，其施工要求应符合现行行业标准《公路桥涵施工技术规范》（JTG/T 3650—2020）的相关规定；在条件许可时也可采用水泥土墙、混凝土围圈或桩板墙等支护方式。

b. 对支护结构应进行设计计算，当支护结构受力过大时应加设临时支撑，支护结构和临时支撑的强度、刚度及稳定性应满足基坑开挖施工的要求。

③重力式水泥土挡土墙。重力式水泥土挡土墙是以水泥、石灰等材料为固化剂，利用深层搅拌机械强制搅拌，利用水泥浆和软土之间发生的一系列物理反应和化学反应，使软土硬结成整体桩，充分利用原位土，形成重力式挡墙，从而提

高基坑壁的稳定性；同时，因为水泥土的渗透系数比较小，因此可兼作止水帷幕。重力式水泥土挡土墙适用于淤泥、淤泥质土、地基承载力标准值小于 120 kPa 的黏性土和粉性土等软地层区域。对于开挖深度小于或等于 7.0 m 和周边环境保护要求较低的基坑工程，基坑开挖深度为 4～6 m 时最为经济合理，对于基坑开挖深度比较大和对周围环境保护要求较高的工程要谨慎使用。对于有机质含量高、pH 值小于 7、初始抗剪强度低的土，当土中包含伊利石、氯化物、水铝英石等矿物或者地下水具有较强的侵蚀性时，加固效果比较差。

④排桩。排桩支护结构是将桩体按照一定的距离或者咬合排列形成的支护挡土结构，常用的有钢板桩、钢筋混凝土板桩、钻孔灌注桩和人工挖孔桩等。

（四）基坑排水与降水

当基坑在地下水位以下时，随着基坑的下挖，渗水将不断涌集在基坑内，因此在施工过程中需要不断地排水，以保持基坑干燥，便于基坑土方开挖和基础施工。

1. 集水明排法

集水明排法是在基坑开挖过程中，沿坑底周围开挖排水沟，在排水沟最低处设置集水井，基坑底、排水沟底与集水井底应保持一定的水流坡度，使水流入集水井，然后用水泵将集水井的水抽出基坑外。除发生严重的流砂情况外，一般情况下均可采用集水明排法排水。

集水坑一般设在下游位置，坑深应大于进水笼头高度，并用荆篱、竹篾、编筐或木笼围护，以防止泥砂阻塞吸水笼头。

采用集水坑排水时应符合下列规定：

①基坑开挖时，宜在坑底基础范围外设置集水坑并沿坑底周围开挖排水沟，使水流入集水坑内，排出坑外。集水坑的尺寸宜根据渗水量的大小确定。

②排水设备的排水能力宜为总渗水量的 1.5～2.0 倍。

2. 井点降水法

井点降水法适用于粉、细砂或地下水位较高、挖基较深、坑壁不易稳定和普通排水方法难以解决的基坑，通常有轻型井点降水法、喷射井点降水法、电渗井点降水法、水平井点降水法和管井井点降水法等。目前，在公路工程桥梁浅基础施工中常采用轻型井点降水法。

轻型井点降水系统是沿基坑四周以一定间距埋入井点管至地下含水层内，井点管的上端通过连接管与总管相连接、利用抽水设备将地下水从井点管内不断抽出，使原有地下水位降至坑底以下不小于 50 cm。该系统主要由井点管、连接管、集水总管和抽水设备等组成。

轻型井点布置应根据基坑平面的大小与深度、土质、地下水位高低与流向、降水深度等要求确定，一般有单排、双排和环形布置等方式。井点管间距一般选用 0.8 m、1.2 m 和 1.6 m 三种，井点管距离基坑边缘应大于 1.0 m，以防漏气，影响降水效果。

井点降水系统应在基坑开挖前 3 ～ 5 d 投入运行，在施工过程中要不断地抽水，保持降水效果，直至基础施工完成并回填土为止，并按要求在井点降水范围内设置水位观测井以观测降水效果。

（五）基坑检验及清理

基坑开挖到设计基底高程后，必须进行基底检验，方可进行基础施工。基底检查方法可采用观察或触探方法，触探试验包括静力触探和动力触探两种。根据基底土质条件、工程要求和操作经验，可采用不同的触探类型、探头规格和方法。对于特大桥及重要的大、中桥墩台基础等，必要时还应在坑底钻探（至少 4 m）取样做土工试验，或按设计的特殊要求进行荷载试验。

基底检验合格后，应对基底进行必要的清理，根据不同的土质按下列要求进行：

①岩层。在未风化的岩层上修筑基础时，应先将岩面上松碎石块、淤泥、苔藓等清除干净，凿出新鲜岩面，表面应清洗干净；倾斜岩层应将岩面凿平或凿成台阶，以免基础滑动；在风化岩层上建筑基础时，开挖基坑宜尽量不留或少留坑底富余量，将基础圬工填满坑底，封闭岩层。

②碎石类或砂类土层。应将其修理平整，砌筑基础时，先铺一层稠水泥砂浆。

③黏性土层。铲平坑底时，应尽量保持其天然状态，不得用回填土夯实。必要时可夯入一层厚 10 cm 以上的碎石层，碎石层顶面应略低于基底设计标高。处理完后，尽快砌筑基础，不得暴露过久，以免土面风化松软，致使土的强度显著降低。

④泉眼。应用堵塞或排除的方法处理。对水流较小的泉眼，可用木塞、圆木包缠麻袋打入泉眼或向泉眼挤速凝水泥砂浆等封堵；对水流大的泉眼，可用塑料管、钢管等塞入泉眼将水引入集水坑排出，待基础完成后，再用速凝砂浆封堵。

基底检验后报请设计院进行地质确认，经设计院确认基底承载力能满足设计要求后，应尽快进行基础施工，尽量缩短基坑暴露时间。

基底检查时如发现土质与设计不符，应按照相关程序进行设计变更，由设计院提出相应处理措施。常规的处理方法有换填地基、重锤夯实、强夯、挤密桩、砂桩、碎石桩、粉喷桩和旋喷桩等，所用处理方法应满足现行行业标准《公路桥涵施工技术规范》（JTG/T 3650—2020）的相关规定。

（六）基础施工

基础施工常采用组合钢模板就地浇筑混凝土的方式，施工中注意防止模板胀模、跑模及爆模，对桥墩（桥台）预埋钢筋要保证其位置准确，对大体积混凝土工程要采取必要的保温降温措施。其施工质量控制参照一般钢筋混凝土结构施工要求执行即可。

（七）浅基础施工控制要点

模板支立后应具有足够的强度、刚度和稳定性，具有能够承受新浇筑混凝土的侧压力及施工中可能产生的各项荷载的能力。采用优质胶带粘贴模板接缝，防止接缝处漏浆。混凝土开仓前必须对模板的高程、垂直度、平面位置进行校对，核对无误后方可进入下一道工序。

高温期浇筑混凝土前，应做好充分准备，备足施工设备，保证连续进行浇筑。混凝土从搅拌机到入模的时间及浇筑时间要尽量缩短，并尽快开始养护。混凝土浇筑宜选在一天温度较低的时间内进行。应加快混凝土的收光速度。收光时，可用喷雾器喷少量水防止表面裂纹，但禁止直接往混凝土表面洒水。混凝土浇筑前应将模板喷水润湿，浇筑宜连续进行。

混凝土终凝后，用浸湿的草袋或草帘覆盖，再覆盖薄膜，保持潮湿状态最少7 d。混凝土洒水养护时，也可拆模后将混凝土表面洒水湿润，立即采用双层薄膜覆盖，保湿养生。夏季施工时混凝土的保湿养护应安排专人负责，质检员至少每日检查一次。各工点必须制作混凝土养护标牌。混凝土浇筑完毕后，在养护标牌上注明开始养护时间、结束时间，保证养护效果。

二、桩基础施工

桩基础简称桩基，采用一根桩来传递和承受上部结构荷载的独立基础称为单桩基础，由2根以上桩组成的桩基础称为群桩基础。群桩基础通常由基桩（桩基础中的桩）和承台板（或系梁）组成，其具有承载力高、稳定性好、沉降稳定快和沉降变形小、抗震能力强、适用于机械化施工以及能适应各种复杂地质条件的显著优点，尤其是在桥梁基础中，是一种常用的深基础结构。

桩的分类依据有很多，根据桩的材料有钢桩、混凝土桩、钢筋混凝土桩、预应力混凝土桩及组合材料桩等；根据桩截面形式有圆形桩、方形桩、多边形桩等；根据桩的承载性状有摩擦桩和端承桩；根据桩的制作及施工方法有预制沉入桩和钻孔灌注桩。

（一）预制沉入桩施工

预制沉入桩是指在工厂或工地加工制作的成品桩，运至设计位置后采用沉桩设备插打入地基土中的桩基础。

常用的沉入桩有钢筋混凝土桩、预应力混凝土桩和钢管桩。

1. 施工准备

（1）确定沉入施工方法

沉入桩的沉桩方法有锤击沉桩法、振动沉桩法、射水法、静力压桩法。

锤击沉桩法是以桩锤的撞击力撞击预制桩头将桩打入地下土层中的施工方法，一般适用于中密砂类土、软塑和可塑的黏性土。由于锤击沉桩法依靠桩锤的冲击能量将桩打入土中，因此桩径不能太大，一般土质中桩径不大于 60 cm，桩的入土深度也不能太深，一般土质为 20 ～ 30 m，否则对打桩设备要求较高，且打桩效率低。由于采用该法施工时会产生较大的噪声和振动，因此锤击沉桩法会受到一定的环境限制。

振动沉桩法是用振动打桩机（振动桩锤）将桩打入土中的施工方法，一般适用于砂质土、硬塑及软塑的黏性土和中密及较松散的碎、卵石类土。该法也可用于拔桩，噪声较小、施工速度快，不会损坏桩头，不用导向架也能打进，移位操作方便，但需电源功率大。

射水法是利用小孔喷嘴以 0.3 ～ 0.5 MPa 的压力喷射水，使桩尖和桩周围土层松动，同时桩在自重作用下下沉的方法。该法很少单独使用，常与锤击沉桩或振动沉桩法联合使用。方法的选择应视土质情况而异。在砂夹卵石层或坚硬土层中，一般以射水为主，锤击或振动为辅；在亚黏土或黏土中，为避免降低承载力，一般以锤击或振动为主，以射水为辅，并应适当控制射水时间和水量；下沉空心桩时，一般用单管内射水。

静力压桩法是在松软地基中，用液压千斤顶或桩头加重物以施加顶进力将桩压入土层中的施工方法，一般适用于高塑性黏土或砂性较轻的亚黏土层。该法施工时产生的噪声和振动较少，桩头不易损坏，不仅可以施工直桩，也可施工斜桩，但机械的拼装、移动等均需要较多的时间。

（2）相关技术工作

①沉桩前应处理空中和地面上下的障碍物，平整场地或搭设支架、平台，做好准备工作。

②在旱地打桩时，只需将打桩设备移动范围内的地面整平、夯实，再铺设垫木、钢轨及简单脚手架。在浅水中打桩时，先打脚手桩，组成桩排架再搭设工作平台。在深水中，则需拼组打桩船在船上打桩。设置脚手桩时，都应留出桩位。桩位根据墩（台）的纵横中心线测定并做出标志；水中的桩位应用导框控制。

③打桩前应合理安排打桩顺序，安排打桩顺序时要考虑两个问题：一是尽量减少桩架移动距离；二是考虑打桩时，土壤被挤紧和隆起，致使后续的桩不易打下去，特别是桩数多、间距小时，问题更严重。因此，当基坑较小、土质密实时，应由中间向两端进行；当基坑较大、桩数较多时，应分段进行。

④编制施工组织设计、施工工艺设计和工序质量控制设计；编制作业指导书和操作规程；制订安全、质量保证及防治措施；组织技术交底和技术培训。

⑤对地质复杂的大桥、特大桥，为检验桩的承载能力和确定沉桩工艺应进行试桩。用于地下水有侵蚀性的地区或腐蚀性土层的钢桩应按照设计要求做好防腐处理。

2. 桩架组立

桩架可先在地面上拼组后，再用吊车以及桩架本身的起吊设备将其竖立起来，也可逐节向上拼组。桩架竖立好后应按规定设平衡重，再拉好缆风绳，保持桩架稳定。

3. 吊桩、插桩

当桩架组立好后即可吊桩、插桩，吊点应符合规定，各吊点必须同时受力。插桩时要对准桩位，做到桩位、桩中心线及锤中心线在同一直线上，然后徐徐放下桩锤，利用锤重把桩压入土中，开打时应慢打低击，随着桩入土深度的增加逐渐加大锤击力量。打桩过程中应有专人负责填写打桩记录。

4. 打桩

①正式打桩前，在桩位或附近地质相同地点先试桩。施工阶段的试桩，主要是确定施工工艺、选定施工机具设备及检验桩的承载力等。

②打桩选择桩锤时，应根据桩的类型、桩重、桩的设计承载力、土质及施工动力设备等因素综合考虑选取桩锤重量。桩锤太轻，桩难以打下，效率低，还可能将桩头打坏，因此应按"重锤轻击"的原则选锤和确定落距。

③打桩顺序：

a.密集群桩采用隔桩或隔行跳打，或隔行且隔桩跳打，以利于土中水压力消散。

b.先打中部桩，再向两侧推进。在邻近建筑物时，应从接近建筑物的一端向另一端推进。

c.在斜坡上打桩，应从地面较高一侧向低侧推进。

④垂直度控制。当桩尖进入土层 500 mm 后，用经纬仪调整桩机桩架处于垂直位置，然后再调整首节桩的垂直度（经纬仪一般架设在距桩机 15 m 以外），使桩架与桩身保持平行，其精度误差小于桩长的1%（首节管桩插入地面时的垂直度偏差不得超过0.5%），即可沉桩，并在沉桩过程中进行跟踪监测，指挥桩架保持精度。如果超差，必须及时调整，但需保证桩身不裂，必要时拔出重插应尽可能拔出桩身，查明原因，排除故障，以沙土回填后再进行施工。不允许采取强扳的方法进行快速纠偏，否则将桩身拉裂、折断。

⑤打桩遇到岩层或孤石的处理：

a.当基岩面倾斜时，应提出修改设计建议，选择不同长度的桩，满足打到基岩面的深度要求。

b.遇到土中夹大石块时，可以采用钻孔穿透石块，然后再打桩。施工填土时，应将大石块解小，避免影响打桩。

c.桩尖接近基岩时，应控制锤的落距，防止将桩打坏。

d.当桩接近倾斜岩层或孤石而出现桩身倾斜时，应将桩拔出重打。

5. 沉入桩的施工要点

（1）锤击沉桩法的施工要点

①沉桩前，应对桩架、桩锤、动力机械等主要设备部件进行检查；开锤前应再次检查桩锤、桩帽或送桩与桩中轴线是否一致；锤击沉桩开始时，应严格控制各种桩锤的动能。如桩尖已沉入施工图标示高程，但沉入度仍达不到要求时，应继续下沉，直至达到要求。沉桩时，如遇到下列情况应立即停止锤击，查明原因，采取措施后方可继续施工：

a.沉入度突然发生急剧变化；

b.桩身突然发生倾斜、移位；

c.桩不下沉，桩锤有严重回弹现象；

d.桩顶破碎或桩身开裂、变形；

e. 桩侧地面有严重隆起现象；

f. 其他不正常现象。

②锤击沉桩的停锤控制标准：

a. 施工图标示桩尖高程处为硬塑黏性土、碎石土、中密以上的砂土或风化岩等土层时，根据贯入度变化并对照地质资料，确认桩尖已沉入该土层，贯入度达到控制贯入度。

b. 当贯入度已达到控制贯入度，而桩尖高程未达到施工图标示高程时，应继续锤入 0.10 m 左右（或锤击 30 ～ 50 次），如无异常变化即可停锤；若桩尖高程比施工图标示高程高得多时，应报有关部门研究确定。

c. 施工图标示桩尖高程处为一般黏性土或其他松软土层时，应以高程控制、贯入度作为校核。

d. 同一桩基中，各桩的最终贯入度应大致接近，而沉入深度不宜相差过大，避免基础产生不均匀沉降。

（2）振动沉桩法的施工要点

①振动锤的选择：应验算振动上拔力对桩身结构的影响。

②施工过程注意事项：

a. 振动沉桩机、机座、桩帽必须连接牢固；沉桩和桩中心线应尽量保持在同一直线上。

b. 开始沉桩时宜用自重下沉或射水下沉，待桩身有足够稳定性后，再采用振动下沉。

c. 每根桩的沉入作业应一次连续完成，不可中途停振过久，以免土的摩阻力恢复，使继续下沉困难。

③振动沉桩停振控制标准：应以通过试桩验证的桩尖高程控制为主，以最终贯入度或可靠的振动承载力公式计算的承载力作为校核。如果桩尖已达到高程而最终承载力相差较大时，则应查明原因，报请有关单位研究处理。

④出现异常情况的处理：出现桩的偏移、倾斜或严重回弹，以及其他不正常情况时，均应停止锤振，并查明原因，采取相应对策处理后方可继续沉桩。

（3）混凝土管桩内射水结合锤击下沉的施工要点

①施工顺序：

a. 按照计算长度配好射水管，将所有接头连接牢固，装上弯管，并与输水胶管接通，进行通水试验。

b.射水管装上导向环，缚好保险绳，插入即将起吊的管桩，然后在桩顶安装钢质送桩。吊插桩基时要注意及时引送输水胶管，防止拉断与脱落。

c.管桩插正立稳后，压上桩帽及桩锤，吊桩钢丝绳暂不解脱，即开启水阀，开始射水冲刷桩尖下的土壤，用较小水压使桩主要依靠自重下沉。开始时使用较小的水压，具体视土质而定。

d.沉桩至距施工图标示桩尖高程一定距离（2.0 m以上）停止射水，拔出射水管，进行锤击或振动使桩下沉至施工图标示桩尖高程。

②注意事项：

a.初期应控制桩身下沉过快，以免阻塞射水管嘴，并注意随时控制和校正桩的方向。

b.下沉渐趋缓慢时，可开锤轻击，沉至一定深度（8～10 m)已能保持桩身稳定后，可逐步加大水压和锤的冲击动能。但是在桩的自由长度仍较大时，不宜使用过大的锤击能量。

c.就地接桩需要同时接长射水管时，为防止停水导致泥砂涌入桩内堵塞或卡住射水嘴可在停水前先将射水管吊起约50 cm，继续不停地射水，待桩顶涌出较清水时，停止射水，拆除弯管，进行接管、接桩。接好桩后，开启水阀，并将射水嘴伸出桩尖至原来位置。若在射水管上安装三通阀，则在接桩时可不中断射水，亦可不提起射水嘴。射水时，水阀不宜突然大开，以免射水量、水压突然降低，涌入泥砂堵塞射水嘴。

（二）钻孔灌注桩施工

钻孔灌注桩是指采用不同的钻孔方法在土中形成一定直径的井孔，达到设计高程后将钢筋骨架（笼）吊入井孔中，再灌注混凝土形成的桩基础。我国在公路桥梁上使用钻孔灌注桩是从1963年河南省首先进行简易锥具钻孔灌注桩开始的。其后，我国逐渐发展出冲抓钻、冲击钻、正反循环旋钻、潜水钻等各种钻孔工艺。钻孔直径从25 cm发展为350 cm以上，桩长从十余米发展为百米以上。

钻孔灌注桩施工技术凭借其成本低、具有良好的适应性优势被广泛地应用在公路桥梁工程中。运用钻孔灌注施工技术不仅能够有效提高公路桥梁工程的质量，增加其安全性，还能够延长公路桥梁的使用年限。当然，由于钻孔灌注桩施工技术具有隐蔽性，其施工操作主要在地面或者水面进行，往往会涉及比较复杂的施工工艺，因此需对钻孔灌注桩的整个施工工艺流程进行重点把控，避免出现质量事故。

1. 施工准备

钻孔灌注桩施工前，施工技术人员应按照技术管理的相关规定对施工图纸进行认真识读，重点把控相应工点的桩数、桩长、桩基及桩位，对不同类型的桩基配筋图进行区分，最好能够对各部位桩基做详细的分析并记录。

2. 施工场地平整

钻孔前，测量放样出钻孔作业工作场地范围，并进行必要的场地准备工作及平面布置工作。其内容包括：

①场地为旱地时，应清除杂物，换除软土，整平、夯实；

②场地为陡坡时，可用枕木、型钢等搭设工作平台；

③场地为浅水时，宜采用筑岛施工，筑岛面积应根据钻孔方法、设备大小等要求确定；

④场地为深水或淤泥较厚时，应搭设工作平台。平台必须牢固、稳定，能承受工作时所有的静、动荷载，并保证施工机械能安全进出。

如水流平稳，水位升降缓慢，全部工序可在船舶或浮箱上进行，但必须锚固稳定，桩位准确。如流速较大，但河床可以整理平顺，可采用钢桩或钢丝网水泥薄壁浮式沉井，就位后灌水下沉至河床然后在其顶部搭设工作平台，在其底部安设护筒；某些情况下，可在钢板桩围堰内搭设钻孔平台。

3. 桩基放样

利用全站仪等测绘仪器通过坐标法对桩基进行放样，放样时应放出桩位中心桩同时打入标示桩，在标示桩四周 5 m 范围内沿桩中心呈 "十" 字形引出 4 个护桩用来控制桩位。单桩护桩采用 3 cm×3 cm 木桩，桩顶钉钉，高度 80 cm，埋入地下 45 cm，并用砂浆或素混凝土保护。测量完成后，向测量监理工程师报检，经监理工程师检验合格后进入下一步施工。

4. 埋设钢护筒

护筒的作用是固定钻孔位置；开始钻孔时对钻头起导向作用；保护孔口，防止孔口土层坍塌；隔离孔内孔外表层水，并保持钻孔内水位高出施工水位以产生足够的静水压力稳固孔壁。

护筒制作要求坚固、耐用、不易变形、不漏水、装卸方便和能重复使用。一般用木材、薄钢板或钢筋混凝土制成，护筒内径应比钻头直径稍大，旋转钻应增大 0.1～0.2 m，冲击钻或冲抓钻应增大 0.2～0.3 m。

护筒埋置时应注意下列几点：

①护筒平面位置应埋设正确，偏差不宜大于 50 mm，倾斜度不得大于 1%。

②护筒顶面宜高出地面 0.3 m 或水面 1.0～1.2 m。当钻孔内有承压水时，应高出稳定后的承压水位 2.0 m。处于潮水影响地区时，应高于施工水位 1.5～2.0 m，并应采取稳定护筒内水头的措施。

③护筒底应低于施工最低水位（一般低于 0.1～0.3 m 即可）。深水下沉埋设的护筒应沿导向架借自重、射水、振动或锤击等方法将护筒下沉至稳定深度。对于入土深度，黏性土应为 0.5～1 m，砂性土则为 3～4 m。

④下埋式及上埋式护筒挖坑不宜太大（一般比护筒直径大 0.1～0.6 m），护筒四周应夯填密实黏土。护筒应埋置在稳固的黏土层中，否则应换填黏土并密实，其厚度一般为 0.5 m。

⑤护筒连接处要求筒内无突出物，应耐拉、压，不漏水。

根据桩基设计直径，选择相应规格的钢护筒，防止顶部土层塌方对钻孔桩施工造成影响。护筒埋置过程中，采用十字护桩复核钢护筒中心，人工进行调整，调整好后，护筒四周采用黏土回填，并人工夯实。护筒埋设完成后，测量班对桩位中心进行复测，并记录护筒实测顶面高程，计算设计孔深。

5. 泥浆制备

在钻孔过程中，为了防止坍孔，常采用高稠度的泥浆对孔壁进行保护。泥浆由水、黏土（膨润土）和添加剂［羧甲基纤维素（CMC）及纯碱（Na_2CO_3）］组成，它具有浮悬钻渣、冷却钻头、润滑钻具、增大静水压力，并有在孔壁形成泥膜、隔断孔内外渗流、防止坍孔的作用。

调制的钻孔泥浆及经过循环净化的泥浆，应根据钻孔方法和地层情况采用不同的性能指标。泥浆稠度应视地层变化和操作要求，灵活掌握。泥浆太稀，则排渣能力小，护壁效果差；泥浆太稠，则会削弱钻头冲击功能，降低钻进速度。

对大直径或超长钻孔灌注桩，泥浆选择应根据钻孔的工程地质情况、孔位、钻机性能、泥浆材料条件等确定。在地质复杂、覆盖层较厚、护筒下沉不到岩层的情况下，宜使用不分散、低固相及高黏度的泥浆，如丙烯酰胺即 PHP 泥浆。

6. 钻孔

根据井孔中土（钻渣）的取出方法不同，钻孔常用的方法有螺旋钻孔法、正循环回转钻孔法、反循环回转钻孔法、潜水钻机钻孔法、冲抓钻孔法、冲击钻孔法、旋挖钻机钻孔法等。在公路工程中，常采用冲击钻孔法、旋挖钻机钻孔法、正循环回转钻孔法及反循环回转钻孔法等方法。

①冲击钻孔法。冲击钻孔法是指通过反复提钻、落钻，采用重力原理反复冲击岩层，将岩层砸成碎末、细渣，并采用泥浆循环的方式将石渣排出孔外的钻孔方法。冲击钻孔法适用于黄土、黏性土或粉质黏土和人工杂填土层，特别适合于在有孤石的砂砾石层、漂石层、硬土层、岩层中使用。

施工中应根据现场地质状况，合理地选择冲击钻。冲击钻孔法的一个关键点就是泥浆护壁，护壁泥浆含沙量一定要小。泥浆浓度可以根据试验测定或经验判断，泥浆太浓，钻孔速度慢；泥浆太轻，护壁容易坍塌。开始钻进宜慢不宜快，因为护筒刃脚周围岩层处最容易穿孔，需反复冲击挤压密实；施工中注意垂直度校正，2～3 m后立即校正，钻孔太深且偏差太大必须回填重来；岩层一般是倾斜的，与钻机解除面位置垂直，此处位置通过回填卵石反复冲钻，直到岩层平整，然后再继续钻进，防止卡钻、孔位倾斜等。

施工过程中护筒要及时跟进，护筒内水头一定要保持，随时检查控制泥浆指标，不可马虎；随时检查钻机、钢丝绳等，防止掉钻；每天根据钻渣判断地质情况，做好地质柱状图标识；钻至设计位置后通知监理验收，共同确定孔底地质与设计是否一致。钻孔整个过程的控制应严谨，要防止刃脚穿孔、塌孔、偏孔、十字孔、卡钻、埋钻、吊钻事故的发生。

②旋挖钻机钻孔法。旋挖钻机是一种高度集成的桩基施工机械，采用一体化设计、履带式360°回转底盘及桅杆式钻杆，一般为全液压系统。旋挖钻机采用筒式钻斗，钻机就位后，调整钻杆垂直度，注入调制好的泥浆，然后进行钻孔。当钻头下降到预定深度后，旋转钻斗并施加压力，将土挤入钻斗内，仪表自动显示筒满时，钻斗底部关闭，提升钻斗将土卸于堆放地点。钻进施工过程中应保证泥浆面始终不得低于护筒底部，保证孔壁的稳定性。通过钻斗的旋转、削土、提升、卸土和泥浆撑护孔壁，反复循环直至成孔。

旋挖钻机特殊的桶型钻头直接取土出渣，不需接长钻杆，钻孔时孔口注浆以保持孔内泥浆高度，因而能大大缩短成孔时间，提高施工效率。由于带有自动垂直度控制和自动回位控制，成孔垂直度和孔位等能得到保证。桶钻取土上提过程中对孔壁扰动较小，桶钻周边设有溢浆孔，溢出泥浆可起到护壁作用。旋挖钻机一般适用黏土、粉土、砂土、淤泥质土、人工回填土及含有部分卵石、碎石的地层。具有大扭矩动力头和自动内锁式伸缩钻杆的钻机可适用于微风化岩层的钻孔施工。

③正循环回转钻孔法。正循环回转钻孔法的钻进原理是利用钻具旋转切削土体钻进，泥浆泵将泥浆压进泥浆笼头，通过钻杆中心从钻头喷入钻孔内，泥浆挟

带钻渣沿钻孔上升，从护筒顶部排浆孔排出至沉淀池，钻渣在此沉淀而泥浆流入泥浆池循环使用。该法的特点是钻进与排渣同时连续进行，在适用的土层中钻进速度较快，但需设置泥浆槽、沉淀池等，施工占地较多，且机具设备较复杂。

④反循环回转钻孔法。与正循环回转钻孔法不同的是泥浆输入钻孔内，然后从钻头的钻杆下口吸进，通过钻杆中心排出至沉淀池内。反循环回转钻孔法的钻进与排渣效率较高，但接长钻杆时装卸麻烦，钻渣容易堵塞管路。另外，反循环回转钻孔法因泥浆是从上向下流动，孔壁坍塌的可能性较正循环回转钻孔法大，为此需用较高质量的泥浆。

⑤钻孔注意事项。钻进过程中要勤抽渣、勤检查钢丝绳和钻头的磨损情况。抽渣后要及时向孔内补浆或补水。钻进过程中，要做好相关的现场记录，包括钻孔记录（开钻成孔时间、钻机型号、地质描述等内容）、泥浆测试记录、地质取样资料。针对设计图纸地层变化捞取渣样。正常情况下每钻进 2 m 取一次渣样，接近微风化时每 0.5 m 取一次渣样，渣样提取后存放于渣样盒中，并标明取渣时间、桩号、标高和渣样名称，判明后记入记录表，并绘制桩基地质柱状图。

7. 钻孔弃渣处理及泥浆外运

（1）钻孔弃渣处理

旋挖钻机等钻孔机械挖出的渣土不能直接随地倾倒，应运至设计的弃渣场堆放。若渣土是湿泥状态，无法直接装车运走，必须转运至工地临时存土场晾晒后再倒运出工地。临时堆存场的渣土应使用人工配合装载机、挖掘机打齐堆放并用黑色网覆盖，防流失、防扬尘。

渣土宜采用挖掘机装车，自卸汽车运输。运输车出场前，使用洗车机清洗车底部及四周，使其满足环保要求，不对道路造成污染，运输时间及线路需遵守国家及地方政府的法律法规。

（2）泥浆外运

钻进、清孔及灌注过程中产生的废浆应采用全封闭的罐式运输车及时外运至指定的处理场地，不得随地倾倒污染环境。废弃的泥浆可采用物理、化学及生物等方式处理，处理时不得污染环境及影响居民生活。

8. 成孔检查

钻孔灌注桩在成孔过程中及终孔后，以及灌注混凝土前，应对钻孔进行阶段性的成孔质量检查（如孔深、孔径、垂直度、沉淀厚度等），检测前准备好检测工具（如测绳、检孔器等）。

第二节 承台施工技术

大跨径桥梁通常采用群桩基础。为了能够让桩基础形成一个整体共同承受其上部结构荷载，可采用承台将各单桩连成一个整体，把上部结构和墩台的荷载传递给各基桩。对于公路桥梁标准跨径的桥梁，常采用 2 根或 3 根桩基，其上设置桩基系梁将各单桩连成一个整体。

无论是承台还是桩基系梁，二者的作用是一致的，其施工工艺流程也相同。但是对于承台而言，在施工中往往涉及大体积混凝土的相关知识。鉴于承台结构的广泛适用性，以及承台施工技术较为成熟，所涉及的钢筋加工及安装、模板加工及安装和混凝土浇筑的相关内容，在此不再详述。

一、一般陆地承台施工

（一）桩头凿除

在施工过程中，为了保证钻孔灌注桩桩身的整体质量，混凝土灌注时对桩头进行超灌，超灌部分的桩基在承台施工前需要进行凿除以使桩基达到设计尺寸。桩头凿除的方法主要有人工风镐凿除法、环切法、液压破碎法及摘除法等。目前，环切法在公路桥梁施工中的应用最为广泛。

环切法凿除桩头的施工过程是首先在设计桩顶位置采用切割机环向切割混凝土，然后人工采用风镐剥离出钢筋，其次在环切处对称环向分布打入楔子将要吊离桩身部分与预留部分进行分离，并用机械将桩头吊离至基坑外，最后人工采用手持式打磨机进行修整。环切法施工工艺主要包括测量放样、环向切割桩头、人工剥离钢筋、切断桩头、吊离桩头及修整桩头。

1 测量放样

采用水准仪逐桩进行高程测量，找出设计凿除位置，然后在凿除处标示出环向切割线。

2. 环向切割桩头

采用手持式混凝土切割机沿着标示线环向切割混凝土，切割深度控制在 3～5 cm，避免伤及主筋。

3. 人工剥离钢筋

在设计凿除位置环向切缝切割完成后，在桩顶环切线上部 5～10 cm 位置再切一刀环切缝，在 2 道环切缝中间用风镐小心地凿出一条环形槽（此为控制凿桩质量的关键步骤），槽宽 5～10 cm，深度以找出主筋为标准，在设计桩顶处形成一条保护隔离带，彻底消除破除桩头时混凝土裂纹向下延伸的可能。

用风镐沿桩头自上而下、由外向内进行，凿出 V 形槽剥离混凝土，保证逐根声测管和钢筋剥离，但不得损坏声测管及钢筋。

4. 切断桩头及吊离桩头

钢筋剥离后，在切缝线以上 1～2 cm，沿桩头四周，每根桩均匀布置 12～15 个孔位，采用风镐打孔，打孔深度为桩径的1/5。打入时尽量对称水平打入，以保证断裂面保持在同一水平面。

钻孔完成后，插入楔形钢钎，加钻顶断或大力敲击切断桩头。桩头与桩身分离后，采用吊车将桩头吊离，起吊过程中尽量避免损坏钢筋。

5. 修整桩头

桩头吊离后，在断裂面会有部分位置凹凸不平整，应进行人工凿除处理，将桩头残余混凝土进行凿除打磨，确保桩顶面平整、密实。采用低应变检测的桩基，按照检测要求打磨相应检测点位。

（二）基桩检测

基桩检测是评价桥梁基桩施工质量的关键环节。

1. 检测范围及频率

公路工程基桩应进行 100% 的完整性检测。重要工程的钻孔灌注桩应埋设声测管，检测的频率应符合规定。

2. 检测内容及方法

桥梁基桩检测包括基桩承载力检测和桩身完整性检测两项主要内容。基桩承载力检测包括单桩竖向抗压承载力、单桩竖向抗拔承载力和单桩水平承载力检测。桩身完整性是反映桩身截面尺寸相对变化、桩身材料密实性和连续性的综合定性指标。桩身完整性检测的常用方法有低应变反射波法、声波透射法和钻孔取芯法等。

根据公路工程桥梁基桩检测要求及相关技术要求，目前对桥梁基桩通常只进行桩身完整性检测，对地质勘探不到位的桥梁基桩才考虑进行基桩承载力检测，本节仅对桩身完整性检测做相关介绍。

（1）低应变反射波法

低应变反射波法的检测原理是假设所要检测的基桩长度远远大于基桩的孔径，并且整个基桩是等截面各项同性的一维梁体，在此理论基础上，用振动仪对基桩的桩顶位置进行激振，这样荷载致使整个桩身与周围土体产生振动，并通过基桩本身的应变计将桩基振动的加速度和速度传递给仪器。

如果基桩本身具有扩径、缩径、断桩等差异性界面，那么弹性波在传播的过程中就会出现反射，通过传感器对声波进行过滤放大，之后将数据通过波动理论进行分析，研究桩土之间动态响应，然后进行反演分析实测出来的速度信号、频率信号，从而达到判断基桩本身质量以及基桩本身长度的目的。低应变反射波法由于检测速度快、检测方便、检测范围广，被广泛应用于工程实践中。

（2）声波透射法

声波透射法也是目前较为常用的一种方法，主要检测原理就是根据声波在不同传播介质中所表现出来特性的差异来判断基桩质量的好坏。由于混凝土本身材料的不均匀性，基桩本身就会产生不同声阻抗声学界面，这样声波在混凝土基桩传播时，就会沿着不同阻抗截面进行传播，大量声波能量散射，从而衰减也较快。在声波传播过程中，混凝土界面上就会产生诸多折射波和散射波，大量的折射波与散射波相互叠加之后就会导致声能散失。当遇到混凝土基桩本身有超大缺陷时，其声波的传播路线就不再是直线，而是绕着缺陷进行传播。这时声波传播的路径要比直线传播的距离长，从而体现为声学参数上的声时也就变大了，然后通过两声测管的测距与声时进行计算，这样就会得到声速由于声时的变大而变小的结论。另外，由于声波在遇到缺陷基桩时会发生多次反射、折射等现象，声波的声能会逐渐衰减，波幅与频率都会变小。这样直线传播的声波与通过缺陷基桩的声波相互叠加，整个波形就会发生畸变。工程实际检测就会结合相应参数和工程实践经验来进行判定。

声波透射法的主要检测过程如下：在混凝土灌注前预留孔道，然后在预留的混凝土灌注桩孔道内埋设几根超声波探测管，并在管道内灌满耦合剂，然后将探测仪和接收仪沿着桩的纵向进行不同高度的上下移动，逐步测量超声脉冲经过横截面的数据，通过对声波在不同介质传播的物理参数的差异判断基桩的完整性。声波透射法对基桩的长度和孔径要求不高，由于其需要在混凝土灌注前预留孔道预埋声测管，对检测管道的垂直性要求较高，检测适用范围为直径不小于 800 mm 的混凝土灌注基桩，主要包括跨孔透射法和单孔透射法。

（3）钻孔取芯法

钻孔取芯法是基桩检测采用较早的一种方法，严格看来钻孔取芯法属于有损检测的范围，其检测过程是利用人工钻头对混凝土桩进行钻芯取样，判断基桩本身的长度、基桩本身混凝土的剥落情况、混凝土强度以及桩底沉渣厚度等，从而为基桩承载力验收提供依据。钻孔取芯法的主要特点是检测周期长、成本高，仅适用于桥梁基桩局部判断，类似于桥梁基桩的断桩、离析、桩底夹泥等病害检测，要求检测人员具有较强的专业能力和实践经验，并且钻孔取芯法无法检测基桩本身存在缩径等微小缺陷情况。

（三）大体积混凝土施工

公路桥梁群桩承台通常属于大体积混凝土，其一次性浇筑混凝土方量较大，且其本身几何尺寸不小，因此水泥水化反应放出的热量在自然情况下难以传递到表面，这就导致混凝土结构内部温度急剧上升，而外部温度又较低，从而使得混凝土结构内外产生较大的温差而引起温度应力使表面受拉，最终使抗拉强度并不高的混凝土产生开裂现象，破坏其整体性，改变了结构的受力，削弱了混凝土结构的功能。

对于桥梁工程中的大体积混凝土，应有针对性地进行水化热分析，得出结构在施工过程中的温度场及应力场数据，并结合计算结果制订详细的温度控制措施。

1. 温度控制标准

①大体积混凝土的养护，应根据气候条件采取温控措施，并按需要测定浇筑后的混凝土表面温度和内部温度，将温差控制在设计要求的范围内，当设计无要求时，温差不宜超过 25 ℃。

②在混凝土结构中布置冷却水管，混凝土终凝后开始通水冷却降温。设计好水管流量、管道分布密度和进水温度，使进出水温差控制在 10 ℃左右，水温与混凝土内部温差不大于 20 ℃。

③混凝土浇筑后应按照规定覆盖并洒水进行养护。当气温急剧下降时要注意保温，并应将混凝土内外温差控制在 25 ℃以内。

2. 常用的温控措施

（1）原材料及配合比设计

大体积混凝土在选用原材料和进行配合比设计时，应按照降低水化热温升的原则进行，并应符合下列规定：

①宜选用低水化热和凝结时间长的水泥品种。粗集料宜采用连续级配，细集料宜采用中砂。宜掺用可降低混凝土早期水化热的外加剂和矿物掺合料，外加剂宜采用缓凝剂、减水剂，掺合料宜采用粉煤灰、矿渣粉等。

②在进行配合比设计时，在保证混凝土强度、和易性及坍落度要求的前提下，宜采取改善粗集料级配、提高掺合料和粗集料的含量、降低水胶比等措施，减少单方混凝土的水泥用量。

③大体积混凝土进行配合比设计及质量评定时，可按 60 d 龄期的抗压强度控制。

（2）施工控制措施

大体积混凝土施工前应制订专项施工技术方案，并应对混凝土采取温度控制措施。大体积混凝土的浇筑、养护和温度控制应符合下列规定：

①施工前应根据原材料、配合比、环境条件、施工方案和施工工艺等因素，进行温控设计和温控监测设计，并应在浇筑后按该设计要求对混凝土内部和表面的温度实施监测和控制。对大体积混凝土进行温度控制时，应使其内部最高温度不大于 75 ℃、混凝土内部和表面温差不大于 25 ℃。

②大体积混凝土可分层、分块浇筑，分层、分块的尺寸宜根据温控设计要求及浇筑能力合理确定；当结构尺寸相对较小或能满足温控要求时，可全断面一次浇筑。

③分层浇筑时，在上层混凝土浇筑前应对下层混凝土的顶面做凿毛处理，且新浇混凝土与下层已浇筑混凝土的温差宜小于 20 ℃，并应采取措施将各层间的浇筑间歇期控制在 7 d 以内。

④分块浇筑时，块与块之间的竖向接缝面应平行于构造物的短边，并应在浇筑完成拆模后按施工缝的要求进行凿毛处理。分块施工所形成的后浇段，应在对大体积混凝土实施温度控制且其温度场趋于稳定后方可浇筑；后浇段宜采用微膨胀混凝土，并应一次浇筑完成。

⑤大体积混凝土的浇筑宜在气温较低时进行，但混凝土的入模温度应不低于 5 ℃。热期施工时，宜采取措施降低混凝土的入模温度，且其入模温度不宜高于 28 ℃。

⑥大体积混凝土的温度控制宜按照"内降外保"的原则，对混凝土内部采取设置冷却水管通循环水冷却，对混凝土外部采取覆盖蓄热或蓄水保温等措施进行。在混凝土内部通水降温时，进出口水的温差宜不大于 10 ℃，且水温与内部混凝土的温差宜不大于 20 ℃，降温速率宜不大于 2 ℃ /d；利用冷却水管中排出的降

温用水在混凝土顶面蓄水保温养护时，养护水温度与混凝土表面温度的差值应不大于 15 ℃。

⑦大体积混凝土采用硅酸盐水泥或普通硅酸盐水泥时，其浇筑后的养护时间不宜小于 14 d，采用其他品种水泥时不宜小于 21 d。在寒冷天气或遇气温骤降天气时浇筑的混凝土，除应对其外部加强覆盖保温外，尚宜适当延长养护时间。

二、水中承台施工

当承台位于水中时，对于浅水区承台常采用土石围堰或土石筑岛的方法施工；对于深水区承台的施工，应结合深水基础施工统筹考虑，常采用钢板桩围堰、套箱围堰或双壁钢围堰等方法施工。所谓的"深水"和"浅水"，尚没有严格的定量界限，但根据一般传统的土力学地基及基础所介绍的水中围堰概念，可将深水基础初步定义为：水深在 5 m 及以上，不能采用一般土围堰、木板桩围堰等防水技术施工的桥梁基础，称为深水基础，其余情况视为浅水基础。

（一）围堰施工的一般规定

围堰的作用主要是防水和围水，有时还起着支承施工平台和基坑坑壁的作用。公路桥梁常用的围岩类型有土围堰、土袋围堰、钢板桩围堰、套箱围堰、双壁钢围堰。围堰的结构形式和材料应根据水深、流速、地质情况以及通航要求等条件确定。但不论采用哪种围堰，均需满足以下要求：

①围堰的高度应高出施工期间可能出现的最高水位（包括浪高）0.5 ~ 0.7 m。

②围堰的外形一般有圆形、圆端形（上、下游为半圆形，中间为矩形）、矩形、带三角的矩形等。

围堰的外形直接影响堰体的受力情况，确定围堰的外形时必须考虑堰体结构的承载力和稳定性。确定围堰的外形时还应考虑水域的水深，以及因围堰施工造成河流断面被压缩后，流速增大引起水流对围堰、河床的集中冲刷和对航道、导流的影响。

③堰内平面尺寸应满足承台施工的需要。

④围堰要求防水严密，减少渗漏。

⑤堰体外坡面有受冲刷危险时，应在外坡面设置防冲刷设施。

（二）土围堰

土围堰是采用黏性土、粉质黏土或砂质黏土等材料填筑而成的，其施工方便、速度快、效率高，但挡水能力较弱，通常应用于水深小于 1.5 m、流速小于 0.5 m/s、河边浅滩、河床渗水性较小的区域。

土围堰的施工工艺流程：围堰结构设计→河床清淤→填土→边坡防护。在施工过程中应注意以下几点：

①填土应自上游开始至下游合龙。

②筑堰前，必须将筑堰部位河床上的杂物、石块及树根等清除干净。

③堰顶宽度可为 1～2 m。机械挖基时不宜小于 3 m。堰外边坡迎水流一侧的坡度宜为 1∶2～1∶3，背水流一侧的坡度为 1∶2。堰内边坡宜为 1∶1～1∶1.5。内坡脚与基坑边的距离不得小于 1 m。

（三）土袋围堰

①围堰两侧用草袋、麻袋、玻璃纤维袋或无纺布袋装土堆码。袋中宜装不渗水的黏性土，装土量为土袋容量的 1/2～2/3。袋口应缝合。堰外边坡为 1∶0.2～1∶0.5。围堰中心部分可填筑黏土及黏性土芯墙。

②堆码土袋，应自上游开始至下游合龙。上下层和内外层的土袋均应相互错缝，尽量堆码密实、平稳。

③筑堰前，堰底河床的处理、内坡脚与基坑的距离、堰顶宽度与土围堰要求相同。

（四）钢板桩围堰

施工中最常用的防护类型为板桩围堰，钢板桩围堰是最常用的一种板桩围堰。钢板桩是带有锁口的一种型钢，其截面有直板形、槽形及 Z 形等。钢板桩有各种大小尺寸及联锁形式，常见的有拉尔森式、拉克万纳式等。

钢板桩的优点：强度高，容易打入坚硬土层；可在深水中施工，必要时加斜支撑成为一个围笼；防水性能好；能按需要组成各种外形的围堰；施工工艺较为成熟，施工速度快；可多次重复使用以降低使用成本等。因此，钢板桩被广泛应用于修建桥梁深水基础时的围堰工程中。

钢板桩围堰施工时应符合下列规定：

①有大漂石及坚硬岩石的河床不宜使用钢板桩围堰。

②钢板桩的机械性能和尺寸应符合规定。

③施打钢板桩前，应在围堰上下游及两岸设测量观测点，控制围堰长、短边方向的施打定位。施打时，必须备有导向设备，以保证钢板桩的位置正确。

④施打前，应对钢板桩的锁口用止水材料捻缝，以防漏水。

⑤施打顺序一般从上游向下游合龙。

⑥钢板桩可用捶击、振动、射水等方法下沉，但在黏土中不宜使用射水下沉方法。

⑦经过整修或焊接后的钢板桩应用同类型的钢板桩进行锁口试验、检查。对于接长的钢板桩，其相邻两钢板桩的接头位置应上下错开。

⑧施打过程中，应随时检查桩的位置是否正确、桩身是否垂直，否则应立即纠正或拔出重打。

（五）钢吊箱围堰

钢吊箱围堰属于非着床型钢围堰，一般适用于承台底面高于河床面的深水基础施工。钢吊箱围堰由底板、侧板、内支撑和吊挂系统四大部分组成，其作用是通过吊箱围堰侧板和底板上的封底混凝土围水，为承台施工提供无水的干处施工环境。

钢吊箱围堰的施工工艺流程：桩基施工完成→吊箱围堰拼装→起吊下沉装置拼装→整体下沉至设计高程→封底或喇叭口堵漏→抽水及承台施工。

第六章　高速公路隧道施工
监测技术应用

监测作为新奥法最具信息化的技术核心值得进一步研究，隧道施工监测不仅能够确保隧道施工的安全顺利进行，也是科学化施工、有效降低施工成本的重要手段。本章以从莞高速观音山隧道为例，研究高速公路隧道施工监测技术，为高速公路隧道施工支护及技术方案的制订提供技术参考，对高速公路隧道信息化施工及隧道稳定性进行评估。

第一节　监测数据处理与分析

一、监测数据及其预处理

对于采集到的数据，应该明白的是，无论多高的要求，由于现场环境和各种客观因素的影响，测量数据的误差是始终存在的。对于测量人员，有必要对监测数据进行一定的预处理，对存在明显问题的数据进行筛选，避免其对整体数据的分析造成影响。

一般来说对监测数据进行校核，可以分为外业校核和内业校核。

①外业校核。该类数据需要根据相关的行业规范，如《公路隧道监控量测技术规程》（DB13/T 2177—2015）等校核。

②内业校核。该类校核，需要对原始数据进行检查，排除基本的可能由测量技术人员造成的错误，然后对原始数据进行基本的统计学分析，查看是否符合基本的工程常识、是否违背基本认识。

二、监测数据误差分析

误差是指实际测得的测量值与参考值的差。试验和测量中误差始终存在，不存在绝对精确，常见的误差有系统误差和随机误差。在社会生活、工程施工等很多方面都需要进行不同类别、不同要求的测量，如何减小这些过程中的误差至可接受范围，将其对工程的影响降到最小，对公路隧道施工监测具有重要的意义。

（一）误差来源

1. 仪器误差

相对于测量方法或人员操作带来的误差，仪器误差的不可控因素更高。常见的仪器误差包括系统误差和随机误差等。仪器的系统误差可以认为是产品本身产生的，在一定范围内允许的误差，包括了测量方法带来的系统误差。此类误差能大致反映测量设备的最高精度，它的产生来自测量设备本身的设计，包括测量方式设计和选材。许多测量设备为了适合正常施工环境下的使用，对某些机构进行了近似的处理，方便了使用但导致了允许范围内的误差。此外，设备的使用环境也对其测量精度有着不可忽视的影响，如环境温度会使仪器产生"热胀冷缩"，因此目前大多数测量仪器都使用的是热膨胀系数比较小的材料。

仪器的随机误差是指在保证测量精度的前提下，由仪器产生的允许误差，往往由环境决定且不可预见。此类误差通常发生在工作环境较差的情况下。

另外，稳定误差是指测量仪器的标准值在外界对其造成的影响保持恒定的情况下，在一定的时间段内产生的误差的极限。习惯上以相对误差的形式给出，或者某些仪器会给出该种设备的最长连续工作时间，以提高工作的可靠度。

2. 人员测量误差

受限于测量人员的感观判断和自身操作的规范程度，特别是仪器的调平、对中和瞄准操作，不同测量人员的测量结果会存在差别，并且在后期的数据处理过程中，人员的计算错误也会使结果产生误差。

（二）误差处理方法

对于系统误差，一般通过对测量仪器或测量方法本身进行改进来提高测量精度。对于随机误差，可以通过对测量环境进行优化来提高测量精度，但是施工现场的环境往往不可控所以效果并不明显。对于稳定误差，可以通过限定最长工作时间来进行控制。对于人员测量误差，只有通过系统而规范的管理，对从业人员的基本技能进行提升才能减小测量过程中错误发生的概率。

三、监测数据回归分析

受限于施工现场的环境与使用的设备，隧道监测的原始数据往往都存在一定离散性。离散的数据并不能直接作为我们判断隧道各项安全指标，并指导施工的依据，需要对其进行一定的处理。处理后的数据需要满足以下几点要求：

①处理后的数据必须能反映实际情况，与测量真实值偏差较小；

②处理后的数据应该有一定的规律性，便于描述与计算；

③处理方式简单易行，便于检测人员操作。

（一）回归原理介绍

在隧道监控中，各项指标数值是随着时间增加而累积的，为了使结果简单明了，需要将检测数据绘制成以累计变形量随时间变化而变化的时程曲线。公路隧道施工的监测，由于系统误差、随机误差等，获得的数据往往具有一定的离散性。如果直接使用离散的数据，将不能清晰地发现测量项目数值的变化规律，不能更好地为施工提供参考。此时，一般使用与实际测量数据变化趋势一致、数值大小相近的函数去拟合相应的时程曲线，该函数曲线称为实际测量数据的回归曲线。回归曲线能够正确反映实际情况，与真实值偏差较小，其本身具有一定的函数规律，便于描述与计算。实际拟合中，常用的线性函数模型是直线的函数方程，常用的非线性函数模型包括指数函数、对数函数、多项式函数和双曲函数等。

（二）回归曲线拟合

用这些常见的非线性函数对实际监测曲线进行拟合，虽然在趋势和数值上都极为接近，但是仍然存在一定误差。对于这些误差，必须有一个可靠的评价手段去判断该函数是否适合对实测曲线进行拟合，相似度有多少。

第二节　监测信息反馈及预警技术

一、信息反馈流程

在隧道施工中，受限于岩土材料的不确定性，现有的力学理论或经验方法，都无法很好地预测隧道实际的受力状态及工程形态的改变。现有隧道工程的施工方法，大多数是基于众多项目经验所提出的方法，很多没有严格的理论基础支撑。

面对施工中面临的种种不确定性问题，人们需要具体而清晰的测量数据作为判断依据，以提高应对措施的有效性。在隧道施工中，施工人员必须对隧道的各种变化进行全面掌控，要能够在合理时间内及时获得隧道变化状态。一方面，要根据已有监测数据了解隧道状况，指导后续支护等施工；另一方面，要设定警戒阈值，当形变达到一定程度时立即采取对应措施，减小损失。

二、反馈方法

面对日益复杂的隧道施工环境，人们对监测数据的准确性和及时性提出了更高的要求，传统的流程，比如人员测量—数据记录总结—专家分析提出意见—实际施工，整个流程存在准确率人为影响因素大、信息反馈效率低的缺点，已经成为提高施工质量与效率的一道"拦路虎"。隧道工程施工标准化、信息化和系统化是整个行业大势所趋。这就要求监测中的信息反馈方法满足以下要求。

（一）自动采集并可远程监控

现有的监测数据采集大部分依靠人力，采集数据的质量和效率与相关从业人员的业务素质及采集时的现场环境有关，效率低、不可控因素大。自动采集并可远程监控的信息采集系统，不仅可以提高数据采集准确度，而且可以加快采集速度。

（二）反馈速度快

根据隧道监测数据对隧道施工进行指导具有时效性，监测所得到的数据必须能够及时反馈，为下一步指导隧道的施工争取一定的时间。

（三）数据处理自动化

人工数据处理往往效率低且错误率高，当前的数据处理自动化能力不足。如果能使用计算机成批量、高效率地处理数据，可以大幅提高数据处理结果的准确率与工作效率，得到的分析结果对现场隧道施工更具有指导意义。

（四）监测与信息反馈系统化

传统的监测与信息反馈是两个相互独立的过程。工作人员分别采集隧道项目的拱顶沉降、周边收敛和地表位移等数据，人工进行数据处理和分析，每种数据各自为营并不能形成一个综合的评价体系。监测与信息反馈流程系统化，能够整合各项数据，减少人工工作量，更好地指导现场隧道施工。

日益复杂的隧道施工催生出了一大批优秀的施工监测自动化系统，现已有自动全站仪、自动采集数据的位移传感器、土压力盒等较为方便的自动采集仪器在施工现场中使用。

国外常见的自动监测设备及系统如下：

①瑞士生产的徕卡自动监测系统，其主要特点是计算机远程控制和配置，具备自动报警和消息发送功能，可以按照既定程序进行自动应急处理和实时可视化、数字化分析结果的 24 h 不间断运行；

②瑞士 Tunnelscan 隧道扫描系统，其主要特点是能对三维坐标进行全程记录，同时对测量物进行匀速测量，该系统借助激光扫描装置，可对隧道掌子面进行全方位测量，能够迅速采集地下工程施工监测数据并形成相应距离及图像材料；

③瑞士的徕卡 TCA1800\2003 系列全站仪，其特点是精度十分高，主要用于高精度的变形观测、大地控制测量等精密工程测量领域。

国内常见的自动监测设备及系统如下：

①中铁西南科学研究院有限公司的 EMM-TF80 自动化监测系统，其特点是具有 80 通道，可以同时监测隧道温度、应变等动态响应信号；

②广州南方测绘科技股份有限公司的 Tunnelscan 隧道扫描系统，其适用于地铁隧道施工，采用现代光电技术、自动化控制技术和网络通信技术，并且兼容多种常用传感器；

③北京市市政工程研究院、北京交通大学等研制的 TMIGS 系统，其整合各种先进技术，为隧道的施工安全提供了强有力的保障。

三、反馈异常的处理措施

当遇到采集信息反馈异常时，一般采取以下措施：

①检查相应监测数据采集系统，确定异常是否来自前端传感器故障；

②检查数据传输系统，排除信息传播过程中有可能发生的问题；

③现场检查监测点，查看是否存在异常情况；

④将具有参考意义的监测点进行对比，分析反馈异常是否来自传感器真实变化；

⑤若为传感器真实读取数值，立即采取相应措施，如应急加固等。

四、隧道监测预警技术手段

在隧道施工过程中，由于围岩或者周围土体的复杂性和不确定性，前期的地质勘探难以完整且详尽地探明围岩或周围土体的地质状况，这在给隧道施工带来诸多不确定性的同时，也增加了在隧道施工过程中引发各种地质灾害的可能性。而超前地质预报技术的诞生，就是为了在施工期间，探明隧道工作面前方和附近围岩中的地质及水文情况，并预测可能发生的地质灾害，防止地质灾害的发生，保证隧道施工人员的安全以及隧道施工的正常有序进行。

（一）开挖前风险预判

1. 地质调查法

地质调查法就是根据隧道工程前期已有的地质勘察资料、地表补充地质调查资料和隧道内地质素描，借助工程地质学的专业地质分析方法和理论，对隧道地质资料如岩层产状等进行分析，结合隧道设计施工的相关参数，研究地质状况与隧道施工的相关性，并针对隧道工作面的地质情况，进行地质灾害预报。

由于地质调查法主要利用工程地质学专业理论和方法对隧道工作面前方的地质和水文状况进行预测分析，局限性较小，因此地质调查法适用于各种条件下的隧道施工超前地质预报，应用范围广。

地质调查法又可以分为隧道地表补充地质调查和隧道内地质素描。

（1）隧道地表补充地质调查

隧道地表补充地质调查的工作内容主要包含以下几方面：

①通过补充地质调查，对隧道已有地质资料和勘察资料进行确认，因为这些资料是隧道设计的基础，所以确认已有资料极为重要；

②断层、褶皱、裂隙以及节理发育等地质构造在隧道地表的露出情况，如露出位置、产状等；

③若存在煤层、特定矿物质层、天然气层、含放射性物质层等特殊地层，应该首先探明这些特殊地层在地表的露出位置、产状等；

④根据隧道地表补充地质调查结果，再结合相关隧道设计、图纸等资料，核实并修正使用超前预报的重点区段。

（2）隧道内地质素描

隧道内地质素描顾名思义就是将因隧道施工而揭露出来的地层岩性、地质构造、结构面产状和地下水出露点位置等主要地质状况以及水文状况进行准确记录并经计算机整理，绘制图表。

隧道内地质素描根据需要素描的位置，又可以分为隧道施工开挖面地质素描和隧道施工洞身素描。其工作内容主要包含以下几方面：

①工程地质。对工程地质状况的地质素描应包括对地层岩性、地应力地质构

造、塌方、特殊地层等地质信息的具体描述，并根据实际工程的具体需要，对某些地层进行深入观测分析和描述，以确保地质资料的准确性，从而为隧道设计以及施工方案提供地质资料方面的确认。

②水文地质。对水文地质状况的地质素描应包含地下水的分布、水量、水质以及地下水对隧道围岩和施工的影响，对是否会因施工发生涌水进行预判，并根据地下水对围岩和施工的影响程度，考虑是否有对隧道围岩内水文地质长期观测的必要。

③围岩稳定性特征及支护情况。在隧道开挖之后和初期支护后，分别记录在不同的地质条件和不同的水文条件下，隧道内围岩的稳定性以及支护结构的稳定性。对于隧道围岩稳定性较差或者支护结构稳定性较差的地段，要详细分析该地段的地质资料以及水文地质资料，准确描述发生失稳的原因以及结果。

④对隧道施工的围岩进行分级。

⑤必要情况下，对于一些重要的地段或者地质现象，或者对隧道稳定性存在影响或者影响较大的地质现象，要留下相关的影响资料，并详细记录。

2. 超前钻探法

超前钻探法是一种在隧道施工超前地质预报中使用十分频繁和广泛的方法，对于某些特殊地段，超前钻探法是必须使用的，以此来探明隧道开挖面前方的地质状况，由此可见超前钻探法的重要性和必要性。

超前钻探法，顾名思义，就是利用钻探技术，通过钻机，对隧道开挖面前方的岩体进行钻探，从而分析其岩性，根据分析结果，指导隧道的设计和施工，修正参数，达到动态施工的目的。

隧道的超前钻探法，依据钻探时的工作原理以及钻头的不同，有冲击钻探法及回转取芯钻探法之分。冲击钻探法，顾名思义，就是利用冲击钻，通过钻探过程中，钻探的声音、钻探过程中扬出来的粉尘、钻探的难易程度等信息，对隧道开挖面前方的岩层做出判断。这一过程需要操作钻机的工作人员具有较高的专业技术素养，这是因为冲击钻探法是不可逆的，必须保证在尽可能少的钻探次数的情况下，能够较为准确地分析判断出隧道开挖面前方的岩层状况信息。由于对岩层状况信息的分析和判断过程都发生在冲击钻的钻探过程之中，分析和判断的时间较短，难度较大，因此冲击钻探法也仅适用于地质状况较为简单明了的隧道施工。

而另一种方法，即回转取芯钻探法，利用的钻头是回转取芯钻，这一方法在对隧道开挖面前方的岩层进行钻探时，通过钻头的回转取芯，取出部分有代表性的岩层样本，对样本进行准确分析，从而得到隧道开挖面前方的岩层状况信息。相较冲击钻探法，回转取芯钻探法更适用于复杂地层中的超前地质预报，预报结果也更为准确，这是因为回转取芯钻探会取出岩层样本，能够对岩层的样本进行准确细致分析，从而得出隧道开挖面前方岩层的主要信息，以及岩体的基本物理参数，为隧道的设计和结构计算提供理论参数，指导施工，保证施工平稳顺利进行。

对比这两种超前钻探法，我们可以看出，两种钻探方法对操作钻机的施工人员都具有较高的操作要求，即必须能熟练使用钻机，并且对钻探工作中的岩体有一定的了解。但冲击钻探法，由于它的不可逆的操作以及无样本，因此，其对地质的预报准确性难以衡量，对岩层状况的分析与判断都发生在冲击钻的钻探过程当中，而且，由于是人为地分析和判断岩层状况的基本信息，因此，这种方法只能定性地用于超前地质预报中，适用于岩层状况较为简单的地质。若岩层状况复杂、简单的冲击钻探法难以获取准确的地质状况信息时，或者出于理论分析等的需要，需要提取岩层中不同岩体的基本物理力学参数等的时候，就需要使用回转取芯钻探法，通过对隧道开挖面前方的岩层进行取样分析与试验，得到较为准确的隧道开挖面前方的超前地质信息，以及准确的岩体物理力学参数，从而能够更为准确地指导复杂地层中隧道的设计，以及复杂地层中隧道施工关键技术的研究和突破。

需要注意的是，隧道超前钻探法是一种损伤围岩的超前地质预报方法，其探测和钻探行为对隧道开挖面的岩体的稳定性的影响是不可逆的。因此，在使用这一方法对隧道开挖面前方的岩体进行钻探时，要保证钻探工作的成功率。超前钻探法的使用次数，在隧道开挖每一循环进尺中，都是受到严格控制的。若次数过多，会对隧道开挖面前方的岩体造成较大的干扰，影响围岩的稳定性，甚至会引起塌方等施工事故，增加施工成本，威胁人员安全。若超前钻探的次数过少，则难以准确探明隧道开挖工作面前方的岩层的基本状况或者各种岩体的基本物理力学参数，影响隧道设计和施工，带来难以估量的损失。

3. 超前导坑预报法

超前导坑预报法的工作原理不难理解，主要是依靠在隧道开挖面附近修筑导坑，从而对隧道开挖面前方的地质状况进行探测和预报。由于超前导坑预报法的施工工程量大，工程复杂，导坑的开挖又会牵扯到新的工程问题，因此，在一般情况下，超前导坑预报法不优先考虑使用。隧道超前导坑预报法一般适用于隧洞开挖面前方地质状况极为复杂，存在突泥、涌水等危险的地质灾害的情况。

按照导坑开挖的位置的不同，超前导坑预报法可以分为平行导坑预报法和正洞导坑预报法。平行导坑预报法，顾名思义，就是开挖出一条与隧道线性保持平行的导坑，采用工程地质类比法或利用平行导坑揭示的地质情况，通过作图法、物探法、钻探法等探测正洞地质情况的一种探测方法。一般来说，导坑与隧道主洞的距离不会太远，一方面，若导坑与隧道主洞的距离过大，则导坑的开挖难度也会加大，带来不必要的麻烦；另一方面，若导坑与隧道主洞的距离过大，则导坑对隧道开挖面前方的地质状况的预报会不准确，无法达到超前地质预报的目的。

导坑与隧道主洞的距离也不能过近，距离太近的话，会影响到隧道主洞的结构稳定性，并将平行导坑开挖到隧道主洞开挖面前方的附近，保证能观察或是探测到隧道主洞开挖面前方的岩层，从而达到超前地质预报的目的。

超前导坑预报的另一种方法——正洞导坑预报法，顾名思义，就是在隧道正洞的前方或者附近，开挖一条导坑以探明地质情况的方法，在开挖导坑的过程中，不能对隧道正洞的结构造成过大的影响，以免威胁到隧道主洞的安全。相较之平行导坑，正洞导坑的施工难度较小，工程量小，开挖距离短。但正洞导坑更容易影响到隧道主洞的结构安全和稳定性，一旦正洞导坑的开挖出现问题，导坑就很容易出现坍塌等施工事故，威胁人员安全，影响隧道主洞结构的稳定性。而平行导坑在这一方面就相对比较安全可靠一些，与隧道主洞的平行关系，能够有效保证隧道主洞和导坑的结构稳定性和互不干扰。而且平行导坑的预报范围更大一些，不仅能够预报隧道主洞开挖面前方的地质状况，还能够有效预报隧道开挖面的斜前方以及侧面的地层状况，为隧道超前地质预报工作提供更多更可靠的预报内容，从而指导施工，修正隧道的设计，为隧道平稳顺利的开挖和掘进提供信息保证。

除此两种超前导坑预报方法之外，还有一种超前导坑预报方法就是针对双洞距离较近的两条隧道的修筑与开挖，同一开挖掘进方向上的两个隧道，若相距较近时，可以视为两条隧道，其中一条作为另一条隧道的导坑，而且是平行导坑，掘进距离较远的隧道可以为掘进距离较近的隧道进行平行导坑超前地质预报，这在很大程度上节省了开挖超前导坑的人力和物力。

由以上对隧道超前导坑预报方法的分析与总结，我们发现，超前导坑预报法，与其说是一种超前地质预报的方法，还不如说它是一种超前地质预报的理论，因为超前导坑的开挖，实质上并没有对超前地质预报起到作用，它更多的是，提供适合的空间和角度，为超前地质预报使用各种预报方法还有预报仪器提供方便。

也就是说，超前导坑预报法仍要借助之前提到的超前地质预报方法和手段，对隧道开挖面前方的地质状况做出准确的描述和判断。

（二）开挖后监测预警

在隧道开挖后，需要对隧道断面进行实时的监测，完全掌握隧道各处变形，以应对隧道施工中的各种不确定性因素和各种变化。如果忽视开挖后的监测，并且后期监测预警不足，极易造成安全事故。

综合来看，一个可靠并且高效的安全监测系统，需要满足以下几点要求：

①前端的监测采样需要准确、故障率小。后期对隧道变形稳定性的分析依赖于精确的采样，精确的数据是准确判断的保障。

②需要较高的反馈速度。隧道监测数据具有一定的时效性，准确而快速的反馈速度，为监测预警提供了宝贵的反应时间。

③合理的数据分析预测方法。较为精确的预测方法可以根据现有数据对后续变形量进行一定范围内的合理预测，常用的预测方法是非线性回归方法，虽有一定效果，但是仍然有很大的优化空间。

④相对准确的风险预判准则。

第三节 工程实例分析

一、工程概况

（一）概述

从莞高速公路东莞段（含清溪支线）工程是广东省规划的从化至东莞高速公路在东莞境内的路段，线路长度约为 57 km，其中，从莞高速公路东莞段主线，线路大致呈南北走向，经石排、企石、横沥、常平、樟木头、清溪、塘厦、凤岗等八镇，终点在凤岗镇大洋湖接深圳外环高速公路，长度约为 42 km，采用六车道高速公路技术标准，设计速度为 100 km/h。

从莞高速公路工程中，观音山隧道工程是其中的一个重要的节点工程，其顺利完工有着重大意义，不仅进一步完善了地区公路交通网络的建设，有效缓解了地区交通拥堵的问题，而且其建成通车，对于促进地区经济发展也有着重大意义。这一切的背后离不开隧道施工监测以及超前地质预报的应用。

（二）隧道概况

观音山隧道为分离式隧道，左线起讫桩号为 ZK25+705—ZK28+950，隧道总长 3 245 m。右线起讫桩号为 K25+725—K28+910，隧道总长 3 185 m。隧道位于清溪镇与樟木头镇交界处，位于观音山国家森林公园内，属低山丘陵地貌。

（三）地质条件

1. 隧址区自然地理概况

隧址区属低山丘陵地貌，地形起伏变化较大，地面最大高差大于 300 m，绝对高程为 57.5 ~ 388.5 m，植被发育。隧道最大埋深约为 330 m，隧道进出口自然山坡坡度为 15° ~ 30°。隧道出口山坡多见球状风化孤石。

隧址区地表水较发育，K26+380、K27+130、K27+220 段为山间冲沟地段，常年流水，流量在 3 ~ 10 L/s；地下水有第四系孔隙水和基岩风化裂隙水，其中第四系孔隙水不发育，埋藏浅，受大气降水及邻近含水层补给，动态随季节性变化，基岩风化裂隙水主要赋存在微风化基岩裂隙中，裂隙多为闭合状，富水性较差，水量较贫乏。在 SZK6 钻孔进行抽水试验，微风化基岩裂隙水渗透系数 $K = 0.002\ 12$ m/d，影响半径 $R=10.1$ m。

2. 水文地质条件

区内地表水系较发育，隧道右侧有水库。隧道区地表水主要为大气降水形成的地表面流，地表径流条件较好，隧道进、出口位于斜坡中下部，分布标高稍高，地表水对隧道施工仍然有一定的影响，应注意暴雨期间地表面流对洞口的冲刷破坏作用，宜采取截流、疏排措施。

该隧道地下水为表层残坡积粉质黏土、碎石土中的孔隙水、基岩风化带内的裂隙水，水量大小受裂隙发育程度及季节变化影响，补给来源主要为大气降水下渗补给，由于隧道埋藏较浅，一般地下水较为贫乏，但不排除局部地段地下水较为发育。隧道施工时要注意排水、预防涌水。

（1）地下水类型及特征

①松散层孔隙水，赋存于斜坡上第四系各种成因的松散堆积体中，多属上层滞水，主要受大气降水补给，但多分布在较高位置，径排条件较好，且零星分布，厚度较小，水量贫乏。

②基岩裂隙水主要为风化裂隙水，分布于基岩表部的节理、裂隙中，含水层厚度较小，水位变化大，多为潜水。

（2）补、排条件及动态特征

区内地下水主要接受大气降水垂直入渗补给；基岩裂隙水赋存于岩体裂隙中，主要受地形地貌控制，由大气降水补给，通过导水的裂隙系统补给深部含水层。

由于隧道区标高稍高，地表径流排泄条件好，其天然排泄方式主要为呈线状、散点状排泄于地形切割较深的冲沟、地貌突变处。地下水位变幅不大。

（3）地下水影响

隧道区地下水主要为风化裂隙水，一般水量较为贫乏，对隧道施工影响较小，隧道水文地质条件较简单。

3. 工程地质条件评价

进口上覆强风化层厚度较大，围岩主要为粉质黏土、全强风化岩，土质松软，岩石破碎，孔隙较大，渗水，稳定性差，斜坡自然坡度为20°～25°，地下水主要为岩石裂隙水，雨天水量较大，有渗水现象，围岩分级为Ⅴ级，洞身开挖拱部无支护易产生坍塌。建议粉质黏土、碎石、全风化层坡率为1∶1.25，强风化层坡率为1∶0.75，中风化层坡率为1∶0.5，并采取护面措施。

粉质黏土、全风化岩处于地下水位以上，透水较差；基岩含风化裂隙水，但含水微弱、水量贫乏，地下水对洞口稳定性有一定影响；隧道洞口施工应注意暴雨期间地表面流对洞口的冲刷破坏作用，宜采取截流、疏排措施。

隧道洞室围岩有滴水、渗水现象，隧道施工时需做好洞内排水工作；支护设计施工时应考虑相应的防渗措施。

（四）地质状况详细说明

观音山隧道为分离式隧道，采用台阶法开挖。进洞初期及后期围岩与设计图纸基本相符。

施工单位在隧道开挖过程中坚持每次开挖后对掌子面进行地质观察并详细记录。观音山隧道总体岩性状况如下：

1. 地层岩性

从地质素描成果可知，隧道围岩主要为砂岩和花岗岩，岩性表现为黑、灰砂岩和花岗岩，类型主要呈中－弱风化。

2. 地下水

从记录的资料可知，掌子面水系不是很发达，无涌水突泥等大型自然灾害，多为掌子面湿润或者滴水现象，极少位置出现水量较大或出现积水情况。

3. 综合评价

从围岩级别综合评价围岩性质，可知：

Ⅳ级围岩多为全－强风化砂岩，岩体破碎，裂隙发育，岩石硅化强烈，呈镶嵌状碎裂结构，围岩稳定性较差，地下水为基岩风化裂隙水及构造裂隙水，水量贫乏，岩体外观呈黑花斑色，在洞口附近表现为坡残积粉质黏土，硬塑状，土质较均匀，初衬上部位置存在少量渗水情况，掌子面目测无渗水情况，部分呈干燥状态，节理、裂隙较发育，呈交错状态分布的部分裂隙内部填充白色石英脉，根据掌子面岩石状况初步判断在开挖过程中有小块落石。

Ⅳ级围岩多为中－微风化花岗岩，岩石破碎，裂隙发育，呈镶嵌状碎裂结构，围岩稳定性较差，地下水为基岩风化裂隙水，水量贫乏，敲击声脆，不易破碎。

Ⅱ、Ⅲ级围岩多为微风化花岗岩，裂隙较发育，岩体较完整，呈巨块状镶嵌结构，围岩稳定性较好，地下水为基岩风化裂隙水，水量贫乏，敲击声脆，不易破碎。

二、监测方案

（一）基本监测项目

根据工程需要，观音山隧道的监测方案主要涉及监测和地质预报两项内容。监测的主要内容包括地质及支护状况观察、周边收敛、拱顶下沉和地表沉降。具体的监测方法及监测频率如下。

1. 地质及支护状况观察

检测方法为在掌子面处目测地质状况，用地质罗盘定出岩体分布状况，并用相机拍照取证。监测频率为每次爆破后进行观察。

2. 周边收敛

监测方法为每个测量断面在侧墙布设 1 条水平测线，用数显收敛计监测两点相对变化量，在爆破后 24 h 内进行周边位移监测。

3. 拱顶下沉

监测方法为每个测量断面在拱顶布设 1 个测点，通过倒挂钢卷尺，用精密水准仪监测沉降量，在爆破后 24 h 内进行周边位移监测。

4. 地表沉降

监测方法为在洞口地表及浅埋地段或者具有代表性的围岩处设置观测断面，每个断面布设 9 个监测点，另加 2 个基本观测点。用精密水准仪监测沉降量。

（二）监测采用仪器

根据工作内容，观音山隧道主要投入的监测仪器设备见表6-1。

表6-1　观音山隧道主要投入的监测仪器设备

序号	监测项目	仪器设备名称	仪器管理编号
1	周边收敛	数显收敛计	YQ-桥隧-019
2	拱顶下沉	精密水准仪	YQ-测绘-032（703620）
3	地表沉降	精密水准仪	YQ-测绘-032（703620）
4	地质及支护状况观察	照相机	YQ-桥隧-040
5	超前地质预报（地质雷达法）	地质雷达 SIR-20	YQ-道路-005

三、监测数据处理

（一）周边收敛

根据工程需要，观音山隧道共布置周边收敛断面314个，其中左线布置155个、右线布置159个，这里仅提取部分监测数据。

（二）地表沉降

根据工程需要，观音山隧道共布置地表沉降观测断面4个，其中左线布置2个、右线布置2个。

（三）拱顶下沉

根据工程需要，观音山隧道共布置拱顶下沉观测断面304个，其中左线布置153个、右线布置151个，这里仅提取部分监测数据。

四、监测数据分析

（一）不同区域测量信息统计描述

1. 各级围岩占比

这里按照地质及支护状况观察统计结果，参考前期地质勘察设计资料，得到了该隧道各级围岩占比统计。其中，Ⅳ级围岩占比最多，Ⅱ级围岩占比最少。

2. 拱顶下沉统计数据分析

（1）各点累计下沉量对比

在对监测数据分析之前，需要根据各测点数据绘制累计下沉量曲线。根据监测数据分析结果，观音山隧道拱顶下沉值均在规范安全范围内，下沉较大值主要在Ⅴ级围岩或洞口端浅埋段。Ⅲ和Ⅳ级围岩段下沉值普遍较小。最大下沉值在YK35+088断面，下沉值为 –52.9 mm，属Ⅴ级围岩。

（2）下沉量分布统计

从平均值可以发现，变形值与围岩好坏呈正相关，围岩稳定性越好则变形量越小。围岩较差时，由方差可以发现变形量分布更不均匀。

3. 周边收敛统计数据分析

（1）各点累计收敛量对比

根据监测数据分析结果，观音山隧道周边收敛值均在规范安全范围内，周边收敛较大值主要在Ⅴ级围岩或洞口端浅埋段。Ⅲ和Ⅳ级围岩阶段周边收敛值普遍较小，最大收敛值在YK35+088断面，收敛值为 –55.94 mm，属Ⅴ级围岩。

（2）周边收敛量分布统计

由统计数据中的平均值可以发现变形值与围岩好坏呈正相关，围岩稳定性越好，变形量越小。另外，当围岩较差时，由方差可以看出变形量的分布也更为不均匀。

（二）监测数据回归曲线拟合与拟合度评价

本节针对从莞高速观音山隧道监测数据，参照回归拟合方法，对现有数据进行曲线拟合，获得了与真实值偏差较小的拟合函数，为判断变形量的变化趋势提供了依据。这里选取具有代表性的ZK25+733处的拱顶下沉数据作为例子，回归方程选取常见的二次多项式、指数函数与对数函数。变形值为负值，由于函数计算的需要，这里取变形值的绝对值进行计算，并且，对于指数函数与对数函数，数据去除零点。

该拟合过程是采用最小二乘法不断逼近实测曲线的一个反复试算过程，现有Excel有自带的功能按此法拟合实测曲线并得到了相应回归曲线的方程。

根据拟合结果，二次多项式的值为 0.969 4，对数函数的值为 0.924 3，指数函数的值为 0.712 4，由此可见二次多项式的值最接近 1，即对从莞高速观音山隧道项目，二次多项式的拟合效果最佳。

（三）非线性回归分析

1. 拱顶下沉

由于各个离散点数据较多，这里以最具代表性的 ZK25+728—ZK25+800 为例形成曲线图进行分析。在掌子面开挖初期、下台阶开挖期间、仰拱施做期间拱顶下沉量较大，但处于合理变化范围内。

观音山隧道拱顶下沉量主要集中在距离观测断面 3 倍洞径范围内，其下沉量约占累计变化量的 75%，一个月后基本趋于稳定，拱顶下沉变形规律基本与周边收敛变形规律一致。

2. 地表沉降

这里对地表沉降测量结果进行计算机整理，对每一断面的地表沉降变化绘图，并进行回归分析。

地表至洞室每层岩体均有不同程度的沉降，沉降量集中在距离观测断面 3 倍洞径范围内，此阶段沉降值占累计沉降值的 80%，浅埋段地表沉降值一般大于附近段落拱顶下沉值。

3. 周边收敛

这里对周边收敛测量结果进行计算机整理，对每一断面的周边收敛变化绘图，使用对数方程进行回归分析。观音山隧道周边收敛变化趋势为快速发展到逐渐平稳。发展趋势反映了隧道实际的施工情况。收敛主要集中在隧道每次开挖期间，如下台阶以及仰拱的施工，仰拱闭合后周边收敛变化趋于平稳并逐渐稳定。

（四）监测数据总体分析

施工单位针对从莞高速观音山隧道进行了施工监测，这里针对监测结果进行了数据回归分析，其中必测项目的数据分析结果如下：

1. 拱顶下沉监测分析

从监测数据分析结果可知，观音山隧道拱顶下沉值均在规范允许的安全范围内，拱顶下沉较大值主要分布在 V 级围岩或洞口端浅埋段。Ⅲ和Ⅳ级围岩段拱顶下沉值普遍较小。最大下沉值位于 YK35+088 断面，下沉值为 –52.9 mm，处于 V 级围岩。

从监测数据分析结果可知，在掌子面开挖初期、下台阶开挖期间、仰拱施做期间拱顶下沉量较大，但处于合理变化范围内。观音山隧道拱顶下沉量主要集中在距离观测断面 3 倍洞径范围内，其下沉量约占累计变化量的 75%，一个月后基本趋于稳定，拱顶下沉变形规律基本与周边收敛变形规律一致。

2. 地表沉降监测分析

观音山隧道地表观测断面布设在洞口浅埋段，隧道埋深浅，围岩自稳能力差，松动土圈一般延伸到地表，地表至洞室每层岩体均有不同程度的沉降。

从监测数据分析结果可知，观音山隧道左线地表沉降最大值位于 ZK25+729 断面 1～5 测点，沉降值为 –123.64 mm；右线地表沉降最大值位于 YK25+750 断面 1～6 测点，沉降值为 –97.14 mm。

观音山隧道地表沉降的规律是沉降量集中在距离观测断面 3 倍洞径范围内，此阶段沉降值占累计沉降值的 80%；浅埋段地表沉降值一般大于附近段落拱顶下沉值。

3. 周边收敛监测分析

从监测数据分析结果可知，观音山隧道周边收敛值均在规范允许的安全范围内，周边收敛较大值主要分布在 V 级围岩或洞口端浅埋段。Ⅲ 和 Ⅳ 级围岩阶段周边收敛值普遍较小，最大收敛值位于 YK35+088 断面，收敛值为 –55.94 mm，处于 V 级围岩。

观音山隧道周边收敛变化趋势为快速发展到逐渐平稳。这一发展趋势反映了隧道实际的施工情况。收敛主要集中在隧道每次开挖期间，如下台阶以及仰拱的施工，仰拱闭合后变化趋于平稳并逐渐稳定。

观音山隧道周边收敛在一个月左右逐渐趋于稳定。

第七章　公路施工安全与风险管理

随着我国公路交通事业的不断发展，公路工程项目在推动经济建设和加速社会发展方面的作用愈发明显，公路工程项目建设的规模也在不断扩大。但任何一项投资活动都有风险伴其左右，风险管理在公路工程项目管理中发挥着至关重要的作用。本章对公路工程项目在施工过程中存在的主要风险进行分析，并针对性地提出防范对策，以促进公路交通事业的可持续发展。

第一节　高速公路路基施工风险管理分析

路基的质量是保证高速公路工程项目质量的基础，在实际施工过程中，必须做好高速公路路基施工的风险管理工作，以切实保证路基施工的质量。随着我国公路网络的不断扩充，当前高速公路的路基施工正在面临着更加复杂的外界影响因素，如果在施工设计规划以及施工管理过程中，未能有效对路基工程中可能存在的风险因素进行规避、转嫁或排除，就可能导致施工安全事故或者公路工程病害，降低公路工程的经济效益。

一、高速公路路基施工常见风险

（一）沉降病害

路基沉降是路基施工最为常见的工程风险，该风险也是造成后期公路路面出现其他严重病害的重要因素，沉降整体表现为不均匀性、路基内部应力发生变化，一旦投入使用，会导致路面裂缝、公路变形等，对行车安全造成极大的影响。造成路基不均匀沉降的原因一般是人为因素与自然因素的综合影响，自然因素当中，主要受水文地质条件的影响。对于地下水含量丰沛、分布复杂的区域，在进行路基施工时，需要采取一定的有针对性的排水措施，否则可能导致不均匀沉降病害的发生；路基施工现场的地质条件不符合要求，如主要为大量软土时，如果施工没有采取针对软土的一系列措施如换填、挤淤等，一般会导致不均匀沉降病害的发生；在一些水文地质条件对路基施工较为友好的地区，如果施工过程中，没有对施工的工序、工艺、材料等进行有效的管理，也可能导致不均匀沉降病害的发生。

（二）滑塌事故

滑塌事故一般指的是边坡滑塌，包括路堑边坡的滑塌以及路堤边坡的滑塌，发生滑塌之后，边坡顶部路面会出现裂缝且裂缝极容易延伸发展，降低高速公路的行车安全性以及缩短整体的使用寿命。造成边坡滑塌事故发生的因素较为复杂，但是归根结底是在施工前，未能对施工现场边坡的实际情况进行详细的踏查，制订了错误的施工方案，或者在施工过程中，使用的施工工艺或者填筑料存在问题，这些都会导致边坡滑塌事故的发生。造成边坡滑塌的因素大致上可以归纳为以下几种：一是边坡基部存在淤泥或者松土，未能勘探和考虑，直接进行路基施工，可能因为部分沉降而发生滑塌；二是边坡边度大，衔接处未可靠设置台阶，导致边坡受到重力影响显著，也会造成边坡滑塌；三是路基填筑材料选择不合理或者质量不合格；四是施工现场未能针对边坡做好防护措施；五是坡顶排水工艺存在问题，导致边坡出现积水、渗水的情况，腐蚀边坡内部结构，造成滑塌；六是采取爆破施工时，爆破范围未能精确控制导致路堑的岩体结构受损；七是大量施工材料和杂物、设备集中堆放在路堑上，也可能引起滑塌事故的发生；八是在地下水丰富的地区，未对边坡地带进行排水和防水处理，也会在地下水的影响下发生滑塌事故。

（三）裂缝病害

路基裂缝产生后，主要对路基内部应力产生一定的影响，而一旦公路投入使用，在上部车辆载荷的影响下，裂缝规模会逐渐扩大，最终威胁到行车安全，甚至造成较为严重的事故。路基裂缝根据其表现形式，一般可以分为纵向裂缝及横向裂缝。造成纵向裂缝的原因一般有以下几种：一是路基压实施工时，未采取分层分段压实施工策略，导致压实度不达标；二是路基表层未能进行可靠清理，存在粒度加大的杂物；三是未能对路基底部软弱结构进行加固处理或者加固处理方式不符合实际情况的要求；四是路基施工采用的填筑料，透水性和水稳性等重要参数指标不符合路基施工要求，或者在进行填筑施工时，施工工艺不符合标准，例如采用了不恰当的纵向分幅施工工艺等。造成横向裂缝的原因则一般有以下几种：一是路基填筑材料的塑性过大或者液限过高；二是路基上覆料摊铺不均匀，厚度出现较大差异；三是同一层路基施工时，使用了不同类型的回填料。

（四）压实度欠缺

压实度控制对于预防路基施工风险及病害具有重要意义，而一旦路基压实度不符合标准，一般就会产生较为严重的质量问题。导致压实度不合格的因素主要有以下几类：一是施工机械的选择不合理或机械存在故障隐患导致施工可靠性不足；二是碾压的次数或者方式与相关标准的要求存在差异；三是填料的含水量不符合标准；四是回填料的松铺厚度过大；五是回填料采用多种不同种类的填料混填或者填料级配不符合要求。

二、高速公路路基施工的风险管理、识别与评估

（一）高速公路路基施工的风险管理

风险管理是高速公路路基病害防控与质量控制工作的核心，需要贯穿整个高速公路路基施工过程。一般来讲，可以将风险管理拆分为事前风险管理、事中风险管理和事后风险管理三种。

事前风险管理主要以风险防控为主，需要相关工作人员做好现场的勘察工作，对于水文地质、气候资料、其他环境和自然条件进行充分考察后，结合调查结果，制订具有针对性的施工策略，尤其是存在软弱地基、地下水丰沛、复杂地质结构、大量淤泥等情况时，必须结合实际情况选择正确的施工工艺，以保证路基的施工质量。

事中风险管理主要分为风险防控以及应急处理两部分，在施工过程中，应该严格对施工的材料、施工人员以及施工机械设备进行管理与控制，要保证材料的质量和型号符合路基施工的需要，尤其是填筑料的选择，对路基施工风险的影响较大，需要谨慎选择并在现场做好处理工作；施工人员的施工工艺不符合相关标准也可能导致路基工程风险的发生，因此，现场需要对重点施工环节的施工情况进行站检，保证施工符合相关标准，除此之外，一旦发生了施工现场的风险事故，例如滑塌等，需要进行应急处理，尽可能地将影响范围缩小，避免事故对整个工程项目造成巨大的影响，同时应该尽可能地减少人员伤亡。

事后风险管理就是当发现高速公路出现病害后，应该及时对公路病害情况进行诊断和处理，高速公路出现病害，其中因路基施工风险所导致的问题是最常见的，出现这种情况，应该及时进行处理和返修，避免病害的扩大化，以保证高速公路的使用寿命和经济效益。

（二）高速公路路基施工的风险识别

风险识别工作是风险管理工作的核心，通过风险识别，能够对路基施工过程中以及投入使用后可能出现的风险及病害的诱导因素进行一一识别，并编制成风险清单，通过风险清单的编制，就能够进一步制订出围绕风险清单的防控、应急处理、返修等实际管理策略，进而有效避免高速公路路基风险的发生。从实际情况来看，高速公路路基风险的识别，与相关工作人员的经验及专业水平有着较大的关系，是一项集连续性、复杂性、系统性于一体的工作，风险识别考虑得越全面，在进行路基施工风险管理时取得的效果就越好，反之，很多高速公路的路基工程出现风险甚至安全事故，就是因为风险识别工作出现了重大的缺失和漏洞。

（三）高速公路路基施工的风险评估

风险评估是近年来我国公路工程路基施工风险管理工作中逐渐被重视和应用的一项工作，由于路基工程的风险影响因素十分复杂和多样，在日常的工作中，想要避免风险的发生，如果考虑风险识别清单中的所有风险类型并做出防控举措，那么所消耗的人力物力十分庞大，这不符合我国公路工程施工单位的实际情况，尤其是在当前我国公路网络不断扩充、高速公路工程施工规模越来越大、环境因素越来越复杂的情况下，更加需要提升风险管理工作的效率。在这样的背景下，风险评估工作就显得十分重要，通过风险评估工作，我们能够结合施工现场的实际情况以及过往的经验，对可能存在的风险发生的概率及造成的影响大小进行综合评估，这样就能将不同的风险按照施工单位的实际情况划分出等级，便于基层管理人员及施工人员对风险等级较高的风险进行优先、重点、强化防控。

三、高速公路路基施工风险管理实例分析

（一）工程概况

本实例选择的高速公路路基施工风险管理路段，为某高速公路的主要路段，路段起止桩号为 K276+915—K288+000，全长 11.1 km，为双向四车道公路，设

计时速为 100 km/h，整体路基宽度为 26 m，其中路宽 15 m，路肩宽 3 m，施工地点地基为软土，需要进行挖方换填，挖方约 211.5 万 m³。

（二）风险管理

1. 风险因素摸排统计

风险因素摸排统计也就是风险识别工作，经过对施工现场以及工程设计进行充分的调查与分析，找到以下几方面的风险因素：一是自然环境因素，主要包括历史同时期有大雨暴雨天气、存在软土不良地质且范围较大、地下水较为充沛；二是材料因素，主要包括边坡防护材料可靠性不足、填筑材料指标不合格或级配不合理、挡墙加固材料存在质量问题；三是施工方面的因素，主要包括排水设施不完善，碾压次数、松铺厚度不达标，软土路基未进行加固，以及路堤、路堑坡度大未设置台阶等。

2. 准备阶段的风险管理

根据上述风险因素的摸排统计情况来看，准备阶段要从以下几个方面入手，一是制订详细的突发天气问题应对措施，安排专人关注天气情况；二是做好施工材料的采购和试验检测工作，保证所有施工材料的质量以及属性参数符合工程需要；三是完善基础设施，如边坡防护、路基顶部排水系统等，进一步提升路基施工的风险防护可靠性。

3. 施工过程的风险管理

施工过程中，首先应该保证施工的人机料符合工程需要，其次应该在重点施工环节安排站检，保证施工符合相关标准，如碾压次数、松铺厚度、基底清理等工作。与此同时，为了更好地针对本次工程中软土不良地质条件，经过分析和研讨，拟采用塑料排水板预压堆载排水的方式，提升路基的可靠性及压实度，降低含水量，避免不均匀沉降的发生。实际施工中，采用 B 型塑料排水板，利用振动插板机安装塑料排水管，上铺排水砂垫层后，堆砌施加静压力，进行排水。随机截取了两段路基断面（K283+600、K283+650），对其沉降量进行监控。

堆载预压开始后，两段路基的沉降量开始快速上升，之后短期内放缓，并且保证总沉降量小于 200 mm，符合路基施工需求，证明预压堆载塑料排水板技术能够有效控制路基沉降风险，结合当地的实际情况，可以进行推广使用。综合性风险防控举措的落实，切实避免了各种路基工程风险事件的发生，工程整体通过验收，并在后期投入使用过程中表现较为稳定。

总而言之，路基质量的控制对于高速公路工程质量控制来讲至关重要，但是从过往的一些案例来看，路基工程受到外界各种因素影响较大，容易出现各种病害甚至事故，进而直接对公路工程的质量产生影响，在进行路基工程的风险控制时，应该充分对各种风险条件进行摸排调查，做好风险的识别和评估，并找到主要风险的相应解决对策，这样才能最大限度地避免路基工程风险的出现。

第二节　高速公路路面施工安全标准化分析

本节首先列举路面施工安全管理存在的主要问题，而后提出路面施工安全管理措施，最后深入阐述路面施工安全标准化措施。

一、路面施工安全管理存在的主要问题

（一）施工环境开放复杂，施工风险高

公路施工一般属于露天作业，因此极易受到外部环境的影响。施工的道路状况也会对施工的安全产生威胁，如果处在交叉路口，社会车辆极易进入施工场地，造成安全事故。

（二）施工人员意识薄弱，安全行为差

施工人员对于施工的影响是直接的，施工人员的意识与操作水平能够对施工的质量产生极大影响。路面施工与其他施工作业不同，高空作业和水上作业的情况较为少见，因此很多施工人员认为路面施工更加安全，安全意识相对来说比较淡薄，很容易造成操作失误，在施工中就可能出现安全事故。

（三）施工机械设备众多，安全设施少

在路面施工中会用到许多大型机械设备，如摊铺机、装载车等，这些大型机械设备需要在施工现场进行交叉作业，从而使设备管理的难度增大，如果调度出现问题，可能会引发交通事故。

二、路面施工安全管理措施

（一）强化安全施工意识

对于高速公路的管理来说，实行责任制度能够有效提高整体的安全意识。实

行责任制度能够使公路施工中的各级领导以及现场的施工人员增强对施工安全的重视程度。

责任制度需要将各项安全管理具体落实到每一个人身上，对于管理人员来说，要增强自身的督促作用，有效监督施工人员的具体操作。另外，为了增强具体操作人员的安全意识，应与每一个施工人员签订安全生产合同，在合同中应明确标注施工人员应该注意的具体事项，促使施工人员提高自身的安全意识，明确自身责任，进行安全施工。

（二）科学确定施工方案

高速公路施工时，实际施工地区的差异比较明显，因此应该进行具体的前期勘察与实地分析，确定施工方案，并将可能对施工产生影响的外部环境进行提前分析与记录，包括施工区域的天气状况、所处的地理条件、交通状况等。同时，还应该针对具体的情况制订安全管理的示意图，为后期的施工提供参考和依据。

（三）及时发布施工安全信息

路面施工会对当地的交通产生较大的影响，如果没有及时公布施工信息，外界交通也会对施工产生较大的影响，甚至出现交通事故等。为了防止此类情况的出现，施工单位需要提前公布施工信息，尽可能减少意外事故的出现。在施工现场，会堆放大量的施工材料和大型的机械设备，整体路面的宽度也会缩小，因此必须及时公示施工信息。

三、路面施工安全标准化措施

（一）路面交通管制

①在路基施工结束后，为了防止社会车辆对施工造成影响，施工单位应及时联系交通部门，制订道路管制的方案，经过监理单位的审查之后及时实施。

②主线便道口的管制应更加严格，需要专人进行管控，24 h不间断对便道口进行管理，只有持有车辆通行证的车辆可以通过，无关的社会车辆不能够进入施工现场，以免影响正常施工，无关车辆进入现场也会对施工安全造成影响。在主要路口，施工单位应该设置相关的警示标识。

③施工单位周边相邻的路口都应该向社会进行及时的公示，如实际情况需要可以进行交通管制。

（二）施工机械安全

①大型的机械设备，如平地机、摊铺机和压路机等，需要在机械设备上粘贴红白相间或者黄黑相间的反光膜，在路边正常停放时，需要在周边放置警示标志，以便及时避让。大型机械设备车辆如果在夜间进行行驶，必须在能见度大于 150 m 的条件下，才能正常行驶。对于压路机来说，还应该安装倒车雷达等装置。

②运输混合材料的车辆较为特殊，首先车况应保持良好，刹车性能是重要的标准之一。在护板和材料的运输过程中，必须按照规定的路线行驶。驾驶员不得疲劳驾驶。在运输车辆的顶部应该安装能够供人员上下作业的平台。

③运料车的装卸也需要多加关注，在卸载沥青等材料时，应设专业人员进行现场指挥。如需要卸载摊铺材料时，运输材料的车需在摊铺机前 10 ～ 30 cm 处停下。

④在进行摊铺、碾压、整平作业时，应有专业的操作人员进行指导，设备之间应保留一定的距离，以防发生意外。安全管理人员应在场进行安全管理的协调。

⑤碾压设备在施工时应保持速度平稳，一般将速度保持在 6 km/h 左右。两台设备同时进行作业时应保持好距离，前后的距离必须保持在 3 m 以上，左右之间的距离应保持在 1 m 以上。碾压设备在使用时一般采用卫星导航系统对速度和碾压的遍数进行实时监控。

（三）交叉施工作业警示

①施工的区域应与外界进行隔离，在施工范围的两端应设置隔离区域，放置明显的警示标志。另外，在路线交叉口的位置应放置减速或限速的标志进行提示。

②当施工地点位于交叉区域时，在施工场所的前后都应放置减速慢行的标志，除此之外还应放置限速的标示牌，如果标示牌出现位移的状况，应及时进行调整，恢复原样。

（四）沥青罐区的围蔽及警示

①对于一些较为特殊的物质在存放时应进行特殊处理，例如沥青罐或者燃油罐，这一类物品在存放时，应该注意与居民区之间的距离，在存放处还应标志易燃易爆品。在存放特殊物品周边 10 m 的范围内不得进行跟火有关的作业。

②沥青拌和设备必须安装防尘设施，另外在沥青蒸汽的加温装置中，蒸汽管

道应该与其进行牢固的连接，由于高温的因素，在需要人员接触的部位应该使用高温材料进行保护。

（五）路面施工道路封闭

1. 交通组织管理标准化

路面结构容易受到机械设备的碾压，从而导致路面出现松散的状况，运输车辆在路面上应禁止急刹车或急转弯。

①临时通道设置在垫层时，应选取路肩的位置，尽可能降低荷载对路床的影响。

②在设置临时通道时，一般设置在中央的分隔带和硬路肩的位置，另外在二者之间还应设置周期性的通道位置，但变换的周期不能够超过 1 个月，以减轻对路面结构层的压力。

③施工车辆可能对路面的结构造成一定磨损，因此在施工时，必须铺设临时通道，临时通道应设置在垫层和底基层，同时应该铺设一层石屑，厚度应超过 4 cm。在下一层的铺设之前，需要对其进行清扫，如果局部污染过重，应使用高压水枪对其进行冲洗。

2. 通道设置标准化

①外来社会车辆容易对路面施工产生一定影响，为了降低外来社会车辆对施工产生的影响，在临时通道的入口需要设置警示牌，引导外来社会车辆。

②临时通道应设置双向的单车道，宽度应保持在 4 m，在每 100 m 处应设置会车道，长度设置为 30 m。

③施工车辆一般是大型的机械设备，对施工道路产生一定的压力，因此为了保证机械设备的安全行驶，临时通道必须设置反光柱。

对高速公路进行标准化的设置是一项较为复杂的系统性工程，因此在实施过程中需要对各项内容进行具体的标准设定。

第三节　桥梁施工风险的有效评估

目前，我国关于桥梁施工风险评估的研究很多，但由于施工过程中未知风险因素多、工程施工周期长、过程繁杂，不能完全恰当地达到桥梁施工风险评估与预警信息的要求，对桥梁施工风险评估还需进一步研究。本节分析桥梁施工风险的特点和风险事故，探讨并提出了风险监控措施。

桥梁是我国城市建设的重要分支，属于高风险产业，其风险始终存在于建设和运营阶段。近年来，国内高架桥施工技术难度加大、施工条件更加严苛，安全生产问题日益突出，施工风险是桥梁建设中首要面临的考验。桥梁施工风险评估在整个桥梁建设过程中具有重要意义。

一、桥梁施工风险的特点

①地质环境和水文环境复杂，使得人们难以对桥梁地基的风险进行预测和分析。因地理、水文等因素的影响，人们不得不中途更改施工方案，从而改变了作业时间和费用。桥梁基础在工程施工期、施工质量、效益成本等方面都占有相当大的比重，这将直接关系到整个工程进度的顺利进行。

②桥梁上部结构的施工风险具有明显的规律。虽然上桥的施工难度很大，施工困难，但施工过程的相对固定能够及时地预测和分析施工风险。

③各个风险因素的关联度在施工过程中是相对完整的。由于施工过程紧凑、复杂，很多相关的参数都会发生变化，甚至可能因为一个危险因素而导致整个工程停工。

④风险发生概率不确定。其他的项目可以通过大量相似的事故来计算风险的发生概率，但在道路和桥梁建设中，这种概率是不能量化的，有时只能根据定性来判断风险。

二、桥梁施工中可能发生的事故

根据桥梁工程风险事故的特征以及控制措施的差异，在建设过程中极有可能发生的事故大致有以下几类。

（一）意外事故

因工地管理人员管理不规范或工地工人作业不规范，导致工人受伤、施工机械损坏、工期后延等危险情况发生，这类事故称为意外事故。例如，在施工现场张拉一根预应力钢，如果错误地使用就会导致钢丝绳脱落，伤害身体，甚至致命；如果在工地上没有做好防护措施，发生了火灾，不仅会对工程造成巨大的破坏，还会危及生命。因此，在工程建设前要进行安全宣传，详细地策划工程的生产过程，规范作业，以防止类似事故发生。

（二）质量事故

在工地上，工人没有按照图纸和标准进行施工，导致工程施工质量不达标，出现施工质量问题，这类事故称为质量事故。质量关系到桥梁的使用寿命和安全，如果质量不合格就会出现很多问题，到时候维修费用甚至超过建造成本，因此，必须避免出现质量问题。一方面，要增加项目监督等管理人员的职业素养，对不合格的工序必须返工，严格执行规范，不存在模糊界定；另一方面，在项目建设前要选择优良的工艺、设备，从而降低人员的需求，保证质量。

（三）自然灾害

例如，大的地震、洪灾、泥石流会导致桥梁倒塌、部件损坏，甚至是整体滑动。洪水具有随机性，不能预知和分析，但我们可以参考气象预测，或者查询近年来的洪水情况，提前采取措施，减小风险的发生概率。

（四）其他风险情况

其他风险情况包括建筑工地的噪声、建筑工地的建筑垃圾等。虽然这种情况不会危及工人的生命，也不会对建筑的质量造成很大的伤害，但会影响周围的居民，甚至会影响公司的声誉。

三、桥梁施工风险的有效管理

（一）风险回避

风险回避又称回避风险，是指事先预测风险发生的可能性，分析和判断风险产生的条件和因素，在经济活动中设法避开它或改变行为的方向。风险回避的前提在于企业能够对企业自身条件和外部形势、客观存在的风险属性和大小有准确的认识。管理者应采取相应的措施全面控制施工风险，从多个不同层面充分考虑施工风险造成的经济损失和作业人员的安全。

（二）风险转移

在实际的桥梁施工过程中，风险转移一般称为共同分担风险，其主要目的是运用技术方式和经济方式，将安全风险部分过渡给法定代表人及其合伙人共同分担。而在正确使用相应治理策略的同时，也应适当地进行风险评估，防止因风险而造成的经济损失。此外，在桥梁工程中风险转移具有重要的作用，推广使用它有助于制订一种新的经营战略和应对措施。因此，适当的应对措施的核心在于契约转移和项目的商业保险这两个层次，能够适当地保障风险的转移。

（三）风险缓释

桥梁工程项目的风险控制措施主要以降低企业的经济损失为目的，旨在尽量减少风险，降低风险的严重性，妥善处理桥梁工程项目的安全风险。风险缓释是指通过风险控制措施来降低风险的影响程度。风险缓释就是在风险分析的基础上，运用有针对性的方法来预知和预测风险，将各种风险控制在企业可承受范围和程度之内，保障工程项目井然有序进行。也就是说，企业可以通过制订相应的风险控制措施来减少损失，降低风险。

（四）风险自留及利用

风险自留战略在桥梁建设中起至关重要的作用，属于财务战略，能够正确处理企业的损失，但不能改变风险的本质、风险发生的可能性和风险造成的损失。因此，由业主完全负责风险所造成的损失。风险自留既是一种无计划的行为，也是一种思想和规划，它不仅无法阻止和防止损坏的发生，也无法将原本不存在和发生的风险转移到其他地方去。

四、桥梁施工风险识别原则及风险评估分析

（一）桥梁施工风险识别原则

风险识别是管理工作的基础。如果不能准确地识别这些危险因素，就会导致管理失败。因此，在风险识别时必须遵守下列准则：

1. 系统性原则

风险识别应从整体上进行，制订风险识别方案，分解工程建设流程，结合工程环境、作业特点、同类工程的工程意外，确定所有可能的危险因素以及风险来源。

2. 全面性原则

在工程的每一个阶段都会遇到各种各样的风险，如果忽视了风险，就会导致更大的风险。另外，简单的风险识别方法容易忽视和错误地判别危险来源，因此，要全面区分危险因素，综合使用多种方法，从多个角度进行鉴别和区分。

3. 全员参与原则

工程的作业量很大，需要很多人共同努力，每个人都有自己的责任，风险也存在于工程的各个方面。因此，应鼓励所有作业人员主动发现其作业领域的危险

源，风险管理人员应向相关作业人员征求建议，梳理、汇总和组织，以保证风险识别的全面性。

4. 重要性原则

综合考虑成本控制因素，区分一般风险源和重大风险源，可以忽略且不计算基于一般经验可以识别的具有较小影响的危险源。由于无法进行预测，因此，相对复杂的重大风险源应予以注意。必须区分重点项目和基本建设。重要性原则适用于诸如桩基、承载梁等桥梁的施工。

5. 动态性原则

在大规模、复杂的工程中，危险的辨识是动态的，因此，要及时、准确地进行风险识别，并要视工程的变化、内外情况而定。

（二）桥梁施工风险评估模型与方法

1. 桥梁施工风险评估模型

由于桥梁建设中经济损失、安全事故等复杂因素的影响，桥梁施工风险评估的逻辑联系比较复杂。因此，此处将风险逻辑模型中的基本因素、初始因素、不良影响因素、损害因素和损失因素五个因素进行了适当整合，采用常用的故障分析法，将最原始的基本问题当作主要的基础问题，以保证风险评估工作顺利进行。

2. 桥梁施工风险评估方法

在实际的桥梁工程项目中应结合施工风险的实际特征，提出多层次分析方法，保障施工风险评估反映多层次的标准需求，从而将诸多要素及多层次需求完全融入施工风险评估中。

五、施工风险识别的过程

风险识别的实际工作过程包括收集和调查桥梁项目的资料、风险因子的不确定性确认、风险模式及风险因素识别、风险状况分类和排序、编制风险识别报告等。

（一）收集和调查桥梁项目的资料

正确地进行工程建设阶段的风险识别是对工程项目全面、深层次认识的前提条件。为此，必须注意收集工程项目环境、工程设计和工程施工的资料，以及工程项目的工程总结和施工所获得的经验和教训，包括工程项目的自然规律和社会条件、桥梁结构形式、桥梁工程结构和系统特征等各个层面的基础资料。同时，还要对收集资料的准确性和稳定性进行分析，为风险识别提供依据。

（二）风险因子的不确定性确认

从桥梁工程概况、施工部署、目标进度、工程监督报告等方面分析并辨别出桥梁工程各阶段是否存在影响施工目标完成的不利因素，分析其客观存在性和不确定性，为进一步辨别提供依据。

（三）风险模式及风险因素识别

首先对风险因子的不确定性进行研究和判断，然后对各种工程风险的影响因素进行识别和推断，包括结构方式、施工荷载等，并从风险要素推断工程施工阶段可能产生的风险，以及预测分析这些风险可能造成的不良影响和损害。

（四）风险状况分类和排序

对风险因素和风险产生的条件进行分析和选择，判断引发风险的主要因素和风险产生的前提条件。

（五）编制风险识别报告

风险识别报告是上述作业的成果，应包括有关工程施工信息、相应工程施工中不良工程施工任务的危险因子库以及分析和辨别危险因子所引发的主要条件。

第四节　公路隧道施工风险因素及施工管理

公路隧道施工是一个复杂的过程，涉及多种风险因素。本节综合分析公路隧道施工的风险因素，从自然因素和人为因素两个方面出发，探究公路隧道施工的主要风险，并根据风险因素对施工风险的管理和施工管理优化对策进行分析，包括严格设计施工方案、加强人员培训等，以期为降低公路隧道施工风险、确保公路隧道施工质量和安全提供参考。

一、公路隧道施工风险因素

（一）自然因素

自然因素对公路隧道施工安全和工程质量具有重要影响。其中，地质条件是公路隧道施工中最重要的自然因素。

首先，不同地质条件下存在不同的地层结构、岩性、断层等，对隧道施工产生直接影响。例如，软弱地层容易导致隧道变形和塌方，岩石地层可能存在高风化度和裂隙，增加了隧道施工的困难和风险。尤其是在黄土地区，隧址区多跨越冲沟峁梁，在地形变化处、冲沟沟脑及谷坡等地带，会形成大小不等的竖井状黄土陷穴。黄土层成岩性差，结构相对疏松，自身强度低，抵抗外力破坏的性能差，垂直节理发育，水平方向连接力较弱，且黄土具有湿陷性，遇水后颗粒黏结力削弱，强度随之降低，易引起衬砌受力不均匀，加之隧道表层黄土厚度分布多不均匀，容易导致隧道偏压，造成地质灾害。

其次，地下水的存在和流动对隧道施工安全有重要影响。地下水压力和水位的变化可能导致隧道支护结构破坏和地面沉降。水文地质条件还涉及地下水的渗流、涌水以及地下水质量对工程材料的腐蚀等问题，会影响施工安全和工程质量。

再次，自然灾害如地震、泥石流、山体滑坡等是公路隧道施工中的重要风险因素。地震可能导致隧道结构破坏，泥石流和山体滑坡可能引发隧道进口堵塞和洪水灾害。因此，在隧道施工前需要进行地质灾害评估和风险预测，并采取相应的防护措施。

最后，气候条件如极端温度、降雨量等也是公路隧道施工中需要考虑的自然因素。极端高温或低温会影响施工材料的性能和施工设备的正常运行。大量降雨可能导致隧道施工现场的积水和水泥混凝土的凝固质量问题。因此，在施工过程中需要合理安排施工时间，避免在恶劣气候条件下施工。

（二）人为因素

1. 施工方案不够合理

公路隧道施工中，制订施工方案时应综合考虑地质条件、水文地质条件、施工技术和环境要素等因素，以最优化的方式完成隧道施工。合理的施工方案对提高施工效率、降低成本并确保施工质量和安全性至关重要；不合理的施工方案可能导致多种风险。

首先，不合理的施工方案可能导致资源的不充分利用或浪费。例如，在材料和设备的选择方面，如果施工方案未考虑到实际需要和可行性，就会导致材料和设备的过度采购或无效使用，增加施工成本和资源消耗。

其次，不合理的施工方案会使施工过程变得困难。如果施工方案未充分考虑施工现场的限制条件和难以预测的因素，施工设备就无法进入或操作受限，进而会提高施工的复杂性。

再次，不合理的施工方案还会增加施工安全的风险。如果施工方案没有考虑到施工现场的地质条件和环境要素，就很可能导致支护措施不当或施工工序不合理，提高事故发生率。

最后，不合理的施工方案会延误施工进度。如果设计施工方案时，没有对施工工序的合理性与资源调配工作进行充分思考，会使施工遇到更多阻碍，影响工期，增加项目风险和成本。

2. 施工风险评估不足

公路隧道施工中，施工风险评估是一个重要的环节，旨在识别和评估施工过程中可能存在的潜在风险，以便采取相应的措施进行风险控制和管理。通过施工风险评估，施工团队可以全面了解施工过程中各个环节的潜在风险，以便采取预防措施。然而，如果施工风险评估不足或不准确，可能导致以下风险。

首先，难以识别潜在的风险因素，导致重要风险未被发现或被低估，使得在施工过程中出现未预料到的事故或质量问题。

其次，不能准确评估风险的严重性，无法采取适当的控制和管理措施，使施工现场暴露于潜在的风险中，提高了事故发生率。

最后，影响后期的风险处理，导致施工过程中的风险控制和应急响应能力不足，这会进一步增加施工安全和工程质量风险。

3. 围岩测量不到位

在公路隧道施工中，围岩测量具有重要意义。围岩测量主要是采集和分析隧道围岩的地质情况和力学信息，为隧道设计和施工提供必要的依据和参考，便于施工团队全面了解隧道围岩的性质和变形特征，进而优化支护措施和施工方法。如果围岩测量工作不到位，会影响整体施工质量。

围岩测量不到位意味着无法获取全面和准确的围岩信息，会导致在施工过程中对围岩变形、裂缝和岩层性质的了解不全面，无法对施工风险进行准确的评估。

此外，围岩测量不到位可能导致无法准确确定隧道围岩的强度、稳定性和变形特征，导致支护措施选择不当，从而增加隧道施工风险。

4. 施工人员风险意识不足

公路隧道施工中，部分施工人员忽视风险管理的重要性，对施工中的危险情况缺乏足够的警觉性，可能存在过度自信、侥幸、急于完成任务等心理。施工人员风险意识不足的原因主要如下：

第一，施工团队在风险管理方面的培训和教育不足，导致施工人员对风险的认识和理解不足，无法正确识别和评估风险，忽视潜在的安全隐患，这种情况下，可能引发施工安全事故，影响施工质量，进而影响整个项目的顺利进行。

第二，施工现场规章制度的执行不严格，淡化了施工人员的风险意识，使其对安全施工缺乏重视，忽视安全措施和操作流程，进而增加了施工风险。

5. 施工管理形式化

过度依赖文件和程序的形式化施工管理方式，会忽视实际施工现场的情况和特殊要求，容易给企业带来严重的风险。由于施工现场常常面临复杂和变化的条件，如地质条件、环境因素和资源供应等，如果管理过于依赖文件和程序，可能导致无法适时调整施工计划和风险控制计划。

此外，施工现场常常会出现各种意外和挑战，如地质灾害、设备故障和材料供应问题等。如果管理只关注于执行既定程序，而忽视了实际问题的处理和解决，会导致问题进一步恶化，影响施工质量和安全。

总之，形式化的管理方式会使管理缺乏灵活性和创新性。在实际施工中，难免会遇到未曾预料到的情况和挑战，需要及时调整和改进施工方案和方法。刻板地遵循固定的程序和规定，可能无法灵活应对变化，难以提升创新性解决问题的能力。

不同影响因素所造成的风险不同，采取有针对性的措施进行预防和处理，可将企业的损失降到最小。

二、公路隧道施工风险管理

（一）风险识别

风险识别的目的是识别和确定可能对施工安全和工程质量产生负面影响的潜在风险因素。通过全面的风险识别，可以提前预知风险，制订相应的风险控制和管理措施，以确保施工的顺利进行。施工企业应该先收集与公路隧道施工相关的各种信息，包括地质勘察报告、工程设计文件、历史数据、专家意见等。之后，根据收集到的信息，制订一个详尽的风险因素清单，包含各种自然因素、人为因素和技术因素等，进而对风险因素进行分析，评估其可能性和影响程度。通过定性和定量的分析方法，确定各个风险因素的优先级和重要程度。最终针对每个风险因素，详细描述可能发生的风险事故，包括可能的原因、发生的后果和可能的应对措施，进而制订合理的措施来控制风险。

（二）风险评估

风险评估是对已识别的风险进行定性和定量分析，以确定其严重程度、优先级和可能的影响范围。其目的是制订相应的风险管理策略和措施，以最大限度地降低风险的影响程度。企业应该通过科学的方式，比如概率统计方法、历史数据分析、专家判断等方式，对风险事故发生的概率进行评估。之后，评估风险事故发生后对施工项目造成的影响，考虑人员伤亡、财产损失、工期延误等方面的影响程度，并进行量化或定性描述，为制订相应的风险应对措施提供依据。综合考虑风险概率和影响的评估结果，对风险进行综合评估和优先排序。可以使用风险矩阵分析、风险评分系统等工具，将各个风险因素定位到相应的风险级别，确定其相对优先级和紧急程度。这有助于确定哪些风险需要优先考虑和采取措施进行管理。

（三）风险应对

风险应对是指根据风险评估结果，制订和实施相应的风险管理措施和应对策略，以降低或消除风险的影响。企业应该根据风险评估结果，制订相应的风险控制措施，涉及优化施工方案、加强围岩支护、改善施工工艺、加强安全培训等措施。措施的选择应考虑风险的严重程度和优先级，以及可行性和效益性。针对重大风险事故，要制订相应的应急预案，包括预防措施、应急响应流程、危险源控制措施等，以在风险事故发生时能够迅速、有效地应对和控制。

（四）风险监控

风险监控是对已实施的风险管理措施和应对策略进行持续跟踪和评估，以及及时调整和改进风险管理的过程。为了进行风险监控，企业要建立相应的风险指标和监测系统，监测风险事故发生的概率和影响程度，以及已实施的风险管理措施的效果。同时，企业应该定期进行风险评估和更新，根据施工项目的实际情况和变化，对风险进行重新评估和调整。此外，企业应定期总结和分析风险管理的经验和教训，形成改进和学习机制，通过总结施工过程中的成功经验和教训，不断改进风险管理策略和方法，提高施工项目的风险管理水平。

三、公路隧道施工管理的优化

（一）对施工管理方案进行严密设计

在公路隧道施工管理中，管理方案的设计影响重大。在设计之前，应该进行详尽的地质勘察，以获取关于地层、地下水位、断层和地质构造等方面的信息，并通过地质分析了解地质条件对施工的影响，识别潜在的风险因素。

设计管理方案时，要考虑隧道结构、支护形式、施工工艺等因素，根据工程设计文件和技术要求理解项目的设计意图和施工要求，设计合理的施工管理方案。在方案设计前，也要进行全面的风险评估，识别施工过程中可能出现的各类风险。

在管理方案设计过程中，要合理规划施工流程和工序，确保施工工序的有序进行。考虑施工过程中的关键节点和关键工序，应该安排合理的施工顺序和时间，保证工序之间的协调配合，最大限度减少施工风险。

此外，要根据工程设计和技术要求，设定施工标准和规范，明确施工过程中的要求和限制，包括支护结构的稳定要求、施工工序的安全规范、材料的质量要求等。制订详细的施工计划，并建立质量控制体系，对各个工序的安排、工期的预估和进度进行合理控制，采取材料检验、施工工艺质量控制、质量验收等措施，提高施工质量和效率。

（二）加强培训，增强施工人员的风险意识

风险意识是施工人员对潜在风险的认识和理解程度，以及对风险的预见能力和应对能力。增强施工人员的风险意识能够让他们在施工中更具有责任性，进一步保障施工的安全性。对施工人员进行培训，应该从多方面入手。除了对基础知识和经验进行传递，还要注重风险识别与评估方法的培训。这样施工人员可以了解公路隧道施工中的各类风险因素和可能出现的安全问题，提高其对风险的认知和理解程度，也能让施工人员更好地预见潜在风险，并采取相应的措施进行风险控制和管理。

首先，企业要开展针对施工人员的风险管理培训，包括风险识别、评估和应对措施等方面的知识和技能，通过培训课程、研讨会和现场演练等方式，提高施工人员对风险的认知和理解，加强其风险识别和预防能力。

其次，企业要加强对施工人员的安全操作培训，包括施工设备的正确使用、个人防护用品的佩戴和使用、施工现场的安全防范等，通过实际操作和模拟训练，增强施工人员的安全操作意识和技能，使其能够正确应对施工过程中的潜在风险。

再次，企业要组织施工人员参与案例学习和经验分享活动，借鉴和吸取过往施工中的成功经验和教训，通过这样的方式，让施工人员深入了解风险的真实影响和应对措施，增强其风险意识和应对能力。

最后，企业可以开展实践培训和演练活动，让施工人员在真实的施工场景中进行模拟训练。例如，模拟突发事故场景，让施工人员参与应急处置和救援演练，培养其应对紧急情况的能力和冷静应对的心态。在培训过程中，应该注重建立激励机制，对施工人员在风险管理方面的表现进行奖励和认可，这样能够进一步激发施工人员的安全意识和责任感，促进他们主动参与和支持风险管理工作。

（三）进一步落实安全管理责任

安全管理责任是指施工管理层对安全管理工作的责任和义务，加强安全管理责任的落实可以确保施工过程中的安全性和可持续发展。施工企业应明确安全管理责任的主体和范围，确保各级管理人员对安全管理工作有明确的责任和义务，制订相关管理制度和规定，明确管理人员在安全管理方面的职责和权限。

此外，企业要建立健全安全管理组织机构，明确各级管理人员的职责和协作关系。安全管理组织机构应包括领导层、安全管理部门、安全专家顾问、安全监督员等，通过明确组织架构和职责划分，进一步保证安全管理责任的有效履行。安全管理需要有明确的制度约束，对此，企业也应该制订相关安全规章制度、安全操作规程等文件，规范施工人员的行为和操作，该制度应覆盖施工前期准备、施工过程和施工结束后的各个阶段，使每位施工管理人员都能明确自身职责。

安全督导和检查制度也是不可或缺的，安全监督员应定期对施工现场进行巡视和检查，发现安全隐患和问题时，应及时提出整改意见。通过督导和检查，加强对施工人员的安全监督，使他们按照安全规定和要求开展工作。此外，要根据企业发展需要建立健全安全责任追究机制，对安全管理责任不落实、违反安全规定等行为进行追责，确保对违反安全管理责任的人员进行处罚，形成安全管理的严肃性和权威性。同时，要对安全工作表现出色的人员进行表彰和奖励，激励他们在安全管理方面做出更多贡献。

综上所述，公路隧道施工中存在风险因素，但通过科学有效的施工管理，可以最大限度地减弱或消除风险因素对工程质量和施工安全的影响。施工管理的优化是一个不断演进的过程，需要持续地努力和改进。在实际施工中，应根据具体项目的特点和风险情况，灵活运用相应的管理措施，不断总结经验和教训，推动施工管理水平的不断提高。

第五节　轨道交通工程施工风险及管控措施

本节以佛山市城市轨道交通 2 号线一期轨道工程线路为背景，分析轨道交通工程存在的风险因素，指出轨道交通工程安全风险管控的有效途径，包括建立安全质量评估体系，设置超前地质预报流程，在此基础上给出地铁工程风险管控举措和大断面浅埋暗挖坍塌冒顶应急预案，以供参考。

一、工程概况

佛山市城市轨道交通 2 号线一期工程全长 32.4 km，其中高架段为 6.7 km，地下段为 24.9 km，过渡段为 0.8 km。全线设车站 17 座（地下 14 座，高架 3 座），其中换乘站 7 座。平均站间距为 2.01 km，最大站间距为 4.16 km（花卉世界—仙涌），最小站间距为 0.85 m（石梁—湾华）。车辆基地按一段一场布置。

二、轨道交通工程存在的风险因素分析

（一）工程自身因素

1. 工程结构

一般而言，轨道交通工程主要分为三个阶段：前期系统设计阶段、中期具体施工阶段、后期有序运营阶段。其中，前期系统设计阶段最为重要，因为它对工程安全影响最大，如果前期设计存在漏洞，不仅会影响整个工程的施工，也会给后期运营带来困难，而这些困难后期解决起来难度较大。

2. 工序质量

施工工序也会给整个工程带来重要影响，这种影响集中体现在工程质量中。因此，强化工序质量是有效防范轨道交通工程风险的关键。

3. 建设规划

在所有工程中，轨道交通是比较特殊的工程，其特殊性主要体现在两个方面：轨道交通工程施工会影响市容，轨道交通工程施工会影响市民的日常出行。

（二）环境因素

1. 水文地质条件

轨道交通工程易受水文地质条件的影响，不同的水文地质条件对应的施工形式有较大差别。如果施工前没有完全掌握当地的水文地质条件，容易导致设计与实际情况脱节，工程质量也会受到影响。

2. 周围建筑

周围建筑也是影响轨道交通工程的重要因素，涉及建筑地基、地下管道等各类工程，轨道交通要与这些工程相分离。

三、轨道交通工程施工风险控制措施

（一）采用安全隐患动态化管理模式

要实现对轨道交通工程全方位的有效管理，就必须对其存在的安全隐患加以控制。轨道交通工程安全管理主要包括安全隐患排查及整改两部分工作。

通常情况下，轨道交通工程的安全隐患都具有潜伏期较长的特点。因此，为有效排除各项安全隐患，相关部门必须定期对可能存在的隐患进行排查，以便更好地采取解决措施，及时消除安全隐患，这也是保障轨道交通工程施工风险能被有效管理与控制的重点。要实现对安全风险的管控，确保及时发现安全隐患是关键的基础步骤，这一步骤可以更好地帮助相关人员来精确评估安全隐患的风险等级，以更加有针对性地制订解决方案。由此可见，风险评估工作作为排除安全隐患的重要一环，具有较强的专业性，可将安全隐患转换为对事故发生概率的评估。

（二）运用地质超前预报技术规避施工风险

在城市轨道交通建设准备阶段，应进行全面细致的地质勘测工作，全方位掌握工程的地质情况，为设计提供参考。如果地质条件不合格，有必要在具体设计中制订措施，特别是在隧道设计和施工过程中，应精准掌握隧道地段的瓦斯、土体结构和地下水情况，防止后续施工出现瓦斯泄漏、涌水和岩爆等问题。

四、工程风险管控实例与坍塌冒顶应急预案

（一）某市地铁 10 号线工程实例概况

某市地铁 10 号线工程的起讫桩号为 K1+602.10—K2+360.92，其中包含 4 号线与 10 号线的联络线、联络通道 2 条、竖井 2 座。该工程隧道在下穿过程中需经过交通较繁忙的医疗区、文化区、商业区等。此外，地下管线的数量超过了 10 条，而且埋设不深。

以工程涉及的工程地质条件、施工技术、水文条件、地质因素等为基础，可更好地进行风险点辨识，从而更准确地评估出本工程相关风险，主要体现在：隧道内部发生坍塌、涌水的概率较高；地面容易出现沉陷、开裂问题；电线容易出现短路问题；供水管、污水管容易出现开裂问题。为确保该轨道交通工程的安全施工，集中采取了以下 3 项举措。

1. 专门成立应急管理队伍

应急管理队伍的组建是非常必要的，人员不仅要齐备，而且要具有较高的素质。

2. 应急抢险物资应准备齐全

对本工程而言，应急物资应包含引水管、工字钢、手电、防毒面具等；在施工现场，距离开挖面 10 m 位置应存放水泵与发电机等设备，各竖井工区应准备充足的碎石；应分类放置好抢险物资；同时，为让施工人员能在需要的时候使用到应急物资，应将物资标志牌悬挂在较明显的地方。

3. 及时制订应急预案，做好风险预防布控

就断面过渡区而言，隧道顶板预埋的深度应在 7.0 m 左右。本工程在掘进时，由于需要穿过圆砾卵石层、粉质黏土层等，因此必须让地层在施工过程中保持稳定，以避免出现塌方等情况而影响施工质量与施工进度。对此，相关技术人员应制订解决方案，以避免在施工过程中发生地表过量沉降、土体塌方等问题，从而更好地保障管线安全；除此之外，还要重视监控工作，发现安全隐患时应及时采取整改措施。

（二）大断面浅埋暗挖坍塌冒顶应急预案

①施工中应遵循"多次测量、快速封闭、严格注浆、加强支护"的原则，重视对地表沉降的监测。

②在具体施工时，本工程较适宜的地层加固模式为"前小导管＋超前大管棚"。另外，本工程还可辅助使用"双侧壁导坑法"模式来进行地层加固与支撑，以更好地保证隧道内导洞弧形符合相应技术标准。正式开挖后务必做好掌子面封闭工作，以缩减下道工序的准备时间。

③施工前应全方位掌握地质情况，依照"先探究后挖掘"的原则提前进行探测，以了解施工地段土层的含水和土质情况，并展开全面评估。

城市轨道交通工程建设中，提高风险管控的质量是关键环节之一。对此，应在对风险因素进行深层探究的基础上提出具有可行性的方案，最大限度减小安全事故发生的概率。相比其他类型工程，城市轨道交通工程普遍面临更多风险，具体包括投资规模大、建设周期长、风险类型多且不可控、出现事故后果严重等。风险管控涉及的内容繁复，存在于工程的任何阶段，因此必须采取相应措施与手段进行风险防范，只有在风险识别、分析、评估、控制等各方面都把控好的情况下，风险管控工作才能水到渠成。

参考文献

［1］谢芳芳，王鹏英，陈旭东.图解公路工程施工常见问题及应对措施［M］.北京：机械工业出版社，2022.

［2］艾建杰，罗清波.公路工程施工技术［M］.重庆：重庆大学出版社，2020.

［3］朱峰.公路工程施工［M］.北京：机械工业出版社，2010.

［4］杨成里.复杂路况与不良气候条件耦合作用下的公路行车风险分级研究［J］.交通世界，2023（27）：22-24.

［5］杨泓仝，何廷全，骆中斌，等.广西雨雾频发山区高速公路交通安全保障技术研究［J］.公路，2023，68（9）：253-260.

［6］王雷，麻忠宏，施光.天津市公路应急承运能力分级指标体系构建［J］.天津建设科技，2023，33（4）：1-3.

［7］董剑.公路工程中安全管理双控机制的重要性及构建策略研究［J］.科技创新与应用，2023，13（24）：145-148.

［8］马世俊.数字化项目管理技术在高速公路建设管理中的应用研究：以某高速公路项目为例［J］.项目管理技术，2023，21（7）：6-11.

［9］柳厚祥，李子意.基于MSR算法的公路隧道围岩分级方法［J］.交通科学与工程，2023，39（3）：60-66.

［10］王坛华.一种改进的公路岩质隧道围岩分级方法［J］.厦门理工学院学报，2023，31（3）：67-73.

［11］刘洋，陈时通，杨博，等.基于层次分析法的高速公路服务区分类分级研究：以湖南省为例［J］.中外建筑，2023（5）：86-92.

［12］房宏基，刘昱含，迟猛，等.高速公路营运车辆风险评估及分级预警技术［J］.中国交通信息化，2023（增刊1）：345-347.

［13］郭丹桂，王湘文，洪卫星，等.高速公路自动化清扫实时智能分级与评价系统［J］.广东公路交通，2023，49（2）：1-5.

［14］韩炜贤.湛徐高速公路多指标沥青路面抗滑性能评价分析［J］.公路与汽运，2023（2）：73-77.

［15］单东辉，靳媛媛，谢羲，等.主动安全防控技术在国省干线公路中的应用［J］.中国交通信息化，2023（3）：134-138.

［16］孙登峰.面向安全防护策略的公路工程施工场景危险源辩识［J］.工程机械与维修，2023（1）：169-171.

［17］成志刚，申铁军.刍议公路工程安全风险分级管控与隐患排查治理［J］.交通科技与管理，2023，4（1）：80-82.

［18］卢振礼，杨成芳，郑宗杰，等.高速公路团雾分级预警研究［J］.气象与环境科学，2022，45（1）：103-111.

［19］王卫军，余豪，于思源，等.交旅融合背景下农村公路旅游指引标志分级设置方法研究［J］.公路与汽运，2022（2）：36-38.

［20］马宇，沙红卫，赵宝俊，等.公路工程设计施工总承包项目风险控制研究［J］.中外公路，2022，42（2）：263-219.

［21］罗二娟，刘文辉，原国华，等.多源数据驱动的高速公路服务区运营状态评价［J］.科学技术与工程，2022，22（14）：5914-5920.

［22］毛娟，朱亚德，王祥.公路工程施工安全风险分级管控和隐患排查治理机制研究与应用［J］.安全与健康，2022（6）：48-53.

［23］张洋.公路工程施工双重预防机制构建方法探讨［J］.公路，2022，67（7）：306-313.

［24］杨磊，刘颖，刘晓宁.基于数据要素的高速公路安全生产监管探究［J］.中国交通信息化，2022（增刊1）：118-120.

［25］李月姝，李平，王少飞，等.高速公路数字化基础设施分级方法研究［J］.公路，2022，67（8）：302-305.

［26］汤海学.江苏省节假日高速公路交通拥堵成因及大流量分级管控策略探究［J］.中国公路，2022（16）：104-107.

［27］刘欢，赵守良.山区运营公路边坡监测技术探讨［J］.中国水运（下半月），2022，22（8）：140-141.

［28］张春文，杨俊，尹睿祺，等.云南省高速公路建设项目安全生产风险辩识研究［J］.价值工程，2022，41（24）：25-27.

［29］姜风仓.公路土质边坡失稳机理分析及危险性评价：以大目溪边坡为例［J］.水利水电快报，2022，43（9）：16-21.

［30］姚立新.PPP模式下的新建高速公路融资风险识别及分级评价模型研究[J].山西交通科技，2022（5）：124-127.

［31］蒽国隆.高速公路服务区车位融合感知与分级诱导系统［J］.中国交通信息化，2022（12）：127-131.

［32］吕波.新形势下高速公路机电工程设计理念［J］.城市建筑空间，2022，29（增刊2）：727-728.

［33］程致远，汪益敏，张坤标，等.运营期公路边坡养护决策多层次分析方法研究［J］.公路，2022，67（1）：337-343.

［34］卢国兴，龚纯，胡恒.基于云模型的在役公路隧道衬砌硫酸盐腐蚀程度分级研究［J］.广州建筑，2021，49（6）：33-37.

［35］卢舟，刘钟中，李昱，等.高速公路交通气象监测系统研究［J］.气象水文海洋仪器，2021，38（4）：16-19.